KB260594

우리의 이웃은 누구입니까?

우리의 이웃은 누구입니까?

**한국 내
이주민사역 숙련(熟練)의 길잡이**

초판 1쇄 인쇄 2015. 11. 1.
초판 1쇄 발행 2015. 11. 1.

지은이 · 허명호 김성욱 석창원 윤대진 문성주 이빌립
　　　　산소망 허은열 무사리 송동호 김원열 이정기
　　　　이봉철 이병일
펴낸이 · 월드 네이버
펴낸곳 · 가리온

서울특별시 영등포구 여의대방로 43라길 9
전화 · 892-7246 / 팩스 · 0505-116-9977
등록 · 제17-152호 1993.4.9.

ISBN 978-89-8012-068-0 93230
잘못된 책은 바꾸어 드립니다.

한국 내
이주민사역 숙련(熟練)의 길잡이

우리의 이웃은 누구입니까?

허명호 외 지음

갸리온

목차 Contents

격려사

한국 내 이주민 사역이
더 이상 등잔 밑에
방치 되지 않기를

    필자가 GMS 이사장 때였던 2013년 5월, "한국 내 이주민 사역의 현재와 미래" 란 포럼을 총신대학교 선교대학원(당시 대학원장 김길성 박사, 주임교수 김성욱 박사)과 연합하여 GMS 한국외국인지부에서 개최하던 예배 때 해외 업무상 출장, 항공탑승 시간을 맞추느라 분초에 신경을 쓰면서도 즐거운 마음으로 설교하였던 기억과 그 때 이주민 선교 자료집 출판의 인사말을 쓰면서 하나님께서 우리 교단 내 이주민 사역 분야에 귀한 사역자들을 인도하시며 붙잡아 주신 은혜를 감사하였던 기억이 아직 생생합니다. 금번에 두 번 째 로 "우리의 이웃은 누구입니까? -한국 내 이주민 사역 숙련의 길잡이-를 출간함에 대하여 먼저 하나님께 감사드리며 GMS 이주민사역전문 훈련원(LMTC) 관계자들의 노고에 격려를 드립니다.

    지구촌 200여 국가에서 한국으로 온 이주노동자나, 결혼이주민, 유학생, 북한이탈 주민 등 누구나 자발적으로 입국한 이주자 개, 개인 생애 배후에 두 가지 공통점이 있습니다. 그들이 살던 국가에 기존에 맺어진 남아 있는 혈연이나 동질 공동체와 불가분리(不可分離) 관계의 사람들이 있다는 것과 "그들의 연대를 정하시며 거주의 경계를 한정(행 17:26)"하시는 하나님의 섭리가 있다는 것입니다. 이는 다름 아닌 이주민 선교를 통하여 그들의 배후에 있는 혈연이나 동질 공동체에게 복음을 순연히 전하게 하시는 하나님의 오묘하신 뜻이 있을 것입니다.

최근 3년간 세계 도처에서 600여 선교사가 사역하던 선교지에서 갑자기 추방당하거나 후원 중단 사유로 인한 비자발적으로 선교지를 떠난 KWMA의 보고를 보면, 역량 껏 이주민 선교를 할 수 있는 기회가 더욱 귀하게 느껴집니다. 본서의 출판을 기획하며 이주민 사역전문 훈련원을 신설, 개원한 강조점은 등잔 밑까지 들어 온 한국 내 이주민 영혼들을 구원하기 위하여 한국 교회가 평신도들을 이주민전문사역자들로 숙련시키는 과정과 노력이 매우 필요하다는 것입니다.

이주민 출신 국가나 언어 문화권, 종교배경에 따른 맞춤식 이주민전문 사역을 모든 평신도들에게 한 가지씩 숙련 시킨다면 두 가지 결과가 기대됩니다. 이주민선교사역이 활력을 얻을 것은 물론 한국 교회가 침체에서 재기하는 획기적인 시너지 효과로 한국의 새로운 오순절이 기대됩니다. 그러나 이주민 사역을 바로 수행하지 못하면 이슬람이나 다른 이단에 외국인들이 연루되어 한국 교회가 기도하던 세계 선교의 못자리 판역할에서 이교 종교들의 활동 무대로 걷잡을 수 없게 번져 갈 수 있다는 본서의 우려에 공감하며 전국 교회가 더 이상 다민족 이주민 사역을 등잔 밑에 방치되지 않게 적극적으로 함께 사역하게 되기를 바라며 본서의 일독을 권하며 추천합니다.

2015년 10월
대한 예수교 장로회 100회 총회장 박무용 목사

격려사

이주민 사역의
숙련을 만들어 갈
중요한 교과서

코피아난 전 UN 사무총장 때 "이주의 새 시대를 위한 초기 로드 맵" 보고서에 세계 2억의 인구가 타국으로 이주하여 살며 41개 국가 인구 20% 이상이 이주민으로 생활하는 시대라고 한 것처럼 한국에도 벌서 200여 국가에서 180만 명의 다민족 이주민과 함께 사는 지구촌으로 변화되었습니다. 변화를 일으키면서도 변화에 가장 적극적인 유형이 먼 바다를 건너 온 이주민입니다. 이들에게 숙련된 사역으로 심장을 파고드는 복음을 심기 위해 "우리의 이웃은 누구입니까? 라는 단행본 출간을 진심으로 환영하며 관계자들에게 뜨거운 마음으로 격려 드립니다.

특히 GMS 외국인 지부장/월드 네이버 허명호 선교사를 비롯한 본 교단 내, 창원 재한외국인사회통합지원센터장 이봉철 목사, 사천 다문화통합지원센터장 이정기 목사, 광주시 (사) 무지개다문화가족/외국인근로자 선교회 석창원 목사, 하남 외국인비전센터장 윤대진 선교사, 로잔 BAM Global Think Tank 한국대표와 IBA(International Business Alliance)의 사무총장 송동호 목사, ㈜ 카리스테크 사장 및 스카이 아메리칸 스쿨 이사장, 김원열 목사, 한국에서 국제유학생 사역에 헌신하고 있는 글로벌비전 공동체 문성주 박사, 무슬림 사역의 오랜 경력자 무사리 선교사, 북한을 이탈하여 본 교단 목사가 되어 사역하는 이빌립 선교사, 특별히 총신대학교 선교대학원 김성욱 박사를 비롯하여 백석대학교 강의 및 무슬림 사역 실무학자 허은열 박사, 초교파 선교 단체의 산소망 목사. 법무법인 사무국장 이병일 박사 등 14명이 연합하여 내어 놓는 이 주민사역전문자료의 가치가 매우 귀중합니다.

책의 부제(副題)에서 잘 암시된 '한국 내 이주민사역 숙련의 길잡이'가 우리 한국 교회 모든 일반 신자들을 포함한 이주민 사역교회나 사역자, 목회자들에게까지 더 많은 숙련은 늘 필요한 것입니다. 기존에 안면 좋고 친숙한 이웃사촌 한 사람 전도하는 것도 섣불리 되는 경우가 없음 같이 한국에 온 200여 개 국가 출신 어느 누구에게라도 한국사람 전도, 양육하는 것 보다 더 많은 준비와 사역상의 숙련이 꼭 필요 할 것입니다. 본서는 탁상 이론이 아닌 사역 현장의 경륜과 지성을 합하여 역어진 실제 상황들이기 때문에 더욱 큰 생동감을 주며 열매를 만드는 재료가 될 것으로 기대합니다.

본서가 출판 된 또 하나의 배경은 지난 8월 한국 내 GMS 이주민 사역 전문 훈련원(LMTC, 이사장 여두성 목사, 원장 허명호 선교사)의 개설과 9월, 서울 지역 영등포 및 대구지역 경산 중앙교회(김종원 목사 시무)에서 개강하여 강의되는 핵심 내용을 정리한 것으로서 이주민 사역의 숙련을 만들어 갈 중요한 교과서입니다. 본서를 읽으므로 허공을 치는 사역을 최소화 하며 알찬 열매 맺는 사역 자료로 활용될 것입니다.

아울러 한국 교회 평신도들을 이주민사역자로 숙련시키는 훈련에 큰 발전을 기원하며 격려와 본서의 추천을 대신합니다.

2015년 10월 24일
GMS 이사장 김재호 목사

추천사

다문화 시대를 넘어
이민국의 문턱에 서있는 시점에서
시의적절한 연구와 시도이기에

김의원 목사
전, 총신대 총장

　자유시장 경제체제 속에서 세계화와 노동의 유연화로 인하여 자기 나라를 떠나 세계 곳곳으로 이주하여 일하는 외국 이주민(혹 이주 노동자)들의 숫자는 늘어만 가고 있다. 전 세계적으로 국경을 넘나드는 이주민의 수는 약 2억명 이상으로 추산되며 아시아 권역에만 2천만 명이 넘는다. 국경이란 더 이상 의미가 없어져간다. 개혁과 개방의 물결 속에 빈곤과 가난을 벗어나려 제삼세계 사람들이 대거 선진국으로 유입되었다.

　한국도 예외는 아니다. 한때 일본의 압제로 조국을 등지고 중국과 러시아로 이주하였으나, 최근에 많은 사람들이 새로운 삶을 개척하기 위해 미국, 캐나다, 호주 등으로 이주하였다. 이와 반대로 한국으로 향한 이주민의 행렬이 급속 증가하고 있다. 중국에 살던 조선족이나 북한을 떠난 동족들이 이 땅에 살기 위해 왔다. 또 아시아 여러 지역에 사는 많은 사람들이 산업연수로 노동자로 이곳에 일하려 왔고, 일부는 한국인들과 결혼하여 이 땅에 정착하였다.

　한국은 최근 빠른 속도로 본격적인 다인종 다민족 사회에 이르고 있다. 국내 체류 외국인들은 199개국에서 왔고 올해 말에 약 200만

명에 이를 것으로 예상한다. 이주노동자들은 단순 기능 인력으로 들어왔다가, 일부는 기한이 만료되면서 미등록 노동자들이 되었고, 또 일부는 결혼이나 다른 방법으로 귀화하여 영구적으로 체류하려 한다. 이런 저런 이유로 이제 한국사회는 "다문화 사회를 넘어 이민국의 문턱에 서 있다"(중앙일보 2008.5.20. 일자). 정부와 사회도 이를 직시하고 다각도로 대처하고 있어, 교회도 이에 대한 대안을 내놓아야 할 시점에 이르렀다.

한국교회는 "모든 족속"을 제자로 삼으라는 주님의 명령에서 외국 이주민들을 선교적 관점에서 고찰해야 한다. 한국 선교사들이 170개국의 27,000명 가까이 파송된 반면에, 우리를 찾아온 이주민들은 선교사들이 나간 국가수보다 27개국이나 더 많고 숫자적으로는 거의 9배에 이른다. 이제는 외지선교와 더불어 우리에게 찾아온 이주민들을 위한 선교사역이 시급한 과제로 대두되었다.

구체적으로 "모든 족속"을 향하여 복음을 전하는 하나님의 도구인 교회는 이들을 어떻게 배려함으로 그 사명을 다 할 수 있는가?

한국은 2004년 고용허가제 실시 이후 외국인 노동자들의 인권 문제뿐만 아니라 세계 최상인 의료보험 혜택까지 받는 등, 삶의 질이 많이 개선되어서 사역자들이나 교회들이 이제는 복음사역의 본질에 충실하며 노하우에 숙련 할 필요를 본서가 언급하고 있다.

　산업사회에서 정보산업 사회로 이동하면서 국제사회는 노동 인력의 전면적인 이동이 불가피해졌다. 이런 흐름에서 수많은 사람들이 좀 더 낳은 삶의 질을 위해 노동력이 필요로 하는 나라와 지역으로 이동하고 있다. 최근 이주노동자들은 높은 임금 때문에 이 땅에 들어왔지만 문화와 환경에 익숙해지면서 자기 나라로 돌아가려하기보다는 영구적으로 땅의 일원으로 살려고 한다. 그럼 이런 변화를 우리는 신학적인 측면에서 어떻게 해석하고 대처해야 하는가?

　1. 구약은 나그네를 "너희 중에 우거한 이방인, 네 문안에 유하는 객, 네 성중에 우거하는 타국인"으로 지정학적으로 한정하였다.

　이 어구는 두 개를 전제하고 있다. 하나는 이스라엘 공동체요 다른 하나는 그 안에 거주하는 외국인이다. 이는 오늘날 동일하게 각 지역의 교회들과 부근에 사는 외국 이주민들에게 적용된다. 이스라엘 공동체가 "제사장 나라"로서 온 세상에 하나님의 거룩함을 드러내야 했듯이 교회공동체가 동일한 사역을 감당할 수 있어야 한다. 동일하게 그 대상이 하나님께서 만방에서 불러 모아 주신 이방인들이다.

　2. 먼저 교회는 부근의 외국 이주민에게 복음으로 다가가서 그리스도를 전할 수 있어야 한다. 이를 위해서 관계전도가 유용하다. 복음을 위해 그들의 필요를 채워주면서 함께 떡을 떼고 관계를 증진해가면서 그들 가슴 속에 복음의 씨앗을 심어야 한다. 이스라엘이 이방

인들을 할례를 통해 공동체 구성원으로 받아들였듯이 교회도 믿음으로 고백한 외국 이주민들을 교회공동체 회원으로 받아들여야 한다.

하나님을 알게 된 이주민은 단지 거주지만 옮겨온 자들이 아니다. 그들은 새롭게 정착한 장소에서 그들의 동족들에게 하나님의 복음을 전할 사역자들이다. 1980년대에 미국교회는 이런 외국 이주민 사역에 심혈을 쏟았다. 대도시의 많은 교회들이 교회당 내에 다민족 교회를 두었다. 교회를 다니는 외국어를 사용하는 교인들을 따로 구분하여 지도자를 세워 훈련시켰다. 외국 이주민들이 그 지역에 사는 동일 언어를 사용하는 동족들에게 복음을 전하게 함으로 복음사역을 확장하였다. 이 과정에 교회는 이들에게 직분을 주었고, 일부는 고국에 돌아가 복음사역을 감당하였다.

3. 공동체는 교회 내에 영입된 외국 이주민들에게 삶을 영위할 수 있는 일자리와 좋은 노동환경도 제공할 수 있어야 한다. 예를 들면, 적절한 임금 지불, 적당한 휴식과 인격적 대우 등이다. 이스라엘은 농경문화권에서 경제적으로 외국 이주민들을 배려하였다(추수 때 곡식을 남겨놓음, 십일조, 안식년 등). 또 다윗과 솔로몬 이스라엘 땅에 거하는 나그네들에게 생계를 유지할 수 있도록 성전 건축에서 석수의 일과 감독의 일을 맡겼다(대상 22:2, 대하 2:17-18). 이주 노동자들 가운데 여인들이 많은 점에서 쉬운 가사 일로 가정부, 간병인으로

삶의 방편을 마련해 줌과 아울러 신앙인으로 성숙할 수 있는 길을 터 준다면 일석이조 일 것이다. 여러 교회가 어울린다면 그들에게 새로운 기술을 가르칠 수도 있을 것이다.

4. 사회보장권의 문제(언어, 음식문화, 의료, 주거, 결혼, 여가선용)는 제도와 관련 부분이어서 한 교회의 힘으로는 어렵다. 교단이나 여러 교회가 힘을 합치고 법률회사의 도움을 받아야 할 일이다. 미등록 노동자인 경우에 여러 가지 복합적인 문제가 생겨나기 때문이다.

하나님은 이스라엘로 "제사장 나라와 거룩한 백성"으로 세워 온 세상에 패러다임으로 만드셨다. 그들 가운데 "가난한 자가 없게 하시려"고 가나안 땅을 주어 특별한 법으로 관리하도록 하셨다. 공동 분배와 공동 책임을 통해 함께 누리는 사회를 요구하였다. 그런 공동체에 하나님은 이방인들을 장기 체류자로 보내어 이스라엘 백성 속에 접붙여주셨다. 시간이 흐르면서 이스라엘은 제사장 나라로서 역할을 제대로 행하지 못하였다. 결국 땅을 주셨던 하나님께서 그 땅을 빼앗아 가셨다. 그 뒤에 땅은 다시 회복되지 않았다.

예수 그리스도께서 오셔서 구원을 성취하시고 유대인과 이방인을 "한 새 사람"으로 만들어 교회를 세우심으로 "왕 같은 제사장"으로 온 세상에 패러다임으로 만드셨다. 교회는 이스라엘 공동체가 했던 것처럼 복음의 사역을 위해 외국 이주민을 새로운 이웃으로 여겨야 한다. 이들은 국제간 노동력의 이동추이에 맞추어 하나님께서 복음 사역을 위해 한국교회에 보내주신 이들이다. 교회는 거시적 관점에서 이들은 하나님 나라 확장 사역을 위하여 우리들에게 새로운 연구과제를 던져주고 있다. 좀 더 많은 실제적 연구를 하여야 할 것이다.

반갑게도 금번에 GMS의 허명호 선교사를 필두로 여러 지역에서 이주민 사역을 감당하는 분들이 전문자료집을 출간하게 되었다. "우리의 이웃은 누구입니까?" - 한국 이주민 사역 숙련의 길잡이-가 조금 늦은 감이 있지만 현장전문가들이 모여 한국교회의 미래사역의 일환인 이주민 선교를 위한 길잡이를 출간케 되어 찬사를 드린다.

추천자도 오래 전에 외국이주민의 문제를 성경신학적 관점에서 다룬 적이 있다. ("구속사에 본 외국이주민," 21C 신유목민 시대와 이주자 선교. 박찬식, 정노화 편. 서울: 기독교산업사회연구소. 2008, pp. 60-97을 참고하라.) 지금이라도 수많은 교회들이 주변에 거주하고 있는 외국이주민들을 선교의 대상으로 삼아 이들을 돕는 사역자들을 양육하여 그들에게 복음을 전하고 그들의 필요를 채울 수 있어야 한다. 한국교회는 그들을 복음 안에서 우리 가운데 거하는 동족으로 받아들일 수 있는 하나님의 교회로 거듭나야 할 것이다.

머리말

한국 내 이주민사역 숙련(熟練)이
세계선교의 못자리판 작업

허명호 선교사
이주민사역전문
LMTC 원장

한국 내 이주민사역 전문 훈련 홍보지 첫 줄에 하나님께서 한국을 세계선교의 못자리판으로 만드셨다! 라고 표기 하였다. 필자가 철없는 어린 시절 벼농사의 첫 과정이 못자리판에서 모를 한 뼘(20Cm) 정도 잘 키워야 모내기 한 후 풍작을 기대 할 수 있음을 인지했다. 모판에서 실패한 모는 옮겨 심지 않는다.

1. 한국이 세계 선교의 못자리판이 될 수 있는 지역인가?

1997년 단기 채류외국인까지 합하여 30만명 정도이던 한국 내 외국인 수가 2015년 현재 200여 국가로부터 180만 명 넘게 급속 증가하였고(출입국 외국인정책본부 통계) 외국인이 한국인으로 귀화 한 수가 현재 1만1000명을 넘었다. 경기도 안산 같은 특정 지역에선 이민인구가 거주인구의 8% 정도를 차지하였고 일부 지역의 경우 그 지역에서 태어나는 아이의 40%가 다문화 자녀다. 한국경제연구원에서 2014년 12월에 발표한 보고에 따르면 앞으로 45년 후 2060년에 한국은 이주노동자가 1500만 명가량 필요할 수 있다고 하였다.(주간조선 2015. 02. 02) 이들을 향한 이주민사역의 숙련된 일군을 양성하는 것은 세계 선교의

못자리 판 작업이 된다.

1) KWMA 연구개발원의 2014년 12월 말 발표한 선교사 해외 파송 현황이 170개 국가에 26,677명에 비교하면 한국에서 파송한 국가 수보다도 유입된 이주민 출신국이 30개국이나 더 많은 나라에서 이주민들이 와 있다.

2) 법무부 외국인정책 본부에서 2015년 3월 발표된 통계 자료를 세분(細分)한 결과 한국 국민과 국제 결혼한 가정이 143개 국가 출신, 148,348명(가정)이었다. GMS에서 현재 98개국에 2,399명 파송(GMS 홈페이지 2015년 8월)한 국가 수 보다 45개국이나 더 많은 수치였다.

3) 이슬람을 하나로 묶는 이슬람회의기구(Organization of the Islamic Conference: OIC) 57개 회원 국가 중에서 42국가 출신 5425명이 한국 국민 배우자와 가정을 이루어 자녀를 양육하고 있는 수치만 해도 세계 지도상 한국의 좁은 영토에 세계선교를 위한 못자리판으로 하나님께서 사용하신다는 해석이 결코 과장이 아니다. 사실이며 현실이다.

2. 북한이탈 주민과의 내면적 남북통일을 교회가 어떻게 묵묵히 이룰까?

1) 한국 안에 180만 명 넘는 이주민에다가 동족 난민 28,133명(통일부

6월 통계) 이 있다.

한국에서 가장 가까우면서도 대중들에게 가장 먼 곳이 북한이다. 거기서 이탈하여 생명 걸고 남하(南下)한 동족의 표면상 언어와 얼굴 모양, 의상, 음식문화까지 한민족이 틀림없지만 교회에서 함께 예배를 드리면 그들은 알아듣는 것 같지만 실재로는 듣는 내용이 무슨 뜻인지 이해가 매우 어렵다. 남쪽 사람들은 그들이 다 잘 듣고 이해하는 줄로 엄청나게 착각 하고 있을 때 그들에게는 상처가 되어 교회로 다시 발걸음하기 싫어지는 현상이 비일비재하다. 그들에게 있는 이런 냉가슴을 곁에서 몰라주는 것도 그들의 속이 편치 못하고 알아주면 북에서 왔다고 무시당하는 느낌 때문에 또 속이 편치 못한 실정이다. 이러나, 저러나 상처만 더하기 십상인 현실이다.

2) 70년간 남북통일을 위하여 기도한 사실들은 가식(假飾) 없는 진실이었다.

그러나 하나님의 응답이 나타나고 있는 현재, 북한이탈주민이 참석한 예배에 넘쳐야 할 감격이나 감사가 아닌 돌연변이가 나타났다. 한편은 자기도 원치 않은 우월감으로, 또 한편은 떨치려야 떨쳐지지 않는 좌절감이 솟아나와 말없이 웃는척하며 돌아서야 하는 이 엄청난 아픔을 우리 민족 교회가 격고 있다. 참으로 가슴 아픈 사연이다.

3) 목회나 목양적인 측면에서 북한 특수사역을 어떻게 시행 할 것인가?

(1) 진지하게 논의, 검토하며 신중히 사역을 실행하므로 교회 예배의 내면에 북한이탈 동족과의 남, 북 통일을 순조롭게 개발해 나가야 할 것이 현재 한국 교회 북한이탈주민 사역의 중대 과제이다.

(2) 한국에 들어 온 이주민이나 북한이탈주민이 교회로 쉽게 그냥 굴러들어 올 것으로 바란다면 어리석음이다. 바울 사도가 언급한 해산의 수고를 기꺼이 지불, 부담해야 함을 절감하며 현대판 아굴라 부부를 한국 교회가 양성해야 한다. 아울러 한국 교회의 침체 국면을 벗어나는 기회도 여기에 있으며 양수(兩收)거리 사역전략이 시급하다. 지금도 각자의 가진 보리떡에서 이주민사역의 5병2어의 기적은 대기되어 있다.

3. 이주민사역과 무슬림사역, 북한이탈주민사역 실제에 공통분모도 있고 전혀 다른 이질적 요소의 종류가 다양하다.

1) 공통적인 것은 한국의 민주적 사상이나 습성과는 전혀 다른 이질 환경에서 태어나 살며 형성된 상태에서 각기 자기 발전을 위하여 자발적으로 한국에 들어 온 공통점이 있다.

2) 무슬림에게는 예수 밖에 없는 구원의 길을 배척하는 이단성과 북한 이탈주민은 하나님 섬길 마음자리에 주체사상이 각인된 기독교 이단적인 특수 사상과 이념의 공통점이 있다. 이들이 한국 이란 다양한

혼탕에서 그들대로의 엄청난 문화 충격을 겪으면서 변형된 제 3의 어떤 정체로 형성될 가능성이 충분히 있다. 무슬림은 한국 환경에서 세계가 배타적 분위기인 IS에 대한 악영향으로 평화라는 가면적 한국 무슬림을 더욱 완벽하게 포장할 수밖에 없는 위치에 있다.

4, 그 밖의 한국 내의 이주민 사역 대상 역시 출신 국마다 다르다.

한국에 거주하는 이주민 출신 대륙과 지역 국가별, 그리고 종교적인 배경에 따라 구체적이며 세밀한 사역 준비를 좀 더 철저하게 해야 겠다.

예들 들면 한국에 거주하는 이주민 한 개인이나 가정을 미전도 종족을 입양, 사역하는 수준의 비장한 마음의 자세로 기도와 사역 전략을 가지고 영적 태 신자로 이주민 한 가족을 전도하기 위한 실제적인 기도팀을 구성하여 적극적이며 실제적인 만반의 준비를 다해야 하겠다. 이주민사역 전문 연구 개발 담당, 국가별 팀을 구성하고 점차로 팀을 증가해 나가야 한다. 이를 위하여 목회자들과 해당 교회 평신도들 간의 팀 사역이 이주민 전문사역자들의 적극적인 외부 협력만 조성되면 세계선교의 유래 없는 또하나의 선교의 지름길과 폭발적인 열매가 나타날 것을 확신하다. 그러나 아군끼리 분쟁하면 공멸할 수밖에 없다.

나가는 말

한국 내 이주민 사역 과제를 두고, 선교사를 파송하는 교회와 단체, 그리고 파송 받은 사역자 모두가 하나님 앞에 진지하고 예리하게 자신을 점검 해보자. 우리 안에 잠재한 대형화의 거품을 빼고 한 영혼 구원하는 소박한 새 마음의 출발이 필요하다. 천리 길도 한걸음부터이고 대중도 한 가정에서 양육한, 개인 어린이들의 성장으로 이루지는 것과 같이 모든 이주민사역은 대량으로 한 번의 유능한 설교를 통해 이루어질 성향이 아니다. 한 사람, 한 영혼을 양육하는 헌신과 봉사에서 비롯된다. 이를 위하여 한국 교회가 현대판 아굴라와 브리스길라(행 18:26)를 이주민사역 숙련(熟練)을 위해 적극 양육해야 한다. 스스로 나오기 전에 기꺼이 내 놓는 것이 한국 내 이주민 사역에 제 3의 오순절의 새로운 역사가 나타날 것이 기대되며 무슬림 확장의 전략 기지화 진행이 약화되고 세계 선교의 지름 길 대로(大路)가 활짝 열릴 것이다.

본서의 제7부 모태부터 무덤까지가 비지니스인 세상에서 -Business As Mission & Worship- 부제(部制)는 한국 내 이주민 사역전문 Tentmakers 숙련을 위하여, 유대인들에게 사업하는 아랍인의 상술(경제 지하드)를 능가하는 비즈니스 Mission을 연구, 개발할 필요를 공유하기 위해 시작한 것입니다. **무슬림은 비즈니스 자체가 적극적 선교 활동이기 때문입니다.**

제 8부 이주민 사역 관련 행정 부분은 국내 이주민사역전문(숙련)에 복음적이며 본질적인 사역 못지않게 매우 필요하므로 계속 연구 개발을 위한 시작입니다.

　끝으로 부족한 부분이 많은 것을 알면서도 이주민 사역 관심 자들에게 유익한 자료가 되기를 바라면서 "우리의 이웃은 누구입니까?" -한국 내 이주민사역 숙련(熟練)의 길잡이- 를 출간합니다. 독자들 모두가 이주민 사역에 적극 참여를 당부 드립니다.

　한국 내 이주민 사역으로 하나님의 영광이 금수강산 방방곡곡에 가득차기를 기원하면서,…

　본서의 출판에 함께하시며 협력하시는 모든 분들에게 주 예수의 귀하신 이름으로 감사드립니다.

2015년 11월 1일

불초 허명호

제1부

한국 내
이주민 사역의 전문화가
세계선교의 지름길

제 1장

단 기간에 형성되는 한국 내 이주민 사회화
국민 전체의 행복의 대로가 되었으면

註 1) GMS 단기 선교사로 출발, 나이제리아 라고스 한인연합교회에 1년(1992년)간 재 한국 대사관 회의실에서 예배 인도, 중동에서 6년간 한국인 이주민교회를 담임, 2007년 9월 인도에서 GMS 한국이주민 사역으로 선교지를 변경하며 입국, 지금가지 벌서 8년간 GMS 한국 이주민사역, . 도합 15년이다. 그리고 서울동노회 명일교회 6년 담임, GMS 본부 사역국장 4년 반, 인도 Kor-In 신학대학, 신학대학원 책임을 진 보직을 4년 도합 14년 반, 도합 29년 반을 목사로 살았다.

1. 단 기간에 형성되는 한국 내 이주민 사회화 국민 전체의 행복의 대로가 되었으면

다문화

다문화라는 용어(用語)가 한국에서 단 기간에 일반화 되었다. 다문화 주의 혹은 다문화 사회를 정확하게 규정하지 않고 관용적 표현이나 수사 적으로 사용하는 경우가 많아 혼란도 없지는 않다[2] 다문화는 인종과 민 족, 성별, 종교, 성 취향 등의 이질적인 문화가 제도권에서 형성된 것을 일컫는다. 실제로 문화라는 개념은 **지역적이고 지리적인 한계를 초월한 다.** 우리나라 행정부에서 말하는 "다문화가정" 개념은 광의적 차원의 개 념보다 지엽적인 차원으로 접근 되었다. **다문화 가정이란 용어 보다는 다민족가정**이 더 맞는 말이다.[3] 그러나 우리 사회에서 다문화 란 용어 가 이미 보편화되었기 때문에 본서에서도 통용되는 용어로 사용하였다.

단기간에 형성된 한국의 다민족 180만여 명에 이르는 다문화 사회화 (社會化)가 국민 전체에게 행복(福)이 되어야 한다. 육체에 속한 정신과 영원에 속한 영적인 인간에게는 영, 육간의 평안이 가장 큰 행복이다. 한 국이 다민족 사회로 발전하면서 영, 육간의 삶의 대로(大路, Broad way) 가 활짝 열리도록 만들어야 하는 작업은 국가와 국민의 몫이다. 하지만 너희는 세상의 소금과 빛이라[4] 하신 예수 그리스도를 따르는 공동체에 게 우선적인 사명이 있다. 이러한 정신과 인식(認識)에서 금번에 "우리의

註 2) 한건수, 한국사회의 다문화주의 혐오증과 실패론: 어떤 다문화주의인가?, 2010년 정 부(교육과학기술부)의 재원으로 한국연구재단의 지원을 받아 수행된 연구임(NRF-2010-330-B00189). 다문화와 인간 제1권, 제1호(창간호), PP. 118-131 학자마다 설 명의 차이가 있고 국가마다 강조점이 상이하다.
   3) 김변호, 다문화 개론, (사) 해피엘 국제가정 문화상담사 평생 교육원 과정 강의, 2013. 5월
   4) 마태복음 5장 13 너희는 세상의 소금이니 14절 너희는 세상의 빛이라

이웃은 누구입니까?" -한국 내 이주민사역 숙련(熟練)의 길잡이- 를 출간하게 되었다. 2013년의 "한국 내 이주민 사역의 현재와 미래" 란 단행본 출판의 후속 작품이며 앞으로 이주민 사역 각 분야별로 전문적인 사역 매뉴얼이 준비 되어 출간되기를 기대한다. 독자들의 적극적인 참여로 함께 이루어져야 할 부분이다.

1. 한국은 인류 역사상 최 단 기간 고속 성장한 지구상의 유일한 사례 국가이다.

미래학자들은 지난 100년의 변화가 앞선 인류 역사의 10,000년의 변화에 버금간다고 분석했다.[5] 그 대표적 사례가 글로벌 시대의 리더 국가로 도약하고 있는 대한민국이다. 한국은 지난 40년, 1966년-2005년간 1인당 국민소득이 200배나 증가하였고, 수출은 2,000배가 증가 하였다. 거기에 10년을 더한 1964년-2014년, 50년간에는 수출이 6,000배[6]로 폭증하여 세계 경제순위 제 11국에 이르는 경이적인 성장을 이루었다. 이는 서구 국가에서 150년간 성장한 수치에[7] 해당하는 엄청난 결과이다. 뿐만 아니라 단일 민족에서 다민족, 이주민 사회로 전환되는 대대적인 변화도 서구에 비하여 너무나 짧은 단 기간에 형성되어 졌다. 그렇기 때문에 전 국민 모두가[8] 얼떨결에 다민족 사회를 맞이하게 되었다.

註 5) 최윤식, 최현식 한국교회 미래지도 2, 서울, 생명의 말씀사 2013년 5월, P.105. 결국, 앞으로 20년 동안의 변화가 인류역사 전체의 변화와 맞먹는 변화일 것이라 고 하였다.
　6) 피차득, 미꾸라지 진짜 용 된 나라 대한민국(21판), 바른 마음 갖기 회, 2014년, 뒤 표지 참조.
　7) 박인규의 KBS 라디오 집중 인터뷰, 66년-2006년간의 40년, 서울대 경영학 곽수일 교수 은퇴 인터뷰A4 6페이지 분량, 프레시안 홈페이지 http://www.pressian.com/news/article.html?no=50453
　8) 입법, 사법, 행정부를 포함한 전 국민, 일반 서민까지 사전 준비 없이 빨리 문화로 급조되었다.

서구 사회에서는 19세기 말부터 이주(移住)가 시작되어 대부분 50년에서 150년 이상의 긴 기간이 소요되면서 각 시기마다 다민족, 다문화사회로의 논의가 많이 있었고 다문화정책 또한 실패와 수정을 거듭했던 방향 모색의 과정들이 있었던 것에 반하여 한국은 일제식민 통치와 6.25 사변을 격은 전쟁 이후, 가난한 농경 국가에서 선진국의 경제적 원조(援助)를 받던 수혜(受惠) 국가였다. 그런 와중에 경공업 및 중공업화의 산업 혁명에 성공하게 되어 2010년 OECD 개발원조위원회 정회원이 되면서 기여(寄與)국가가 되었다.9) 그 시기를 깃 점으로 전후(前後) 15여년의 짧은 기간 안에 지구촌의 다양한 인종과 민족이 한국으로 몰려오는 이주민이 급속으로 증가(增加) 하였다. 그리하여 정부에서는 **2006년 4월 "다민족, 다문화 사회로의 전환"을 선언하였으며** 2008년 "다문화가족 지원법"을 제정 시행하였다.10) 이는 법적으로 한국 사회가 다민족, 다문화 사회로 진입하는 대변혁이었다.

세계 이주민 역사에 유래 없는 한국에서의 다민족 **다언어 인구가 급속 증가함에 대하여 일부에서는 반 다문화 운동도 일어나고 있기는 하나 대국적인 견해로 볼 때 다민족 다문화 사회화 자체에 있는 문제라기보다는 다문화 여파를 타고 편승하려는 이슬람 문화권이 한국으로 깊숙이 확산되는 부분에서 전에 없었던 새로운 우려사항이다.** 서구 국가에 비해 뒤늦게 다문화 사회로 접어들면서 진행 속도가 세계사에 유래 없이 가속

註 9) 대외경제협력기금 홈 페이지, http://www.edcfkorea.go.kr/edcf/intro/oda/devel_history2.jsp

10) 유의정(국회입법조사처), 건강한 다문화사회 건설을 위한 정책 방향, 격월간 시대정신, 홈페이지(2014년 봄호,), http://www.sdjs.co.kr/read.php?quarterId=SD201401&num=747. 국내 체류 외국인이 1980년대 만해도 국민 전체 인구의 0.1%(4만 명)에 불과했으나 90년대 급격히 증가, 95년에 0.24% (10만 명), 2000년에, 0.44%(21만 명), 2013년 말 외국인이 전 국민의 2.8%로 증가하였다.

되는 현황을 보면서 대한민국과 한국 사회의 국가적인 중대 과제이면서
동시에 교회가 담당할 몫이 확실히 있음을 크게 느낀다.

2. 한국의 다민족 사회화와 헌팅턴(Samuel P. Huntington)이 언급한 문명의 충돌?

한국의 이주민 사회화의 급속 확산에 대하여 세계화라는 다양한 언어
의 민족과 문화가 공존해야 하는 새롭고 큰 과제는 기대와 설렘이 있다.
그러나 세심히 점검이나 국민적인 공감대를 형성할 겨를이 없이 세계
최악의 문명 충돌의 현장으로 치닫지는 않는가 하는 불안이 크다.

1) 헌팅턴은 문명권의 1차적인 중요한 경계는 종교라고 주장하였다.
특히 기독교(서구) 대 이슬람의 양립 양상이 가장 큰 비중을 차지하게 될
것이라고 예견하였고 이미 이슬람과 서구는 지난 1,000년간 대립의 연
속인 것이 이미 세계에 공공연히 알려진 사항이다. 대립은 두 문명 간의
차이에서 일어났다.[11]

조화 될 수 없는 배타적 내용들이어서 단순하게 해결되는 주제가 아
니어서 그 심각성이 크다.

2) 헌팅턴이 말한 7개의 문명권[12] 중에서 한국에는 이미 중국, 일본,
서구권 문명이 지난 100년간 정치적으로 갈등과 조화를 거듭하면서 어

註 11) 사무엘 헌팅턴의 문명의 충동을 읽고, 레포트 SOS' s Blog
　　　http://happy-times.tistory.com/255026
　　12) 헌팅턴이 상정하는 주요 문명권은 중국(화), 일본, 힌두, 이슬람, 서구(미국, 유럽), 라
　　　틴 아메리카 그리고 아프리카. 7개 이다.
　　13) 중국과의 전쟁이었던 6.25 사변, 일본과는 식민통치, 신사참배 강요가 있었고 과거사
　　　미해결.

렵게 협력 관계를 간신히 유지하고 있는 상황이라고 할 수 있겠다.[13] 이러한 외중에 서구 유럽에서 이미 실패한[14] 이슬람 종교와 관련된 다문화 정책이 한국에서 수정 없이 그대로 재현 되는 것은 폭약을 지고 불로 들어가는 어리석음이 분명하다.

3) 과거 타지(他地)역에 보다 더욱 진화된 한국 이슬람화 전략

테러는 세계 이슬람화를 위한 저급 전술이었고 한국 이슬람화를 위해서는 더 진화된 상급 전략 전술을[15] 사용하고 있다. 한국은 반듯이 인식(認識), 대처해야 한다. 세계 도처에서 시도되었던 과거의 세계 이슬람화 전략은 한국 이슬람화 공략을 추진 할 때 더욱 높은 고단수로 수정 보완되고 숙련된 노하우를 재무장하여 실행할 것은 당연한 일이다. 특히 이슬람 문명권이 서구 유럽에서 현재 맹위를 떨치고 있는 편이다. 그러나 서구유럽, 여러 국가에서 이슬람이 자체적으로 먼저 시도해본 경험에서 전략상 미흡하였던 부분들이 한국으로 진입 할 때는 **매우 기습적으로** 문화지하드, 법률지하드, 금융지하드, 교육계, 언론계, 결혼전략 등을 시행하고 있으며 한국과 사회는 무방비 상태여서 단 기간에 이슬람화 전략을 순연히 수용하는 위험에 노출되어 있다.

한 예를 들면, 충분한 사전 논의 없이 한국의 교육계에서는 2002년부터 고등학교에서 아랍어를 제2외국어로 선택 할 수 있도록 교육법을 바

註 14) 한건수, 한국사회의 다문화주의 혐오증과 실패론: 어떤 다문화주의인가?, 다문화와 인간 제1권, 제1호(창간호), PP. 123-124 유럽의 다문화 정책의 실패 선언 핵심에는 이슬람과 직관되어 있음을 세계가 공공연히 알고 있지만 속수무책인 것에 유의해야 한다.

15) 이혜훈, 강의 이슬람 바로 알기, http://blog.daum.net/washington/15738357 3천여 명의 목숨을 앗아 간 2001년 9.11 뉴욕 110층짜리 세계무역센터(WTC) 자살폭탄 테러 경우는 희생도 많고 여론도 나빠지는 점에서 저급 전술로 자평하여 한국에서는 경제적인 이득을 겸하는 금융지하드(수쿠크 법) 도입 시도나 할랄 푸드 도입등과 같은 유형이다.

꾸었다.[16] 2004년 당시 6월 수능 모의고사에 아랍어 지원자가 오직 1명이었음과 아랍어를 가르치는 고등학교가 한 곳도 없었음에도 불구하고 수학능력시험, 제2외국어 선택 과목으로 채택한 것은 기습적인 책략에 한국 교육계의 정책적인 큰 실수로 수용된 것 같다. 2010년엔 수능 응시자 42.3%가 아랍어를 제2외국어로 선택하는[17] 이례적(異例的) 현상이 일어났다. 배우지도 않는 과목을 대입 시험에서 치른다는 것은 비상식이 아닌가?

뿐만 아니라 2004년 한국의 TV 교육 방송(EBS)에서 이슬람 13부 작이라는 15개 이슬람 국가를 순회하면서 촬영한 이슬람 미화(美化) 방송은[18] 상대적으로 기독교를 폄하하여 전 기독교인의 공분(公憤)을 사기도 했던 것은 언론계 침투 전략이 능숙해서였는지 의문스런 점이다.

이슬람 미화를 위해 여러 방법을 자행하고 있는 또 한 실례는 "한국의 지상파 방송에서도 '평화의 종교 이슬람' 이라고 5부작 방송을 내보다가 4부작 방영 후 중단"된 경우가 있었고 "그때 교계가 방송국에 문제제기도 했다. 그런데 4부작까지만 방송을 내보내고 중단 된 이유가 해당 방송사 PD가 십억원을 받아 구속됐기 때문"[19] 이라고 한다.

예수 믿음으로만 구원 받는 진리의 복음을 법적으로 금지시키려는 인권을 앞세우는 좌경화와 차별금지법 같은 악법 관철을 시도하는 부분이 사상적으로 통할 수 있는 이슬람 관계를 보면 한국은 남북 대립의 긴장에다가 이슬람 종교 문명권과의 또 하나의 다른 난제가 추가 되면 복잡하다. **한국이 이슬람과의 문명 충돌에 휘말려들거나 세계의 문명 충돌의 대리 전쟁터가 되지 않도록** 각별한 예방책이 절실하다. 특히 최근 세계 도처에서 IS 테러 불안이 가중되는 점에서 더욱 슬기롭고 조용하면서 철저한 전 국민적인 대응이 절실한 때이다.

교회적인 입장에서는 한국이 세계 선교의 전진 기지가 될 것인가? 이 슬람 포교의 전진기지로 내 줄 것인가의 중대 한 갈림길에 있는 시기임을 주지해야 한다.

3. 짧은 기간에 조성되는 한국의 다민족 이주민 대열에 이슬람 종교의 한국 안착

한국이 다민족 다문화 사회로 발전하면서 가장 환영한 계층은 세계선교의 비전을 가지고 기도하며 사역하던 교회나 사역자들이 한국으로 오는 다양한 이주민들에게 복음을 전하는 영적인 의욕 때문이었다. 다민족 영혼을 사랑하며 복음 사역에 매진하는 많은 교회들과 동역 자들이 적지 않은 것이 사실이다. 그러나 현시점에서 전국적이며 전체적인 면에서 대략적으로 평가되는 성과는 필자의 견해로는 매우 미미한 수준에 있을 뿐이다. 초기에 노력하든 긍휼 사역에서 별 진전을 나타내지 못한 상태라고 여겨진다.

오히려 선교적인 면에서 한국 사회 전반에 몰려오는 이슬람에 역공 당하고 있다.

이슬람은 한국에서 각종 수단과 방법으로 수 없이 끝없는 전략 실행이 연속되는 것 같다.

註 16) 이만석, 베일 벗긴 이슬람, 4HIM, 2013년 1월 30일, P. 253.
  17) Ibid,. PP. 270-271. 아랍어 출제 문제가 쉬워 649명이 100점을 받았고 표준점수 제도에 의해 아랍어는 적은 점수를 받아도 만점으로 인정받고 다른 선택 언어는 만점 받아도 70점정도 처리 된다 고 한다.
  18) 이만석 op, cit, P. 254.
  19) 뉴스파워, 2015년 7월 24일 이혜훈, 이슬람 한국에서 미화되어 있다.. 강의

세계 이슬람화를 위한 결혼 전략이 한국 세계화에 그들의 안성맞춤으로 날개가 달린 듯하다.

1) 국제결혼이주자 증가 대열에 이슬람 종교 문화권 유입과 자생무슬림 및 개종자 상승[20]

시발(始發)은 한국 경제의 기적적인 발전에 의한 다민족 다문화 사회화 현상은 청년들의 3D 업종 취업 기피로 이주노동자 수입이 불가피하게 시행되었다.[21] 또 한국 여성들의 보편적인 고학력 현상과 상대적으로 나타난 저 출산 경향이 심화되면서 농촌으로 결혼하려는 신부 감이 희소해졌다. 그리하여 동남아 불교권이나 구 공산권의 결혼이주 여성을 적극 수용하여 농촌 총각들의 결혼 배우자 기근을 해결하는 돌변수가 나타났다. 그리하여 농촌 총각 41%가 외국인과 결혼 했다.[22] 뿐만 아니라 신생 도시 공단 근로자층에서도 중국을 비롯한 동남아 국가로 부터의 결혼 이주민 여성의 수가 급증하였다.[23]

그러는 중에 나타난 부작용은 한국이 동남아 15개국과 고용허가제를 시행하면서 일부 무슬림 국가가 포함되었고 무슬림 국가에서 온 일부

註　20) 개종에 의한 한국 무슬림 증가는 본 페이지에서는 지면 관계상 생략한다.
　　21) 장기체류 이주노동자들이 1990년대 한국 젊은이들의 3D업종 기피로 제조업 인력난으로 93년 산업연수생제도가 도입, 첫해 6만6688명이던 외국인은 97년 17만6890명으로, 3년 사이 2배 이상 늘었다.
　　22) 이만석, op, cit. P. 287. 서울신문 2010년 7월6일.
　　23) 2000년대에는 결혼이주여성까지 가세하면서 증가 폭이 커졌다. 2004년에는 고용허가제가 도입돼 태국 네팔 방글라데시 등 15개국에서 외국인 노동자들이 급격히 유입되면서 가파른 상승세를 탔다.
　　24) 조선일보 2015.04. 15 03:00 위장 결혼 파키스탄 일가족 모텔 떠돌던 세 母女에 방 얻어주겠다. 이혜훈, 강의 이슬람 바로 알기, 이슬람 청년이 현지 여성과 결혼 후 아이를 낳으면 자카트에서 6전만 원을 받는 다는 내용. http://blog.daum.net/washington/15738357

남성들이 이슬람 세계 정복전략 중에 하나인 결혼 전략이 적극 편승, 재빠르게 역공하고 있다.[24]

당시 한국 **주류 언론에서는 순혈론적 단일민족주의를 비판**, 개방적 다문화사회로 나아갈 것을 주장했고 세계화 란 큰 흐름에 단일민족을 고집하다가는 생존이 어려울 것이므로 유연하고 강력한 적응능력을 가진 국민국가로 발전해야한다[25] 고 선도하였다. "다문화가족 지원법"이 제정, 시행하게 되면서 이주민의 범주가 한민족의 혈통 공유 내지는 계승하는 그룹으로 확대 형성되는 특징으로 나타나게 되었다.[26]

2012년 말 135개 국가 중에서 147,591명이 우리 국민과 결혼하였고 2015년 3월 통계에 143개 국가 출신, 148,348명이 우리 국민과의 국제결혼자이다. 약 2년 간 국제결혼 자가 8개 국가, 757커플이 증가 하였다.[27]

한국인의 국제결혼 여파에 이슬람 세계화를 위한 결혼 전략이 가장 발빠르게 한국 처녀의 심장을 공략한 결과를 대부분 뒤늦게 알아차렸다.

현재 한국에 이슬람 종교 문화 배경에서 성장한 이슬람연합 57개 국가 중, 42개국에서 5,425명이 한국 국민과 국제 결혼하였다.[28] 무슬림

註 25) 김영호 시사평론가는 한겨레 2004년 3월 22일 "언론의 사회 통합 기능" 이란 제하에 "언론은 170개 민족의 '다언어–다문화–다종교' 의 융합과 조화를 유달리 강조 한다. 다민족을 위해 운영되는 공중파 텔레비전이 있다. 사회통합의 역할을 맡아 60개 언어로 방송하는 라디오도 있다. 호주의 부끄러운 역사인 유럽인의 원주민 말살정책을 교훈 삼아 다른 인종의 풍습과 언어를 존중하는 사회를 만드는데 언론이 앞장서고 있다." 고 하였다.

26) 유의정, op. cit,.

27) 범 종교 신문 2013년 2월 19일 다문화가정 출신국 135개 14만 명 제목의 기사에 외국인 여성 12만 6,704명(85.85%), 외국인 남성이 2만887명(15.15%)이었다.

28) 허명호, 한국 내 무슬림 확산과 과제, 본서 P. 229 이슬람 국가에서 수십 년 사역해도 1명 개종시키지 못하는 사례를 비교하면 한국인이 5천명 넘는 무슬림 혈통 공유는 굉장한 수로 인식 된다.

과의 국제결혼 경우는 무슬림이 기독교로 개종한 경우는 거의 없고 기독
교인이 무슬림으로 개종한 경우가 대부분이다.[29]

이제는 FTA 등[30] 대한민국의 무역 정책의 세계화와 그 추세에 힘입어
국제국혼 커플이 날로 증가 되면서 다양한 방면으로 확산되는 이슬람 결혼
전략은 속도전을 내고 있다. 의식 있는 해당 부모나 일부 전문가들은 꿀 먹
은 벙어리 냉가슴만 앓는 형국이다. 결혼이란 개인의 비밀영역일 뿐, 후유
증이 발생 할 경우만 부모나 국가가 필요 외의 복지적 부담만 안게 된다.

2) 국제 유학생 제도를 통한 무슬림 증가

국제 유학생은 2015년 8월 현재 98,779명이며[31] 유학비자 74,274명,
한국어 연수 24,497명, 외국어연수 자 8명이다. 문제는 일부 무슬림 국가
에서 비자 받기 쉬운 유학생으로 입국하여 실재로는 한국의 산업 인력난
업체에 근로자로 편법 근무하면서 무슬림 포교를 위한 목적 활동이나 한
국 여성과의 국제결혼 전략의 사례가 적지 않은 것으로 알려지고 있다.[32]

註 29) 조선일보 2009. 08. 02. "내 이름은 알리 킴, 한국인 무슬림으로 30년" 이란 제목의 기사,
　　　한국에 사는 무슬림 이야기 4 참조, 중앙일보, 2015. 02. 28. "히잡스고 버스 탔더니…" 제
　　　하의 "현장 속으로" 의 기사. 기독교 집안에서 29세의 박OO 씨가 개종한 사례이다.
　　30) 자유무역협정(FTA: Free Trade Agreement)은 회원국 간 관세 비관세 장벽 완화로 상호
　　　특혜무역협정. 2015년 6월 기준 WTO(World Trade Organization)를 통한 지역무역협정
　　　(RTA) 발효건수는 398건이며, 자유무역협정(FTA) 230건, 지역무역협정은 1995년 WTO
　　　출범 후 398건의 협정 중 95년 이후에만 전체의 87.4%에 해당하는 348건이 발효되었다.
　　　http://www.fta.go.kr
　　31) 외국인 유학생 : 2009년 이전(D-2전체 및 D-4-4), 2010년 이후(D-2전체 및 D-4-1),
　　32) 이혜훈, 강의 이슬람 바로 알기, http://blog.daum.net/washington/15738357

4. 한국 내 이주민사역을 위하여 추수할 일군을 보내 주소서

한국의 다민족 이주민 증가 현황을 한국 교회의 도약과 세계선교의 새 에너지가 되는 길이 무엇일까? 하나님께서 한국교회의 제 3의 부흥의 계기로 준비하신 것을 발견하는 것이다.

1) 초대교회의 오순절 때 예루살렘에 모였던 다민족 사람들이 각각 자기 언어로(Languages) 제자들의 말을 알아들었다.[33]

언어가 다른 15개 지방 출신 사람들이[34] 다 놀라며 당황하여 이 어찌 된 일이냐[35] 하였다. 이는 하나님의 성령이 능력으로 나타난 초자연적인 기적이었다.

인류 역사에 전무후무한 신약교회의 힘찬 시작이었다. 동시에 구약의 긴 터널을 거쳐 새로운 예수 그리스도의 교회로 출발하는 성령의 신호탄이었다. 이어서 부활하신 예수 그리스도가 인류를 죄에서 속죄하신 유일한 구세주라는 복된 소식이 예루살렘에서 발원되어 유럽을 거쳐 전 세계로 파급되는 발단이었다. 그 핵심이 예수가 구세주라는 기쁜 소식, 복음(福音)이다.

오순절에 예루살렘에 왔던 15개 지방 각기 다른 언어의 사람들이 예수를 구세주로 만난 사건이었다.

註 33) 사도행전 2:6
  34) 행 2:9절 우리는 ①바대인과 ②메대인과 ③엘람인과 또 ④메소보다미아, ⑤유대와 ⑥갑바도기아, ⑦본도와 ⑧아시아, 10절 ⑨브루기아와 ⑩밤빌리아, ⑪애굽과 및 ⑫구레네에 가까운 리비야 여러 지방에 사는 사람들과 ⑬ 로마로부터 온 나그네 곧 유대인과 유대교에 들어온 사람들과 11절 ⑭그레데인과 ⑮아라비아인들이라
  35) 사도행전 2:12

2) 한국 교회 입장에서 제 2의 오순절은 한국초대교회, 1907년 평양 장대현 교회에 나타났다.[36]

그 때에 초대 오순절에 버금가는 성령의 역사가 나타났다. 그 때의 **영적 활력**이 일제(日帝) 36년간의 식민치하에서 대한민국의 국권을 회복하는 3.1운동이나 민족 개화의 타오르는 능력이 되었다. 드디어 1945년 일본 제국 천황이 항복 선언과 제2차 세계 대전 종전 및 한국의 독립을 이루는 에너지 공급의 원천이 되었다. 세계 교회역사에 없는 한국 교회 100년의 부흥과 발전을 이루는 힘이 되었다. 뿐만 아니라 한국이 인류 역사상 최 단 기간 고속 발전, 변화한 지구상에 유일한 사례 국가가 된 발단이었다. 하나님께서 주신 기회였다. 당시에 부름 받은 사역자들과 평양 도성(都城)의 성도들이 믿음으로 응답 한 사건이었다.

3) 한국의 제 3의 오순절은 언어가 서로 다른 200개국에서 온 지구촌(Global Village) 나그네들에게 예수 그리스도만이 개인의 죄를 속죄하시는 구세주 라는 복음을 전하는 것이다.

한국 교회가 현대판 아굴라와 브리스길라[37]를 사역자로 (Tentmakers) 이주민 선교 일군으로 숙련시킨다면 한국 교회의 모든 성도들은 아멘으로 순종 할 것이다. 교회마다 인적 자원이 넉넉하다. 담임 교역자들의 결심이 중요하다.

註 36) 박용규, 한국교회와 민족을 살린 평양 대부흥이야기, 서울, 생명의 말씀사, PP.18-31.
　　37) 행 18:1 아굴라라 하는 본도에서… 그가 그 아내 브리스길라와 함께 이달리야로부터 새로 온지라 바울이 그들에게 가매 3 생업이 같으므로 함께 살며 일을 하니 그 생업은 천막을 만드는 것이더라 24 알렉산드리아에서 난 아볼로라 하는 유대인이 에베소에 이르니 이 사람은 언변이 좋고 성경에 능통한 자라 25 그가 … 열심으로 예수에 관한 것을 자세히 말하며 가르치나 요한의 세례만 알 따름이라 26 그가 회당에서 담대히 말하기 시작하거늘 브리스길라와 아굴라가 듣고 데려다가 하나님의 도를 더 정확하게 풀어 이르더라

나가는 말

1 한국에서의 외국인 이주민 사역은 기본적으로 한국어나 음식으로 처음 접촉하는 것과 계속 친할 수 있는 기본 환경을 한국인은 누구나 가지고 있다.

2 이주민 사역 유형별로 국가별 언어권별 전도법과 양육 매뉴얼을 시급히 만들어야 한다.

한국에서의 이주민사역 유형은 결혼이주민(다문화 가정), 노동자, 유학생, 북한 이탈주민 이다.

3. 각 분야에 혼재되어 있는 무슬림 특수사역은 전략을 겸한 준비를 철저하게 해야 한다.[38]

기도하면서 점검하고 훈련, 숙련하는 준비의 인내가 반듯이 선행되어야 한다. 쉽게 접근하거나 건성으로 하는 사역은 절대 금물이다. 200여 국가에서 온 이주민의 출신국적별, 종교권별로 매우 다른 성격의 접근이 필요하다. 매우 민감한 사항들을 민족마다 가지고 있고 언어권마다 다르

註 38) 2007년 CIA에서 작성한 이슬람의 8단계 침투전략을 보면서 상겨 준비가 필요하다.
  1단계: 한 국가에 무슬림 인구가 1% 내외. 평화를 사랑하는 소수그룹지향(미국, 호주, 캐나다, 중국, 이탈리아. 노르웨이, 한국), 2단계: 무슬림 인구 2-3%. 감옥에 수감된 재소자들에게 집중적으로 개종 시도(덴마크, 독일, 영국, 스페인, 태국.), 3단계: 무슬림 인구 5%이상. 무슬림 비율을 더 높이기 위해서 본격적인 전략 시작. (프랑스, 필리핀, 스웨덴, 스위스 등), 4단계: 무슬림 인구 20%이상, 폭동과 소요사태, 교회에 대한 공격 시작. (에티오피아), 5단계: 무슬림 인구 40%이상, 광범위한 학살이 자행되고 상습적인 테러발생(보스니아, 차드, 레바논), 6단계: 무슬림 인구 60% 이상, 전혀 구속받지 않고 기독교와 다른 종교를 탄압. (알바니아, 말레이시아, 수단 등), 7단계: 무슬림 인구 80% 이상, 국가 주도로 대규모 인종청소와 대학살 자행(방글라데시, 파키스탄, 팔레스타인, 이라크 등), 8단계: 무슬림 인구 100%이상, 이슬람 율법이 국가 최고법 헌법에 우선하는 신정일치체제를 구현 (아프카니스탄, 소말리아, 예멘 등) http://www.ilbe.com/942544227

다. 그들의 심성에 가장 선호하는 종교성을 사전에 파악, 준비하며 숙련하여 신중히 접근, 평생도록 사역하는 결심을 하자. 사역 유형별로 고단위의 숙련된 말씀의 사역 준비를 갖추어야 하겠다.

4. 이웃에 사는 이주민 한두 명을 구원하기 위하여 구체적인 기도를 시작하자.

하나님께 내 평생 이웃에 찾아 온 이주민 한두 명을 전도하게 해 달라고 기도로 시작하자.

한국에 온 이주민 한 사람 전도하고 양육하는 성도는 하나님만 아시는 훌륭한 선교사이다.

5. **한국의 모든 지역교회는 해당 지역의 다민족 이주민들을 하나님이 책임 지워 맡기신 의무임을 마땅히 자각하고 이주민 사역 전문 팀과 연계하여 협력 사역을 적극 개발 발전 시켜 나가야 한다.** 성경적으로나 개혁주의 신앙이나 신학적으로 그 지역 안의 이주민 사역이 나의 소명이나 의무가 아니라는 답을 찾을 수 있겠는가? 참 된 신자는 변명 할 수 없는 사명이다.

6. 한국에서 외국인 이주민 사역이 활력을 가지도록 이웃 교회들과 최선의 협력을 다하는 마음을 가져야 하고 이주민의 모국 선교를 이웃의 이주민과 함께 가게 되도록 개발해야 하겠다.

7. 이주민 사역으로 반듯이 한국 교회의 제 3의 부흥으로 연결되게 해야 한다.

200 국가에서 온 **이주민 영혼들의 구원을 위하여 주일 아침, 예배 때**

마다 진정으로 기도 하는 한국 교회가 되어야 하겠다. 지역 교회 안에 있는 신실한 성도들을 외국인 이주민 사역을 위한 숙련 훈련에 적극 참가 하도록 독려하며 적극 협력하여 평양 대부흥의 역사가 이어지는 제 3의 오순절이 한국 교회의 이주민 사역 운동으로 일어나게 되기를 주 예수의 이름으로 기도 합니다. 아 멘.

제 2장

21세기 다문화선교전략으로서
평신도전문인선교

2. 21세기 다문화 선교전략으로서 평신도전문인선교

I. 서론

21세기는 평신도전문인 선교의 시대임을 부인하는 사람은 없다. 2015년 7월 27일에 한국선교협의회(KWMA)가 주관한 "한국교회의 선교패러다임에 대한 진단과 전망" 포럼에서 참석자들은 한국선교의 발전적 전망을 위해서 수많은 평신도선교사들을 세워야 한다고 주장하였다.[1]

전문인선교는 선교전략상 그 효율성에 대해서 지난 20세기부터 지금까지 큰 신학의 주제로 다루어져 왔다. 급변하는 해외 선교현장에서 전문인 선교전략은 무엇보다 중요하게 나타난 시기였다. 특히 다문화이주민선교을 위해 전문인 선교사의 역할은 현대선교의 풍성한 열매로 나타나고 있다.

그러나 아직도 일부에서는 전문인선교사가 선교사역을 할 수 있는가에 대한 의구심을 가지고 전문인선교에 대해서 부정적인 시각을 가지고 바라보는 사람들이 있다. 필자가 종종 선교현장을 방문할 때마다 듣는 소식 가운데 전문인선교사와 목사선교사 사이의 갈등구조를 접하곤 하면서 안타까운 마음을 금할 길이 없다. 21세기 선교사역은 교회사적으로나 시대적으로 전문인선교사역을 강력히 요청한다는 사실을 무색케 하는 상황이 아닐 수 없다. 이러한 문제들에 대한 분명한 대책이 시급하다고 본다.

註 1) 임종표, "한국선교의 활성화를 위한 선교지 이해: 한국교회의 선교패러다임에 대한 진단과 전망의 관점에서," KMQ 55호, (2015 가을), 30.

필자는 본 고에서 효율적 다문화이주민선교의 성경적 기초와 평신도 전문인선교에 대한 한국교회의 인식에 대해서, 그리고 평신도가 전문인 선교사로서 어떻게 활발하게 그 사역을 수행할 수 있는가에 대해 교회역 사를 통해서 나타난 평신도사역의 모델과 그리고 신구약성경이 제시하 는 평신도선교사역에 대해 살펴보고자 한다.

II. 다문화이주민선교의 성경적 기초

1. 구약에 나타난 다문화이주민선교

현대사회는 이주의 시대(A Age of Migration)이다.[2] 최근에 발표된 한인 디아스포라들도 700만명이 넘어서고 있으며, 중국, 미국, 일본에 집중적으로 한국인이 이주민으로 살고 있다. 그리고 한국으로 이주한 외국 이주민숫자도 2015년 현재 180만명을 넘어가는 실정이다. 한국을 이상적인 나라로 알고 소위 코리안 드림을 꿈꾸며 들어온 이주민들을 선 교하는 것은 이 시대 최고의 선교전략임에 분명하다.

이러한 외국에서 이주민으로 삶을 영위하는 이주민선교에 대한 성경 적 기초는 창세기부터 요한계시록까지 가득 차 있다고 본다. 왜냐하면 창조주 하나님은 온 우주와 모든 열방을 지으신 주권자이시고, 그들로 주님을 알고 찬양받기를 원하시는 분이시기 때문이다. 선교의 성경적 기초를 저술한 미국의 조지 W. 피터스(George W. Peters)박사는 세계

註 2) Stephen Castles, Mark J. Miller, The Age of Migration, 『이주의 시대』, (한국이 민학회역), (서울: 일조각, 2013), 25-26.

선교의 시작은 신약성경에 나타난 예수님의 지상명령에서가 아니라, 영이시고 빛이시며 사랑이신 하나님의 성품에서 찾아야 할 것을 주장한다.3) 그리고 구약성경이 선교를 포함하는 것이 아니라 구약성경 그 자체가 선교하시는 하나님의 책임을 강조하였다.4)

에스겔선지자는 구약의 이스라엘이 다문화가정으로 이루어졌다고 증거한다(겔16:3): "이르기를 주 여호와께서 예루살렘에 관하여 이같이 말씀하시되 네 근본과 난 땅은 가나안이요 네 아버지는 아모리 사람이요 네 어머니는 헷사람이라." 여호수아도 그의 마지막 고별설교에서 이스라엘은 "강 저쪽에 거주하여 다른 신을 섬기던" 데라의 아들로 아브람은 하나님의 부르심을 받았다고 기록한다(수24:2). 믿음의 조상 아브라함도 부르심을 받고 이주자의 삶을 살았으며(창12:1-4), 약속의 땅 가나안을 향한 이주민으로서의 여정을 살았다(출6:4). 신약의히브리서 기자는 이렇게 기록한다: "믿음으로 아브라함은 부르심을 받았을 때에 순종하여 장래의 유업으로 받을 땅에 나아갈 새 갈 바를 알지 못하고 나갔으며"(히11:8).

그리고 창세기 12:7-8은 아브람이 세겜 땅에서 하나님을 위한 단을 쌓았고, 그리고 벧엘 동편으로 이주하여 그곳에서 단을 쌓았으며, 창13:3-4은 아브람이 애굽에서 돌아와 전에 단을 쌓은 곳에서 하나님의 이름을 불렀다고 기록한다. 창13:18은 헤브론 마므레 상수리 숲에 이르러 또 다시 아브람이 하나님께 단을 쌓았다고 기록하고 있다. 이러한 아브라함과 사라의 순례의 길에 대해서 히브리서 기자는 "이들은 다 믿음

註 3) George W, Peters, 『선교성경신학』, (김성욱역), (서울: 크리스찬출판사, 2004), 47.
　　4) George W. Peters, 『선교성경신학』, 132.

을 따라 죽었으며 약속을 받지 못하였으되 그것들을 멀리서 보고 환영하
며 또 땅에서는 외국인(aliens)과 나그네(strangers)임을 증언하였으니"
(히11:13)라고 기록하였다.

그리고 이스라엘이 출애굽할 때에 "수많은 잡족들"(출12:38)이 함께
출애굽의 대열에 참여하였으며, 그들에게도 하나님의 언약에 참여함을
허락하시는 여호와 하나님이심을 보여준다. 다문화이주민에 해당하는
구약의 히브리어 "게르"(Gentile)는 92회 사용되었는데, 그 뜻은 "거류
민" 또는 "낯선 거주민들"(행인, 나그네, 타국인)을 표현하는 말이다.[5]
하나님은 이스라엘이 출애굽이전까지 애굽에서 이방인으로 살았기 때문
에, 이스라엘 본토에 거주하던 이방인들을 압제하거나 학대하지 말 것을
명령하셨다(출22:21; 23:9; 레 19:33-34). "너희가 애굽 땅에서 나그네
였은즉 나그네를 선대하라"(레19:34). 여리고성에서 이스라엘 정탐꾼을
숨겨준 기생 라합은 여리고성출신의 이방인으로서 예수님의 족보에 오
른 인물이다(수2:1-24). 라합과 함께 모압출신의 이방인 룻이 나오미의
언약신앙에 감동을 받고 "어머니께서 가시는 곳에 나도 가고, 어머니께
서 머무시는 곳에 나도 머물겠나이다 어머니의 백성이 나의 백성이 되고
어머니의 하나님은 나의 하나님이 되시리니"(룻1:16)라고 고백하는 문장
에서도 구약성경에 나타난 이방인에 대한 하나님의 선교적 열정을 보여
주는 본문이다.

모세오경에서 이스라엘은 이렇게 그들과 함께 거하는 이주민들에게
사랑을 베풀면서, 그 지역의 객과 과부와 고아들을 형제처럼 사랑하라고

註 5) Craig Ott, Stephen J. Strauss, and Timothy C. Tennent, 『선교신학』, (홍용표외
    역), (부천: 도서출판 존스북, 2012), 14.

말씀하신다(레19:33). "거류민이 너희 땅에 우거하여 함께 있거든 너희
는 그를 학대하지 말고 너희와 함께 있는 거류민을 너희 중에서 낳은 자
같이 여기며 자기같이 사랑하라." 신명기10:18-19에서 하나님은 "고아
와 과부를 위하여 정의를 행하시며 나그네를 사랑하여 떡과 옷을 주시나
니, 너희는 나그네를 사랑하라 전에 너희도 애굽땅에서 나그네 되었음이
니라"고 기록한다. 그리고 재판이나 송사가 있더라도 나그네라고 억울
한 재판을 해서는 안 된다고 명령하신다(신24:17). 그리고 한 해의 농사
가 끝나는 추수때에도 밭에 떨어진 이삭이나 남겨진 열매를 "객과 고아
와 과부를 위하여 남겨둘" 것을 명령하신다.(신24:19-21). 그리고 십계
명의 제4계명인 안식일규정에서도 이주민인 나그네와 가축까지도 일을
그치고 안식을 누리도록 규정하고 있다(출23:12; 신5:13-14).[6]

2. 신약에 나타난 다문화이주민선교

신약성경에 나타난 다문화이주민선교에 대한 성경적 교훈은 "누구든
지 그리스도와 합하기 위하여 세례를 받은 자는 그리스도로 옷입었느니
라 너희는 유대인이나 헬라인이나 종이나 자유인이나 남자나 여자나 다
그리스도 예수안에서 하나이니라"(갈3:27-28)는 말씀에 잘 나타난다.
특히 성경에 제시된 하나님의 나라는 인종과 문화, 국가와 민족의 모든
경계선을 넘어 하나님안에서 하나가 되는 거대한 큰 가족이라고 할 수
있다(벧전2:9; 롬14:17).

註 6) "일곱째 날은 네 하나님 여호와의 안식일인즉 너나 네 아들이나 네 딸이나 네 남종이
　　나 네 여종이나 네 소나 네 나귀나 네 모든 가축이나 네 문안에 유하는 객이라도 아무
　　일도 하지 못하게 하고 네 남종이나 네 여종에게 너 같이 안식하게 할지니라."(신
　　5:14)

예수님은 이방인들이 주로 거하는 지역인 갈릴리지역을 중심으로 사역을 하시면서, 이스라엘에 살던 이방인 이주자들에게 복음을 전파하셨다. 요4장에서 갈릴리를 가시면서 사마리아 수가 마을 우물가에서 사마리아 여인에게 복음을 전파하셨다. 유대인들이 상종도 하지 않던 혼혈족인 사마리아 여인에게 다가가시고 복음을 전하시고 그 마을에 복음이 전파되게 하신 것이다(요4:39). 예수님은 민족적 편견과 신분의 장벽을 뛰어넘어 다문화이주민에게 주의 사랑과 복음을 전하셨다. 마태복음 8:5-13에서 백부장의 하인의 병을 고쳐주셨으며, 마가복음 7장에서 헬라인으로 수로보니게(Syrian Phoenicia) 족속의 여인을 고쳐주셨으며(막7:26), 그리고 이방의 두로와 시돈지역의 병든 자들에게 복음을 전하셨다(마15;21-28). 누가복음 10:34-37에서 예수님은 부자청년에게 강도 만난 자와 선한 사마리아인의 비유를 말씀하시면서 "가서 너도 이와 같이 하라"고 하시면서, 어려움을 겪는 다문화이주민들에게 선한 사마리아인처럼 도움과 선행을 실천할 것을 말씀하신 것이다. 그리고 신약성경은 마지막 날에 천사들과 함께 영광의 보좌에 앉으시는 예수님께서 모든 민족들 가운데 복받을 자들을 구분하시는 기준가운데 하나가 나그네된 사람들을 주의 이름으로 돕고 영접한 것을 기록한다(마25:31-46). "내가 주릴 때에 너희가 먹을 것을 주었고 목마를 때에 마시게 하였고, 나그네 되었을 때에 영접하였고"(마25:35).

사도행전에 나타난 디아스포라들은(행8:4) 스데반의 순교이후에 소아시아 여러 지역으로 흩어져서 복음을 전하는 전도자의 삶을 살았다. 예루살렘에서 핍박을 피해 사마리아지역으로 들어간 디아스포라들 가운데 빌립은 많은 표적과 치유의 기적을 통하여 사마리아성에 큰 기쁨을 주었다(행8:7-8). 사도바울은 신약성경의 어떤 사도보다 그 당시 이방인을 위한 사도로 부르심을 받아서(행9:15; 22:21; 롬11:13), 다문화이주민선교의 모델로 사역하였다고 볼 수 있다. 바울은 스스로를 "내가 이방인인 너희에게 말하노라 내가 이방인의 사도인 만큼 내 직분을 영광스럽게 여기노니"[7] 라고 고백하면서 확신있게 다문화선교사역을 수행하였다. 바울의 제자로 사역한 디모데 역시 다문화가정에서 태어났는데, 그의 어머니는 믿는 유대인 어머니이며, 디모데의 아버지는 헬라인이었다고 기록한다(행16:1)[8] ". 사도바울과 함께 텐트메이커로서 고린도에서 사역을 함께한 브리스길라와 아굴라 부부는 신약의 대표적인 다문화가정으로, 사도바울의 사역에 큰 기여를 함께 하였다(행18:3). 아굴라는 소아시아 본도에서 태어난 유대인이며, 브리스길라는 로마 귀족출신의 여성으로서 사도바울과 함께 사역하는 사역자가 되었다. 바울은 아굴라 부부에 대해서 이렇게 기록한다: "너희는 그리스도 예수안에서 나의 동역자들인 브리스가와 아굴라에게 문안하라 그들은 내 목숨을 위하여 자기들의 목까지도 내놓았나니 나뿐 아니라 이방인의 모든 교회도 그들에게 감사하느니라"(롬16:3-4).

사도 베드로는 그의 서신에서 우리 성도들이 이 땅에서 살아가는 "나그네와 행인"(Aliens and Strangers)임을 강조한다(벧전1:1; 1:17; 2:11). "사랑하는 자들아 거류민과 나그네 같은 너희를 권하노니 영혼을 거슬러 싸우는 육체의 정욕을 제어하라"(벧전2;11). 하나님 나라의 시민이지만, 이 세상 나라에서는 거류민으로서 선교의 중요한 목적을 지닌

자로 성도의 정체성을 베드로는 "왕같은 제사장들"(벧전2:5, 9)로 부르고 있다. 사도 바울 역시 예수믿는 성도들에게 이 땅에서 분명한 정체성을 가질 것을 강조하면서, "그러므로 이제부터 너희는 외인도 아니요 나그네도 아니요 오직 성도들과 동일한 시민이요 하나님의 권속"(엡2:19)임을 강조하였다.

III. 평신도전문인선교와 한국교회

한국교회 안에서 전문인 선교사역에 대한 의식을 연구해보면 여전히 현대 한국교회에서는 전문인선교사에 대한 교회의 인식이 부족함을 본다. 전문인선교사가 사역할 수 있는가에 대한 의식자체가 문제로 대두된다. 전문인선교 활성화를 위해 먼저 평신도와 목회자사이에 바른 관계 정립이 아쉬운 때임을 알 수 있다. 한국교회는 아직도 "목사와 평신도사이, 목사와 장로사이에 누가 큰가?"에 대하여 필요 이상의 관심을 가지고 있어서 여러 가지 문제들을 야기시키고 있다. 심지어 "장로교회는 장로 때문에 성장이 중지되고 있다"는 말이 공공연히 등장하는가 하면, 목회자와 평신도라는 이원론적인 직분에 대한 오해가 일어나기도 한다. 한국사회가 가지는 문화적인 특수성 때문에 교회 안에도 성경적인 직분론과는 거리가 먼 계급적인 성직이해가 있는 것은 사실이다.

전문인선교의 전략적인 우수성을 이해시키기 위해, 대부분의 교회에서 평신도 사역의 중요성은 인식하지만 실제로 목회자나 평신도 각자가 온전한 평신도에 대한 신학의 부재로 혼미한 가운데 목회현장에서는 여러 다양한 형태의 문제가 끊임없이 발생하기도 한다. 참으로 온전한 전문인선교의 활성화를 위한 신학적인 노력이 필요하다. 이러한 전문인선교에 대한 분명한 신학적인 노력은 한국교회 전문인선교에 대한 바른 이해와 인식을 가져다 줄 것이다.

지난 20세기는 그 어느 때보다도 교회안에 있는 평신도의 역할에 대한 관심이 크게 일어나 평신도신학이라는 새로운 분야를 형성하였다. 평신도사역의 중요성에 대해서 일찍이 화란의 신학자 헨드릭 크레이머(Hendrick Kraemer)는 그의 저서 "평신도 신학"(Theology of Laity, 1958)에서 교회"평신도는 교회의 사역의 객체가 아니라 주체"가 되어야 한다고 하면서 그 동안 교회안에서 평신도의 위상에 대해 잘못된 관행에 대해서 지적하였다.[9]

교회안에서 그동안 평신도의 위상에 대해서 그들의 위치와 역할에 대해 바른 관심과 그것에 대한 연구가 활발하게 일어난 것이다.

미국교회의 지도자 엘턴 트레블러드(Elton Trueblood)는 지난 20세

註 9) 1950년 이후 부터 평신도에 대한 주요한 신학적 연구가 진행되어 평신도 신학이라는 하나의 신학분야가 형성되어 왔다고 볼 수 있다. 현대 평신도 신학 연구의 선구자들과 그들의 저서들을 살펴보면, 불란서 카톨릭 신학자 Yvs Congar의 "교회 안의 평신도"(Lay People in the Church, 1953), Hendrick Kraemer의 "평신도신학"(Theology of the Laity, 1958), 그리고 Carl Kromminga의 화란 자유대학 신학박사 학위논문 "평신도 전도"(The Communication of the gospel through neighboring, 1964) 등으로 볼 수 있다. 그 후에 세계교회협의회(World Council of Churches, WCC)에서는 평신도에 대한 주요한 관심을 연구하였으며, 제1차 암스테르담대회(Amsterdam, 1948), 제2차에반스톤대회(Evanston, 1954), 제3차 뉴델리대회(New Delhi, 1962), 그리고 제4차 웁살라대회(Uppsala, 1968)에서 심도있게 논의하였다. 20세기 중반에 평신도의 중요성에 대한 논의가 로마 카톨릭교회와 에큐메니칼 교회에서 주로 시행되었지만, 그들의 논의가 한 쪽으로 치우쳐서 사회복음으로 기울어지자, 복음주의 교회에서는 성경중심으로 세계복음화를 위한 평신도의 사역의 중요성에 대해서 연구하게 되었다. Billy Graham의 복음주의 운동은 Lausanne Covenant for World Evangelization (1974)와 제2차 로잔대회(Lausanne II, 마닐라, 1989)를 개최하여 평신도의 역할과 중요성에 대한 복음주의 입장을 정리하여 발표하였다. 복음주의 학자로서 평신도신학에 주요한 저술을 집필한 학자들로는 John Stott의 "현대교회와 평신도훈련"(One People, 1982)과 Westminster신학교의 선교학 교수 Harvie M. Conn교수와 Paul Stevens, Findley Edge와 미국 Fuller 선교대학원 교수 Charles Van Engen의 연구서들이 있다.

기 중반기에 벌써 미국교회 안에 평신도 운동을 시작하면서 하나님의 거대한 일꾼인 평신도가 하나의 잠자는 거인(a sleeping giant)으로 묘사하면서, 아직도 잠자는 거인인 평신도를 깨운다는 운동을 전개하였다.[10]

평신도가 그들의 본연의 사명을 잊어버리고 세상일에나 탐닉하는 존재로, 다른 한편으로 교회안에서 지도자들이 평신도에 대한 사역자로의 비전을 제시하지 못하는 상황을 지적하였다.

오늘의 상황에서 평신도의 사역적인 위치에 대해 지금까지 목회자나 평신도 모두 "하나님의 백성"이 갖는 특수한 의미와 그에 따르는 평신도의 역할에 대해 무지한 것이 사실이다. 목회자로써 자신의 사역과 아울러 평신도를 훈련하고, 양육하는 사역(ministry)에 충분치 못하며, 아울러 평신도 자신들도 그들 고유의 역할에 깨닫지 못하므로 무지하여 효과적인 사역이 아쉬운 현실이다.

심지어 "평신도를 깨우면 문제가 있으니 그냥 내버려두자"는 교역자들의 의식은 교직 독점주의(Clericalism)로 몰고 가고, 그와는 정반대 편에 퀘이커 교도와 같은 교회직제 자체를 부정하는 무교직주의(Anticlericalism)도 비성경적인 형태로 나타난다. 아울러, 한국교회 현장에 가장 큰 문제는 사역자로서의 자신의 사역을 쉽게 포기하는 맹목적인 평신도상이다. 많은 평신도들이 하나님께서 주신 고유한 특권과 아울러 맡겨 주신 책임으로서 사명의식을 망각하고 그들의 사역을 묻어버린 한 달란트처럼 잊혀져 있는 모습이 많다. 오늘의 선교현장에서 평신도사

註 1) Elton Trueblood, The Company of the committed, (New York: Harper & brothers, 1961), 24.

역자들을 활성화하는 길은 목회자와 평신도와의 관계에서 평신도의 분명한 정체성의 확립이 필요하다. 존 스토트(John Stott)는 목회자의 역할로 평신도를 사역자로 세우며, 교회를 "봉사"하는 자며, 성직자(Clergy)라는 말보다 목회자(Minister)라고 칭하기를 촉구하기도 했다.

IV. 평신도전문인선교의 선교학적 중요성

한국교회의 선교적인 확장 속에 나타나는 21세기 한국교회의 마지막 선교의 전방개척선교를 위한 하나님의 방법은 평신도 전문인 선교사이다. Ralph Winter 박사는 새로운 개념으로서 전방개척선교는 하나님의 선교를 방해하는 악들에 대한 전쟁선포로서 영적 전쟁으로 소개하였다(요일3:8)[11]

강승삼 박사는 전방개척선교지역을 3 지역, 곧 부분제한지역(Limited Access Area), 창의적 접근지역(Creative Access Area), 그리고 폐쇄지역(Closed Area)으로 소개하면서[12] 이 모든 지역은 선교사를 받아들이지 않거나 선교사 비자를 주지 않는 나라들이기 때문에, 이러한 지역의 선교를 위해서 평신도 전문인선교가 필요하다. 곧 창의적 접근지역에 가서 학생신분, 연구원(Researchers)의 신분 또는 전문직업(Professionals)을 가진 전문인 선교사가 절실한 것이다. 그런 점에서 평신도 전문인 선교전략은 21세기 마지막 선교의 전방개척에 가장 유용한 선교전략이라고 할 수 있다. 이러한 시대적인 평신도전문인 선교전략은 아직도 한국교회 대부분의 평신도와 목회자들에게는 생소한 것으로 받

註 11) 강승삼, "한국교회선교현황분석과 전방개척선교의 방향,"「한국교회의 새로운 도전 전방개척선교」, (서울: 한국선교협의회, 2005), 28.
　　12)강승삼, "한국교회선교현황분석과 전방개척선교의 방향," 31.

아들여지고 있다는 점이다. 평신도가 하나님의 복음의 사역자가 될 수 있는가에 대한 답이 그렇게 긍정적이지 않다는 것이 문제이다.

어떻게 교회의 99%를 차지하는 하나님의 거대한 군대인 평신도가 선교사역자로서 잘 감당할 수 있게 하는가? 21세기 전방개척의 세계복음화를 위해서 먼저 바른 평신도 선교사역에 대한 신학적인 정립이 필요하다. 지난 1974년 제1차 로잔 세계복음화대회에서 발표된 평신도 선교에 대한 선언문을 살펴볼 필요가 있다: "전 세계 복음화를 위해서는 전 교회적인 참여가 반드시 필요로 한다. . . 하나님은 그의 백성들을 복음전파의 동역자들(fellow-workers)이 되는 특권을 주신다. . . 하나님은 목사, 선교사, 전도사만이 아니라 그의 모든 신자들을 그의 증인으로서 부르시며, 그들을 통해 지역교회, 가족관계, 사업장, 시장, 친구관계에서 복음전파자로 사용하신다." 여기서 미국 텍사스 주 출신의 평신도 Madison Ford는 로잔대회에서 이 시대 많은 평신도들이 가장 원하는 것은 복음전도사역에 참여하는 것이라고 주장하였다: "이제 평신도들도 가치있는 일을 위해서, 곧 생명을 변화시키는 사역에(Life-Changing Business)에 참여하는 것을 간절히 원한다." 그리고 미국 플로리다에서 평신도를 깨우는 전도폭발(Evangelism Explosion) 훈련 프로그램을 통해 전 세계 교회에 공헌하고 있는 제임스 케네디(James Kennedy) 목사는 "평신도야말로 교회성장과 세계복음화에 있어서 가장 중요한 전략인데, 그러나 이것은 오늘날 가장 사용되지 않고 있다"(Laymen are the most strategic and also the most unused key to the evangelization of the world).[13]

오늘날 21세기 다문화이주민 선교를 위해 가장 필요한 선교전략이 이러한 평신도들에게 선교의 비젼과 사명을 확신케 하여 자신의 직업과 달란트를 가지고 전문인선교사로 헌신케 하는 일이다. 전문인 선교사에 대해 단 헤밀턴(Don Hamilton)은 다음과 같이 정의한다: "타문화권에서 일하는 그리스도인을 뜻하며 그 문화권에서 안수받은 성직자는 아니지만 그의 헌신, 소명, 동기, 훈련 면에서 분명한 선교사이다."14) 곧 세상에 여러 가지 직업을 통해 그리스도의 복음전파의 기회를 가진 자들로서, 이것은 단순히 경제적으로 자비량한다고 해서가 아니고, 그리고 정치적인 이유에서 비자를 쉽게 획득할 수 있어서라기보다, 우리 모든 그리스도인이 절대 주권자이신 주님께로부터 받은 삶의 목적으로 지상명령을 성취하는 것이 주 동기와 이유가 된다. 평신도 전문인 선교사역에 대한 다양한 이름들이 "세계를 품은 그리스도인"(World Christian)들로서 그리스도인이 이제 "모든 족속을 제자로 삼는" 의식과 가치관, 세계관이 확대되어, 평신도선교사, 텐트메이커(Tentmaker), 전문인선교사, 직업인선교사, 자비량선교사, 그리고 데츄나오 야마모리 박사는 이러한 평신도 전문인 선교사를 "하나님의 특사"(God's Special Envoys)로 부르고 있다.15)

V. 초대교회 선교역사에 나타난 평신도전문인선교

앞에서 평신도에 대한 교회의 시각들을 살펴보았지만 여전히 평신도의 사역적인 위상에 대해 부정적인 견해를 가지고 있음을 보았다. 어떻

註 13) James Kennedy, Evangelism Explosion, (Wheaton: Tyndale House, 1970), 1.
　14) Dan Hamilton, 『자비량선교사들은 이렇게 말한다』. (정진환역), (서울: 도서출판 JOY, 1991), 22.

게 평신도가 어떻게 사역할 수 있는 가에 대해 교회역사는 여러 가지로 많은 교훈을 제공한다.[16] 사실, 교회역사에서 평신도의 선교사역을 찾는 것은 어렵다. 그래서 간하배 선교사는 교회역사에서 평신도들의 사역은 "잊혀진 평신도사역"으로 설명하였다. 그러나 초대교회사를 연구하면 기독교는 처음부터 교회사역에 있어서 풍성한 평신도들의 참여로 성장하였다는 사실을 발견하게 된다. 예루살렘을 중심으로 모였던 초대교회가 박해로 인하여 뿔뿔이 흩어졌지만, "그 흩어진 사람들이 두루 다니며, 복음의 말씀을" 전했다(행8:4).

로저 그린웨이(Roger Greenway)는 초대교회에 있어서, "그리스도인이 된다는 것은 바로 그리스도의 구속사적인 선교사역에 참여하는 것을 의미했다"고 했다. 그들은 믿지 않는 세상 앞에서 그들의 믿음을 증거하는 것이 제자로써의 삶으로 여겼으며, 이러한 모습이 "바로 초대교회의 폭발적인 부흥의 원동력이었다."[17]

아돌프 하르낙(Adolf von Harnack)은 "초대교회의 기독교전파사"에서 초대교회의 특징적인 일들로 "신앙고백자들", "순교자들"과 같이 "비공식적인 평신도 선교사"의 존재에 대해서 강조했다.[18] 이것은 곧 일반 신자들로서, 남성뿐만 아니라 여성신자들도 자신들의 믿음을 전파함으

註 15) Tetsunao Yamamori, Penetrating Missions' Final Frontier: A New Strategy for Unreached Peoples, (London: IVP, 1993), 54-55: "Envoys will be 'tentmakers' as the term is popularly understood in Christian missions, they will be more than tentmakers . . God's Special Envoys will be specialists in every sense of the word . . . The Special Envoys must be wholeheartedly devoted to Christ and his mission on earth, believing in the availability of salvation only in and through Jesus Christ."
16) 김성욱, 『하나님의 백성과 선교』, (서울: 기독교문서선교회, 2001), 41; 김성욱, 『현대평신도전문인선교』, (서울: 한국프라미스키퍼스, 2010), 120.
17) Roger S. Greenway, ed. Discipling the City, (Grand Rapids: Baker, 1992), 47.

로 그들의 불신 이방족속들에게 큰 영향력을 주었다. "우리는 초대 교회에서 실제로 많은 선교의 역사가 비공식적인 평신도들에 의해서 이루어졌음을 주저없이 주장한다." 마이클 그린(Michael Green)은 초대교회의 이러한 평신도의 획기적인 사역에 대해서, "교회의 평범한 사람들은 전도를 자기의 직업으로 여겼다"고 한다. 복음전파가 초대교회의 성도들의 최대의 의무와 책임으로 받아들여지고 있었다.[19]

요하네스 바빙크(J. H. Bavinck)는 사도행전에서 선교사역의 특징으로 "자주 언급된 평신도 설교자들"을 들었다. 바빙크의 이러한 평신도들을 "비공식적 설교자"로 불렀다. 바빙크에 따르면, 이 모든 남녀들은 비공식적인 선교사들로서 초대교회의 선교사역에 막중한 역할을 했는데, 바로 그들은 "신자"라는 직책 외에는 다른 어떤 위치도 없는 평범한 남녀 신자들이었다.[20]

마이클 그린(Michael Green)은 초대교회에 있어서 "전도는 모든 신자들의 혈액 바로 그것이었다"고 주장하면서, 그들은 예루살렘의 기지를 중심으로 그들이 가는 모든 곳에서 자신들에게 있는 기쁨, 자유, 그리고 새 생명의 복음을 전파하였다.[21] 그린(Green)은 그들이 전한 내용과 그들의 삶이 일치가 되었기에 설득력이 있었다고 한다. A. 하르낙(Harnack)은 그들의 높은 수준의 도덕적인 삶이 비신자에게 복음을 전

註 18) Adolf von Harnack, The Mission and Expansion of Christianity in the First Three Centuries, (New York: Harper & Brothers, 1962), 368.

19) Cecil J. Cadoux, The Early Church and the World, (Edinburgh: T & T Clark, 1995), 300.

20) J. H. Bavinck, An Introduction to the Science of Missions, (Phillipsburg: Presbyterian and Reformed Pub. 1960), 39-40.

하는 데 큰 기여를 했다고 한다.[22] "너희 빛을 비추어 너희의 선행을 통하여 하늘에 계신 너희 아버지께 영광을 돌리게 하라."(마 5:16)는 성경 말씀대로 생활함으로써, 많은 사람들에게 그들의 삶의 모습을 통해 복음을 평범하면서도 담대하게 전할 수 있었다.

예일대의 라투렛(K. S Latourette)교수는 초대교회의 기독교의 확장은 전문적인 사역자들보다 세속사회 속에서 생업을 가지고 일하던 남녀 평신도들이 그들의 생업현장에서 같이 일하던 불신자들에게 복음을 전함으로 말미암았다고 주장한다.[23] 여행자, 상인, 무역인, 노예 등이었다. 브루스(F. F. Bruce)박사는 2세기말 초대 영국선교사역에서 평신도의 활동들에 대해서 언급한다. 곧, 영국에 기독교가 전파된 것은 평범한 사람들 곧 고올(Gaul)에서 온 상인들이었다. 이들은 날마다의 사업장을 통해서 선교역사가 이루어졌다고 전한다.[24]

이런 점에서 볼 때, 초대교회의 평신도 사역은 그야말로 오늘의 평신도 전문인 사역의 "본보기"이다. 복음전도를 위한 삶의 전 영역을 드리고 담대히 전도를 시행함으로 초대교회의 무서울 이 만큼, 부흥과 성장의 원동력이 되었다. 그들은 높은 인격적인 삶을 통해, 그 사회 속에서 진정으로 "빛"이었다. 그러나 초대교회의 활발했던 평신도전문인 선교

註 21) Michael Green, Evangelism in the Early Church, (Grand Rapids: Eerdmans, 1991), 173.
   22) Adolf von Harnack, The Mission and Expansion of Christianity in the First Three Centuries, (New York: Harper & Brothers, 1962), 368.
   23) K. S Latourette, A History of the Expansion of the Christianity, (New York: Harper & Brothers, 1939), 1:116.
   24) F. F. Bruce, The Spreading Flame: The Rise and Progress of Christianity from its first beginning to the Conversion of the English, (Grand Rapids: Eerdmans, 1964), 354.

는 중세 카톨릭교회의 엄격한 교황정치의 계급적인 교회관으로 말미암아 감소되고 평신도사역은 거의 사라지다시피 하였다. 그러나 하나님의 섭리가운데 16세기 종교개혁자 마틴 루터(Martin Luther)와 존 칼빈(John Calvin)의 개혁운동을 통해서 다시 초대교회와 같은 평신도사역이 가능하게 되었다. 오늘날의 활발한 평신도전문인 선교를 확산하려면, 초대교회의 평신도 운동을 깊이 있게 연구하는 것이 필요하다고 본다.

VI. 성경에 나타난 평신도 전문인 선교

1. 구약성경과 평신도 전문인선교

전문인선교의 중요성은 신구약성경에서 분명하게 나타난다. 평신도가 전문인선교사로서 사역할 수 있는가에 대한 성경적인 교훈은 전체 성경에서 나타나고 있다. 주요한 성경의 내용은 구약에서 창12:1-4, 출19:4-6, 그리고 사43:21에 나타나고, 그리고 신약성경에서 사도 베드로와 바울의 서신서(벧전2:9; 엡4:11-12)들을 통해 살펴볼 수 있다.

먼저 창 12:1-3에 나타난 아브라함의 소명과 사명은 모든 그리스도인의 선교사역을 증거하는 내용이다. 여기에 아브라함에게 4 가지 약속들, 곧 새 땅, 수많은 후손들, 신적 보호, 만민에게 복의 근원이 되는 약속이 나타나 있다. 이 본문은 하나님은 땅의 모든 민족들의 구원을 위해 하나님의 백성들을 선택하시고 부르셨다는 사실을 볼 수 있다. 창 12:3 후반절 "땅의 모든 족속이 너를 인하여 복을 얻을 것이니라." 이 말씀은 아브라함의 부름과 함께 잃어버렸던 족속에 대한 회복이 함께 나타난다. 이스라엘이 선택은 곧 이방에 대한 하나님의 선교를 위한 섬김임을 알 수 있다. 이것은 하나님의 백성이 누구이며 그들이 가지는 선교적인 책임들을 보여준다.

하나님의 백성으로서 평신도의 사역은 출 19:5-6에서 제사장나라의 사역으로 묘사되었다. 여기서 나타나는 이스라엘의 3 가지 이름이 나타나는데, 1) 하나님의 소유로서 보배로운 백성(5절, Segulla)"(신7:6; 26:10; 시135:4; 말3:17; 대상29:3; 전2:8)[25]으로, 그리고 제사장 나라의 시민으로서 하나님의 백성의 선교적 소명으로서 전 세계 복음화를 위한 하나님의 수단이요, 전 세계를 향한 하나님의 축복의 통로로 그들을 부르심을 보여준다. 그리고 6절에서 나타난 "거룩한 백성"이라는 말은 "하나님의 쓰심을 위해 특별히 분류된" 백성이라는 말로서 "이스라엘의 종교적 정결성"보다 "하나님의 특별목적"을 위한 사역자로서의 구별의 의미를 지닌다.

아브라함과 모세를 통해 주신 하나님의 언약 안에 나타난 하나님 백성에 대한 하나님의 뜻은 시간이 흐른 뒤에도 지속적으로 선지자들의 메시지를 통해 잘 나타난다. 이사야 43:21에 "이 백성은 내가 나를 위하여 지었나니 나의 찬송을 부르게 하려 함이라"는 말씀은 암흑과 혼동의 포로시대에도 흔들리지 않는 하나님의 백성에 대한 하나님의 선교적 관심을 보여준다. 어려운 시기에도 하나님의 그의 백성에 대한 관심은 그의

註 25) Francis Brown, The New Brown, Driver, Briggs, Gesenius Hebrew and English Lexicon, (Peabody: Hendrickson Publishers, 1979), 688; Walter Kaiser, Toward an Old Testament Theology, (Grand Rapids: Zondervan, 1978),. 105; cf. Laird Harris, Gleason J. Archer, and Bruce K. Waltke, eds., Theological Wordbook of the Old Testament, (Chicago: Moody Press, 1980).

백성에 대한 주재권과 언약관계를 앞서 가시며 이끄시는 주 여호와 하나님을 보여준다.

그의 백성에 대한 하나님의 불변하신 약속 곧 버리지 아니하시며 계약관계는 여전히 변함없음을 증거한다. 여기 사용된 21절의 동사 "지었나니"(히브리어)는 하나님의 선택하신 목적을 나타내며, 특히 분명한 "목적있는 지음"(to form purposely)을 보여주는 동사이다. 사43:21은 이스라엘의 특권과 책임은 "나의 찬송을 부르게 하려 함이니라"(21). 곧 하나님의 전능하심과 놀라운 구원의 활동들을 선포하는 것이 그들의 존재목적이다. 이 본문은 하나님 백성의 선교적 소명을 제시한다. 신약에서 사도 베드로는 이 성경을 인용하여 이 세상에서 그리스도인들이 하나님의 이름을 선포하는 자로서(벧전2:9) 하나님의 아름다운 덕을 "선전케 하려 함이라")(To Proclaim)고 하였다. 나라들 사이에서 하나님의 전능하심을 전파하는 책임이 그리스도인에게 있다고 주장하였다.

2. 신약성경과 평신도 전문인선교

신약성경에 나타난 전문인선교사역은 사도바울과 사도 베드로의 서신에서 분명한 평신도의 사역에 관한 성경적인 기초를 살펴볼 수 있다 (엡4:11-12; 벧전2:9).

먼저 엡 4:11-12에서 사도 바울은 모든 성도의 사역론을(Every Member Ministry) 제시한다.[26] 엡4:11절에 나타난 영적인 은사들은 교회사역의 중요한 부분으로 하나님의 일은 하나님이 주신 은사로 감당하여야 하며, 칼빈은 은사는 예수 그리스도께서 다양하게 모든 성도들에게 나눠주심을 강조하면서 "만일 그리스도께서 은사들을 나눠주시지 않았다면 교회사역은 없었을 것"이라고 주장했다.27)

그리고 헤르만 리델보스(H. Ridderbos)는 교회에서의 은사들의 사용은 인간들의 고안에 의해서가 아니라 예수 그리스도에 의해서 부여된 신적 부과라고 해석한다.28) 그리고 다양한 은사는(고전12:12; 롬12:4) 모든 그리스도인이 다 같은 기능을 가진 것이 아님을 설명한다. 그리고 모든 은사는 그 사용에 있어서 "청지기 의식"을 기지고 개인적인 이해가 아니라, 전 회중을 위한 유익과 봉사를 위하여 사용되어야 하며 결코 은사문제로 경쟁하거나(Rivalry) 또는 무질서한 교회직분관도 비성경적인 것이며, 각기 "은혜의 분량에 따라"(롬 12:3-9) 주신 것이다.

엡4:12에 성도는 온전케 되어 봉사의 일을 한다는 말은 지금까지 모든 평신도가 수행해온 소극적인 의미의 봉사에서 적극적인 사역에의 의미를 지닌 말이다. 그러므로 엡4:11-12은 모든 평신도들이 다 교회 안에서 감당할 사역이 있기 때문에 보다 적극적인 사역자의 자세가 필요함을 가르친다.

그리고 신약성경에서 벧전2:9은 평신도전문인선교에 대한 가장 확실한 성경적 근거를 제시하는 본문이다. 여기서 제시된 그리스도인들의 4

註 26) 참고: Paul Stevens, The Equipper's Guide to Every-Member Ministry;
        (Downers Grove: IVP, 1992).
    27)John Calvin, Commentaries on the Epistles of Paul to the Galatians and
        Ephesians, (Grand Rapids: Baker, 1979), 278.
    28) Herman Ridderbos, Paul: An Outline of His Theology, (Grand Rapids:
        Eerdmans, 1975), 474.

가지 이름을 연구함으로 평신도전문인사역의 의미를 더욱 이해하게 된
다. 곧 평신도의 선교적 역할은 그 정체성 속에서 찾을 수 있다. 여기 나
타난 첫 번째 이름 "택하신 족속"의 뜻은 그리스도인이 가지는 특권만이
아니라, 선교를 봉사와 섬김에의 소환령으로 세상에 복음전파를 위한 부
름받은 공동체임을 증거한다.

그리고 두 번째 이름 "왕같은 제사장들"이라는 말은 평신도전문인의
영광스러운 사역의 부요함을 나타내는 말이다.[29] 이 말은 출19:6의 "제
사장 나라"와 연관되는 말로서 "왕같은 제사장," "제사장 나라"의 시민
으로 모두가 왕적인, 제사장적인 위치와 의무들과 특권들을 나타낸다.
"제사장들의 공동체"는 모든 성도들의 선교적 역할과 책임을 나타내는
말이다.

그리고 "거룩한 나라"는 말은 출 19:6을 인용하여 그리스도인의 구별
된 역할을 나타내는데, 그것은 세속 사회 속에서 성도들이 "세상으로부
터 구별되어 하나님의 쓰임을 위하여 구별된" 삶을 살면서 하나님의 귀
중한 선교의 도구로 살아가는 것이다. 마지막으로 "하나님의 소유된 백
성"은 세상 속에서 그리스도인들이 가지는 구별된 위치와 성도에 대한
하나님의 소유권을 상징한다(God's ownership of his people). 이렇게
4 가지 이름들을 언급한 후에 벧전2장 9절 하반절에서 평신도의 분명한
선교사명을 제시한다: "이는 너희를 어두운데서 불러내어 그의 기이한
빛에 들어가게 하신 이의 아름다운 덕을 선포하게 하려 하심이라".

註 29) Simon Kistemaker, New Testament Commentary: Exposition of the Epistles
     of Peter and of the Epistle of Jude, (Grand Rapids: Baker Book House, 1987),
     92.

VII. 결론: 21세기 다문화이주민사역전략으로서 전문인선교

　지금까지 21세기 다문화 이주민사역을 위해 성경에 나타난 다문화이주민사역의 의의와 실제적인 예들을 살펴보았으며, 또한 평신도전문인선교의 중요성을 살펴보았다. 그리고 오늘의 선교현장과 다문화이주민사역의 활성화를 위해 평신도전문인 사역의 전략적 중요성이 결코 무시되어서는 안 된다는 사실을 알게 되었다.

　전문인선교는 성경에 나타난 하나님의 뜻이며, 교회역사는 이러한 성경적 선교의 원리가 어떻게 적용되고 실천되었는가를 보여준다. 오늘의 선교 현장에 평신도전문인 사역이 정착하여 효과적인 선교사역이 이루어지기 위해서, 평신도가 전문인으로서 사역자의 위상을 갖도록 도와주고 가르치는 사역이 필요하다. 그리고 전문인 사역자들을 온전히 세우고 사역에 임하게 하려면, 목회자의 철저한 준비교육이 필요하다. 평신도 전문인 사역자는 목회자의 사역에 매우 중요한 동역자의식이 필요하다. 사실 현대교회 미전도종족 선교와 다문화이주민사역 전략으로서 가장 중요하게 나타나는 것은 바로 평신도전문인 선교이다.

　전문인선교는 현대의 마지막 선교지역인 미전도종족과 다문화이주민을 선교하기 위해 가장 강력한 선교전략이다. 구미 각 교회출신의 선교사들이 전문인선교사로 오늘의 선교현장에서 많은 사역을 효과적으로 감당하고 있는 상황이다. 오늘의 선교현장으로서 다문화이주민사역은 이제 이러한 평신도 전문인선교사들을 절실하게 필요로 한다. 평신도가 선교할 수 있는가가 문제가 아니라, 오늘의 한국교회선교가 효율적이고 전략적이 되도록 교회지도자나 평신도 모두가 전문인선교사의 Vision을 새롭게 하는 작업이 절실하다고 본다.

필자는 한국교회가 효율적 다문화이주민사역을 위해 선교지도자들은 평신도전문인선교에 대한 분명한 이해를 가지고 평신도에게 전문인사역 자로서 선교훈련을 통하여, 그들로 전문인사역자가 되게 하는 폭넓은 목회철학이 필요하다. 그리고 오늘의 교회 평신도들은 보다 적극적인 소명과 자세로 지금보다 전문인선교사로서의 자세를 확립하여 오늘의 시급한 다문화이주민선교사역 완수에 임하여야 한다.

Bibliography

Bavinck, J. H. An Introduction to the Science of Missions, Phillipsburg: Presbyterian and Reformed Pub., 1960.

Brown, Francis, The New Brown, Driver, Briggs, Gesenius Hebrew and English Lexicon, Peabody: Hendrickson Publishers, 1979.

Bruce, F. F. The Spreading Flame: The Rise and Progress of Christianity from its first beginning to the conversion of the English, Grand Rapids: Eerdmans, 1964.

Cadoux, Cecil J. The Early Church and the World, Edinburgh: T. & T. Clark, 1955.

Calvin, John, Commentaries on the Epistles of Paul to the Galatians and Ephesians, Grand Rapids: Baker, 1979.

Castles, Stephen, Mark J. Miller, The Age of Migration, 「이주의 시대」, (한국이민학회역), 서울: 일조각, 2013.

Congar, Yvs, Lay People in the Church, Maryland, Westminster Press, 1957.

Conn, M. Harvie, "Training the Membership for Witness (Elders and Laity)", In Training for Mission, RES Mission Conference, 1976.

Conn, M. Harvie Conn, "Theological Education and the Search for Excellence", Westminster Theological Journal, Vol. 41:311-363.

Conn, Harvie M. "Deacons: A Forgotten Tool for Urban Mission," Urban Missions, (1991), 9:3-5.

Edge, Findley, The Doctrine of the Laity, Nashville: Convention Press, 1985.

Green, Michael, Evangelism in the Early Church, Grand Rapids:

Eerdmans, 1991.

Greenway, Roger S., ed. Discipling the City, Grand Rapids: Baker, 1992.

Harnack, Adolf von. The Mission and Expansion of Christianity in the first three Centuries, New York: Harper & Brothers, 1962.

Hamilton, Dan, 『자비량선교사들은 이렇게 말한다』. (정진환역), 서울: 도서출판 JOY, 1991.

Harris, Laird and Gleason J. Archer, and Bruce K. Waltke, eds., Theological Wordbook of the Old Testament, Chicago: Moody Press, 1980.

Kennedy, James, Evangelism Explosion. Wheaton: Tyndale, 1985.

Kaiser, Walter, Toward an Old Testament Theology, Grand Rapids: Zondervan, 1978.

Kistemaker, Simon J., New Testament Commentary: Exposition of the Epistles of Peter and of the Epistle of Jude, Grand Rapids: Baker Book House, 1987.

Kraemer, Hendrick, A Theology of the Laity, Philadelphia: Westminster Press, 1958.

Latourette, K. S. A History of the Expansion of the Christianity, New York: Harper and Brothers, 1939.

Ott, Craig, Stephen J. Strauss, and Timothy C. Tennent, 『선교신학』, (홍용표외역), 부천: 도서출판 존스북, 2012.

Peters, George W, 『선교성경신학』, (김성욱역), 서울: 크리스찬출판사, 2004.

Ridderbos, Herman, Paul: An Outline of his Theology, Grand Rapids: Eerdmans, 1975.

Stevens, Paul, The Equipper's Guide to Every-Member Ministry;

Downers Grove: IVP, 1992.

Stott, John R. W. One People, Downers Grove: IVP, 1982.

Stott, John R. W. The Message of Ephesians, Downers Grove: IVP, 1979.

Trueblood, Elton The Company of the Committed, New York: Harper & Brothers,1961.

Yamamori, Tetsunao, Penetrating Missions' Final Frontier: A New Strategy for Unreached Peoples, London: IVP, 1993.

강승삼, "한국교회선교현황분석과 전방개척선교의 방향," 『한국교회의 새로운 도전 전방 개척선교』, 서울: 한국선교협의회, 2005.

김성욱, 『하나님의 백성과 선교』, 서울: 기독교문서선교회, 2001.

김성욱, 『현대평신도전문인선교』, 서울: 한국프라미스키퍼스, 2010.

김성욱, 『개혁주의선교신학』, 서울: 이머징북스, 2013.

임종표, "한국선교의 활성화를 위한 선교지 이해: 한국교회의 선교패러다임에 대한 진단과 전망의 관점에서," KMQ 55호, (2015 가을): 26-40.

제3장

GMS의 역사와 정신

편집 정리
허 명 호 목사

3. 대한예수교 장로회 총회세계선교회(GMS)의 역사와 정신[1]

ㅣ GMS의 역사적 배경과 선교의 발전[2]

대한예수교장로회 총회는 그 설립 시부터 사도행전의 선교하는 교회로 성장하여 왔으며 1907년으로부터 시작된 해외 선교 역사는 세계 선교 역사에 감격스러운 한 부분이다.

1. 초기 독 노회 설립 때부터 제주도 선교를 시작하다.

1907년 9월 독 노회 조직를 조직하면서부터 우리 교단은 해외 선교부를 두어, 그 해에 안수 받은 첫 일곱 목사 중 한 분인 이기풍 선교사를 제주도에 파송하면서 해외 선교의 장을 열기 시작한다. 그 이듬해는 일본으로(한석진 선교사), 그리고 그 다음 해는 시베리아로 (최관홀 선 교사), 계속하여 북만주 간도로, 중국 땅과 심지어는 몽고와 멕시코에 이르기까지 흩어져 간 수백만의 한민족에게 선교사를 파송하여 교회를 확장하여 감으로 사도행전적인 선교하는 교회로 발전하여 온다.

2. 총회 설립 기념으로 중국에 선교사 파송

1912년 9월에는 총회를 조직한 감격을 안고 중국에 선교사를 파송하기로 결정한다. 그 이듬해에 총회선교부는 만반의 준비를 갖추어 세 분의 선교사를(박태로, 김영훈, 사병순) 산동성 래양현 오지로 교회 개척을

註 1) GMS 홈 페이지 gms.kr 에 있는 "규정"에 GMS 운영규칙(2014년,9,30) 자료를 독자가 이해하기 쉽도록 역사적인 순서로 편집자가 재배열 하였고 지면 절약 상 부득이 일부 내용을 생략하였다.

2) GMS 운영규칙 부록 3절에 있는 위치의 것을 본서에서는 앞으로 두어 편집하였다.

위해 보낸다. 그 후 45년 동안, 즉 1957년 중국 공산당 정권에 의해 강제 추방될 때까지, 8명의 목사와 한 명의 여전도사를 위시하여 여러 명의 의사, 교사 등의 평신도 선교 조력자들에 의하여 추진되었던 산동 선교 사역은 근대 중국 교회사에 괄목할 기록으로 남는다. 즉 1933년에는 우리 선교사들의 수고로 개척되고 키워진 교회들이 래양노회를 조직하게 되는데 이는 그 당시 전체 중화 기독교회 126개 노회중 하나로 수천 명의 서구 선교사들이 이룩한 업적과 당당히 어깨를 나란히 하게 되었다. 이들 중에 이대영 선교사(후일 본 교단 41대 총회장)는 선교지의 전란과 본국은 일본의 압제로 말미암은 극심한 어려움 중에 있었음에도 27년간(1922-1948)이나 선교지에서 충성하였고, 방지일 선교사는 (1937-1957) 서구 선교사들이 철수하거나 추방된 공산화된 선교지를 가장 마지막까지 지키던 선교사로 기록되어 있다.

3. 해방이후 분열의 아픔

1950년대에 들어오면서 총회는 분열의 아픔과 6.25의 참혹한 국란 가운데도 선교의 열정을 잃지 않았다. 1955년 총회는 태국에 선교사를 파송하기로 결정함으로 또 한 번 교회의 본질이 선교임을 증명하였다. 그때는 아직도 전쟁의 상처가 너무나 아픈 때임에도 불구하고 선교하는 열심을 불태워 그 이듬해 두 분의 선교사(최찬영, 김순일)를 불교의 나라로 파송한다. 같은 해 1956년 총회 역시 계속하여 선교사 파송을 결정하였는데 선교지는 아직도 마지막 선교사가 수난 중에 지키고 있는 중국 땅이었다. 후일을 기약하며 대만 땅에 선교사(계화삼)를 1957년에 일단 파송하였다. 총회는 1960년대에 들어오면서, 교단의 분열의 아픔 가운데서도 두 명의 선교사를 더 파송하여 선교의 명맥을 건강하게 이어 왔다.

4. 선교의 불길이 타오르는 1970년대

1970년대에 들어오면서 서서히 타오르기 시작한 한국 교회의 선교의 불길을 우리 교단이 이끌어 오면서 선교지를 여러 대륙으로 확장하여 간다. 아시아를 필두로 남미, 북미, 유럽, 호주, 아프리카까지 우리의 선교사들이 속속 파송된다. 초기에는 흩어져간 한민족들을 대상으로 하면서 이들 한인 교회를 거점으로 우리 선교사들은 이방세계로 복음을 확

장하여 간다. 1970년대 후반에는 직접 현지인을 상대로 교회개척과 여러 형태의 선교 사역을 펼치기 시작한 우리 선교사들은 기지구축과 전략개발에 중점을 두어 한국 교회 선교 전선에서 앞장을 서왔다.

5. 1980년대는 확장의 시대였다.

늘어나는 교단 선교 업무를 담당하기 위해 선교부는 상설기구로 선교국을 설치함으로 선교 행정의 선구적 길을 개척하였다. 특히 1980년 후반에 오랫동안 닫혀 있던 공산 세계가 서서히 문을 열자, 우리의 옛 선교지 중국과 러시아, 그리고 동구에 이르기까지 확장된 선교지에 대규모의 선교사단을 파송하게 된다. 이때는 벌써 선교세력의 규모 면에서 세계적인 선교단체와 어깨를 나란히 하는 국제적인 선교단체로 성장하여 온 시기였다.

6. 교단 선교 정책 발전

1990년대에 들어오면서 교단 선교는 더욱 성숙되어 선교정책 발전의 시대이다. 6대주에 퍼져간 선교사들은 개혁 신앙을 효과적으로 전파하기 위하여 지역마다 지부를 조직하고 여러 모양으로 선교 전략을 개발하여 왔으며 선교훈련원 운영, 선교대학원 설립 등, 세계적 인 선교단체와도 협정을 맺어 세계 복음화의 공동 전선을 펴는데 앞장을 서고 있다.

7. 총회 내에 있던 상설 선교부를 독립 선교회(GMS)로 확대

1996년 교단 총회에서는 확장되어 가는 선교 사역을 더 효과적으로 수행하기 위하여 선교부의 확대 개편의 필요를 절감하여 이를 연구할 것을 결의하였다. 그리고 1998년 총회에서 교단 내 선교 기구를 통합하고 교단 선교부를 확대하여 "대한예수교장로회 총회세계선교회"(Global Mission Society of The Presbyterian Church in Korea: 약칭 GMS)를 조직할 것을 결의하였다. 이에 따라, 1998년 11월 18일 왕성교회에서 창립총회를 개최한 후 새로이 기구를 조직하였다.

8. 화성시 관내에 선교 센터 마련과 본부 이전

1999년 10월 2일 경기도 화성시 팔탄면 월문리에 위치한 구 바울의 집을 GMS 선교센터로 인수하여 선교본부가 정착하므로 교단 선교의 새로운 전기를 마련하게 되었다. 특히 2000년 10월 6일 제3회 이사회 총회는 이사회 조직을 전문위원회와 지역위원회로 활성화하는 계기를 만들고 전략 선교에 있어 파송교회나 후원자들이 동참하여 실효성을 높이는 계기가 되었다.

9. 화성 선교센터 내에 사회복지 센터 개원

2006년에는 사회복지법인 GMS 사회복지재단(2006.10.13) 설립인가를 받고, 산하에 GMS화성요양원(2009.5.29)과 GMS화성복지센터(2009. 6.19)를 설립했다.

10. 본부 조직을 3부서 체제로 개편

1998년 이사회 이사장과 실무 사무총장(본부장)[3] 제도로 시작되었다.

2004년부터 이사장을 본부장으로 한 본부장 1인 중심의 단일구도에서 3부서장의 구도(행정부, 사역부, 훈련부)로 시행하였다.[4] 2009년 9월 3부서, 행정본부 (행정 총무), 사역본부(사무총장), 연구개발원(원장)으로 개칭하였고 2012년에는 본부조직을 행정부(본부총무), 사역부(선교총무), 훈련원(원장)으로 일부 조종되었으며 2014년 9월에 본부 조직을 선교 총무와 본부총무 2부 체제로 이사회 정관을 개정했고 시행은 2015년 9월 총회 인준 후 부터 시행하게 된다.

2015년 8월말 현재 본 선교회는 98개국 2,399명의 선교사를 파송하고 있다.[5]

註 3) 초대 사무총장은 필리핀에서 사역하던 김활영 선교사가 재직하였다.(2년 임기의 초대 이사장 조중기 목사, 2대 심재식 목사) 3대 이사장 김성길 목사(2002년 8월 26일) 때 2대 사무총장 임명장을 김주경 선교사에게 수여하였다.(안재은, "나의 발언 GMS 총회와 우리의 과제", 기독신문 2002년 9월 9일.

4) 2004년 제7회기 이사장 김선규 목사, 김주경 사무총장, 박시경 선교연구훈련원원장, 최병국 행정총무

5) GMS 홈페이지 연역 참조

II GMS의 사역 정신

1. 선교의 성경적 모델

성경의 일부가 선교에 대한 가르침이 아니라 성경전체가 선교 그 자체를 입증하는 하나님의 말씀이다. 성경은 선교 실천의 규칙을 제시하는 것은 아니지만 선교신학의 기초와 실천을 위한 원리를 제공한다.

2. 구약성경에서

1) 창세기 3장 15절에서 발견된 구세주에 대한 은혜의 언약적 약속이 아브라함에게도 선포되어졌고(창17:7), 이것은 그와 그의 가족, 그의 후손인 이스라엘의 출애굽적 구원 모델을 통해 모든 민족에게 선포되어 졌다.(창12:3, 출40:34-38)

2) 이스라엘 백성의 선교사적 활동은 모든 민족들을 이스라엘의 하나님께로 이끌어 올 뿐 아니라(사49:6), 모든 민족에게로 보내어 졌던 것을 요나서를 통해(욘4:11) 보여 졌다.

3) 이스라엘이 모든 민족을 위해 증인으로 부르심을 받고 보내진 것처럼 오늘날 우리도 모든 민족을 향해 증인으로 보내진 것을 인정한다.(시67:1-2)

3. 신약성경에서

1) 예수그리스도의 생애 자체가 가르치시고 행하시는 선교의 삶이었다.(마4:23, 9:36)

2) 하나님 나라에 대한 선포가 예수님의 복음 사역의 중심이었으며 동시에 예수님 자신이 하나님 나라에 있어서 가장 중요하고 중심적인 핵심

이다. (마4:17)

　3) 예수그리스도의 죽으심은 그의 부활과 아울러 이방인들을 찾는 선교사역의 동기와 기초가 되며, 메시지의 내용이다.(마20:28, 요12:32-33,요10:11,16)

　4) 예수께서 기도의 모델로 주기도문을(마6:9-13) 가르치신 것처럼 예수의 부활과 승천은 대위임 명령을(마28:19-20) 통해 선교의 모델로 연결된다. 이 위임 명령은 그리스도의 주인 되심을 선언함으로 시작하여 이 명령이 지체되거나 두려워하거나 망설일 일이 아님을 분명히 하고 있다. 또한 제자들에게 가서 모든 족속으로 제자를 삼으라는 위임명령

　은 구약에서부터 보여 온 선교 전통과 예수 그리스도가 보여주었던 선교의 삶을 연결하는 것으로, 그리스도의 몸인 교회가 세례를 주고 가르침으로 제자를 삼는 선교의 책임과 내용을 수행하도록 하고 있다.

　5) 오순절 성령강림을 통하여 신약교회로 하여금 선교를 감당할 권능을 부여받은 사건이며, 지금도 선교는 십자가와 부활을 중심으로 한 예수 그리스도의 출애굽적 구원 모델과 성령의 지도와 능력에 의존하고 있음을 보여주고 있다.(눅9:31, 행18, 고전10:1-4)

　6) 복음서는 복음 그 자체이신 그리스도가 선교사로 활동한 모습을 우리에게 보여주고 있으며, 그분의 선교 명령과 함께 그 실천 방안까지도 포함하고 있다.

　7) 사도행전은 신약교회의 출발과 함께 어떻게 복음이 전파되고 확장되어 나갔는지를 보여주는 선교사역의 기록으로 우리의 교회가 따라야 할 본이 무엇인가를 보여주고 있다.

4. 선교사역은 개인 영혼구원에 우선하는 그리스도의 몸 된 교회 사역이 시급하다.

1) 교회는 선교를 수행하는 기관인 동시에 교회설립은 선교의 지상목표중 하나이다.

2) 교회 설립과 성장은 최소한 다음 세 가지 영역이 포함되어야 한다.

첫째는 복음 선포를 통한 즉 새로운 개종자들로 인한 회중의 양적 증가이며,

둘째는 성도들의 영적 은사들을 시행하므로 오는 질적 성숙이고,

셋째는 성도들이 역할과 책임을 극대화함으로 오는 기능적인 성숙을 말한다.

3) 타문화 선교에서도 복음화를 통한 교회 개척 뿐 아니라 그리스도의 몸 된 교회 확대에 관심을 가져야 한다.

복음화와 교회 성도들의 온전한 삶은 끊임없이 상호 견인하는 선교 사역의 중심축이다.

5. 그리스도의 몸 된 장로교회의 개척과 영혼 구원의 중요성과 시급성

1) 우리는 모든 복음주의 교회의 공통점이 많다는 것을 인정하면서도 중요한 차이점이 있음을 인식한다. 우리는 칼빈주의 세계관을 실천하는 대한예수교 장로회 총회의 개혁주의 교리와 장로교회 정치에 대해 성경적이며 보존할 만한 가치가 있는 것으로 믿는다. 그리고 그것은 우리의 작품이 아니라 하나님의 선물이라고 하는 사실을 인식하며 감사함으로 겸손하게 받아들인다.

2) 그러므로 우리는 하나님이 우리에게 주신 개혁신학과 장로교 정치의 전통을 국내 교회에서 지키고 확장하려는 것처럼 선교현장에서도 지

켜가야 할 것을 확신한다.

3) GMS 선교사들이 다른 교회들과 협력하여 교회를 개척할 때에도 개혁 주의 신학과 장로교회 정치를 포기해서는 아니 된다. 다만 다른 교파나 선교단체들과 함께 교회를 개척 할 때는 저들의 신학적 입장을 존중하는 범위 안에서 개혁주의의 핵심요소를 유지하도록 해야 한다.

Ⅲ 선교 헌장

1. GMS는 성경에 근거한[6] 칼빈주의 세계관을 바탕으로 한 개혁주의 신학에 의한[7] 선교 사역의 표준과 방향을 삼을 것을 선언한다.

2. GMS 선교사의 사역의 표준은 신,구약 성경과 웨스트민스터 신앙고백과 헌법과 신조를 표준으로 하며 본 선교규정을 준수한다. 이에 따라 모든 파송 선교사는 GMS의 신앙고백과 운영규칙을 준수할 것을 선언한다.

Ⅳ GMS 선교목표[8] 및 원리와 정책

1. 네비우스 원리를 적용한 선교정책 목표

1) 성경에 입각하여 비복음화 지역 및 재복음화 지역의 영혼 구원과 그리스도인의 삶으로의 변혁을 목표로 한다. 2) 선교 현지에 토착 교회를 설립하여 자립, 자치, 자전하도록 함을 목표한다. 3) 오직 하나님의 영광만을 높임을 목표한다.

註 6) "성경에 근거한" 을 필자가 삽입하였다.

7) "근거한" 을 "의 한" 으로 수정했다.

8) 제4절을 제 3장으로 배치하였다.

2. 네비우스 원리를 바탕으로 3중 선교원리 (Three- Altogether)를 따른다.

1) 영혼과 몸의 구원에 총력을 다 하고 인생의 다양한 문제에 총체적으로 접근하는 총체선교 원리, 2) 교단내외의 역량을 총동원하는 협력의 공동 광장 마련과 파트너 쉽을 확대하는 공동선교 원리, 3) 교회가 선교의 주체가 되고 다양한 선교요소를 계발, 선교단인 교회가 되는 교회선교 원리

3. 네비우스 원리를 보완하는 '3중 선교 원리에 입각한 사역 방향.

하나님 중심 성경 중심 교회 중심	3중 선교 원리	3중 선교 정책 Three-Altogether Policy of Mission		선교세부 정책
	총체적선교 원리	총체 선교 정책 Whole Mission	총체 선교 정책 선교 자원 계발 및 훈련 양육 정책	
	공동선교 원리	공동 선교 정책 (Common Ground	공동 선교 정책 : 전략적 선교지 및 사역 단위 계발 정책, 팀선교, 네트워킹	
	교회선교 원리	교회 선교 정책 Church as Mission	선교단 교회계발 관리 정책 재정 관리와 선교사 복지 증진 정책 선교 전략 연구 지원 정책	

4. 총체선교 정책

급변하고 다양해지는 선교 사역 현장의 이해를 바탕으로 전략적인 선교사역을 통한 성경적 개혁주의 교회 설립을 위해 영혼과 몸의 구원에 총력을 다 하고 인생의 다양한 문제에 총체적 구원운동으로 접근하는 선교 정책이다. 그리고 선교사, 파송 교회, GMS 3자간의 사역이 총체적으로 하나 되어 세계 속으로 나아가게 하는 정책이다.

여기에는 미전도 종족 및 재복음화 필요 지역에서 전통적인 교회 개척 사역을 비롯하여 크게 3가지 분야로 구분된다. 첫째, '집회 설교, 개인?단체전도, 문서 및 정보 네트워크'를 통한 복음전파 사역(선포선교)이다. 둘째, '교육, 문맹퇴치, 봉사, 의료, 구제, 농업, 지역개발, 예술, 스포츠' 등을 통한 소외자 사역(임재선교)이다. 셋째, '신학교, 성경학교, 제자훈련학교, 선교사 훈련원, 선교사 자녀학교' 등을 통한 제자 양육 사역(제자화 선교)이다. 이상과 같은 사역을 통한 총체적인 선교가 이루어지기 위해서는 목회자, 평신도, 남성, 여성, 자비량, 전문인, 비거주, 선교동원, 정보 네트워크 사역자들의 총력적 사역이 되어야 한다. 그리고 궁극적으로는 선교현지에서 토착 교회의 설립이 이루어지고, 영혼 및 몸의 구원 사역과 함께 그들의 삶이 본질적으로 변혁 되어지도록 하는 총체적 사역이다.

1) 선교자원 계발 및 훈련 양육 정책

총체, 총력 사역을 위해서 목회자 또는 소수의 헌신자, 남성 중심으로 이루어졌던 교회 및 교단의 소극적 선교 계발 정책을 지양한다. 보다 적극적이고 교단 산하 청, 장년, 남녀 선교 헌신자들을 균형 있게 발굴 계발하고 교육 관리하여, GMS와 총회 및 산하 교회가 주도적으로 선교사 동력화 자원을 훈련 양육하는 정책이다.

여기에는 선교의 비전과 헌신, 훈련, 양육이 이루어질 수 있는 지역 LMTC 및 MTI 등의 선교 프로그램을 개발하고, 선교사 재교육 및 연장 교육, 선교사 자녀 훈련 프로그램을 개발 운영, 나아가서는 선교 현장 경험이 풍부한 선교사를 훈련 요원으로 양성 확보하기 위한 해외 연장 교육을 격려하는 사역이다.

2) 공동선교 정책

복음주의 선교 단체 및 선교지역 교회와 동반자적 파트너십을 가지고 선교 협력 관계를 맺어 팀 정신으로 하나님 나라 확장을 도모하고, 하나님의 이름을 알리는데 집중하는 정책이다.

여기에는 GMS, 국내?외 선교 단체, 선교사, 파송 및 후원 교회, 선교현지 교회 등이 다각적으로 협력하여 선교 현지의 토착교회가 자립, 자치, 자력 전파 할 수 있도록 함으로써, 그들 스스로가 세계복음화에 대한 비전을 품고 전파 사역을 담당하도록 한다. 또한 GMS와 선교 단체, 현지 교회가 상하 관계가 아닌 동반자적 관계 및 사역을 공동으로 감당하는 제도와 전략을 유지 발전시켜, 상호 갈등 및 대립 관계를 극복하고 선교의 공동 광장에서 공동 회원(Common Membership)으로의 상호 보완 관계를 이루도록 한다.

3) 전략적 선교지 및 사역단위 계발 정책

효과적인 세계 복음화를 위하여 전략적 선교지를 계발, 비효율적인 중복 과잉 투자를 피하고 효과적이고 선교전략의 축적이 이루어질 수 있도록 하고, GMS 본부와 선교 현장의 지부 간에 전문화, 유기적인 현장 중심의 조직을 마련하고, 국제선교단체와도 긴밀한 정보 교환 작업을 유지하도록 하는 정책이다.

이를 위하여 세계적 도시화에 따른 거점 도시 및 관문 도시 파악 및 이에 따른 선교 전략을 계발하고, 미전도 종족 및 창의적 접근지역에 설치하고, 지부 대표는 선교사역 업무가 원활히 해당 선교사들에게 분담 추진, 확장되어지도록 본부와 지속적인 연락을 이룬다.

4) 선교단 교회 계발관리 정책

교회의 본질인 선교하는 교회로서의 사명 감당과 선교사의 안정적 선교 사역을 위하여 파송 및 지원 협력 교회들과 현장 선교사간에 긴밀한 유대 관계를 유지하고, 파송 및 지원 교회가 선교 현장을 잘 이해할 수 있도록 GMS가 다양한 방법을 적극 계발하되, 선교사들의 정보 노출로 인한 피해가 없도록 기술적으로 계발 관리하는 정책이다.

이를 위하여 GMS는 선교대회, 선교사역 보고회, 정책 세미나, 후원 이사 교회 발굴, GMS 뉴스 레터 등과 같은 다양한 홍보 매체를 통하여 파송 교회를 최대한 계발하고, 총체적, 총력 사역에 대한 정보를 지역 교회에 제공한다.

5) 재정 관리와 선교사 복지증진 정책

GMS 파송 선교사들에 대한 재정 후원의 창구는 GMS로 단일화 하는 것을 원칙으로 하되, 교회 단독 파송 선교사, 국제 선교단체와 공동 사역을 하는 선교사 등의 경우에 재정 창구를 상호 협의하여 운영하고, 선교사 및 가족들의 복지 증진에 대한 연구와 함께 규모 있고 통일성 있게 추진하도록 하는 정책이다.

이를 위하여 선교사의 단순한 후원 재정 전달의 소극적 재정 관리에서 선교사 후원자 및 후원 교회 계발이 이루어지도록 적극적으로 노력한다. 또한 선교사 자녀 교육, 의료 혜택, 노후 대책, 영성 유지 및 회복에 필요한 내적 치유, 연장 교육 등이 본국사역(안식년) 및 은퇴 시에 합당한 복지가 이루어지도록 한다. 아울러 재정 경영 투명성을 확보하고, GMS 자산을 통하여 선교사역 확장과 선교사 관리 및 선교사 복지 증진에 필요한 부분에 사용되어지도록 하여, GMS 선교사로의 명예와 자부심을 갖도록 하는데 최선을 다한다.

6) 선교전략 연구 지원 정책

GMS는 급변하는 현대 상황 속에서 위의 6개 세부 정책을 통한 전략
선교를 감당하기 위하여 선교정보 및 자료를 수집하고 연구를 수행하여
새로운 전략을 제시하고 현장 선교사들의 실제적인 필요를 알려 파송 선
교사로 하여금 구체적인 준비를 할 수 있도록 한다. 그리고 전략적인 전
방위 선교사역의 효과적인 실현을 위하여 GMS는 선교 행정 업무와 본
국사역 기간을 맞은 선교사에게 본국 사역을 원활히 할 수 있도록 하며
은퇴 이후의 사역에 대한 선교전략가 양성을 위한 방안을 연구한다.

이를 위하여 GMS는 선교 전략 연구소를 운영하여 지역별, 종족별,
전략적 프로젝트별 사역을 연구하고, 선교 종합 센터를 통하여 선교 사
역의 풀링 시스템, 은사 계발을 통한 선교사 재배치, 선교 정보 자료 수
집, 선교사 사역 사례 등을 연구한다. GMS 선교 정책 및 프로젝트 입
안 시 국제적인 협력 사역과 함께 선교사 사역이 실질적이 되도록 하는
지원 시스템을 개발한다. 또한 선교 종합센터 개발을 위한 중장기계획
및 재정 계획 마련을 위한 교단적인 연구과 협력이 이루어지도록한다.

5. 선교사의 재무 행정의 실제(GMS 운영세칙 제 39조)
선교비 기준표(단기)

단위: 원(₩)

구분	항목	독신	기혼			
			부부	부부+1	부부+2	부부+3
기본 생활비	생활비	600,000	720,000	840,000	960,000	1,080,000
	주택비	240,000	420,000	420,000	420,000	420,000
	자녀교육비			120,000	240,000	360,000
사역비	활동비	120,000	180,000	180,000	180,000	180,000
복리후생	상호의료기금	48,500	97,500	114,000	132,000	139,500
선교사회비		66,000	92,000	112,000	125,400	138,600
합계		1,074,500	1,509,400	1,786,700	2,057,400	2,318,100
기본 생활비		960,000	1,320,000	1,560,000	1,800,000	2,040,000
주후원교회(60%)		576,000	576,000	936,000	1,080,000	1,224,000

5개 지역을 기준으로 1지역은 20%, 2지역은 15%, 3지역은 10%, 하향 조정하며 4지역은 그대로, 5지역은 10% 상향 조정한다.

1) 정착금의 기본은 독신 $1,000, 기혼 $2,000로 책정함. 차량구입비 는 별도로 함.

2) 교육비는 유, 초등학생 기준임(1인당) 중, 고생은 $150, 대학생은 $200로 증액 됨.(단기와 부부+2 외에 자녀가 추가될 경우 금액변동이 있음)

3) 지역구분 기준은 그 나라 GNP를 기준으로 함.

1지역-GNP USD 1,100미만 2지역-GNP USD 1,100~3,000미만

3지역-GNP USD 3,000~6,000미만 4지역-GNP USD 6,000~10,000미만

5지역-GNP USD 10,000이상

참고 1. : 장기 선교사는 휴양비, 상여금, 기초사역/언어 훈련비, 퇴직 적립금, 안식년여행경비,

등이 추가로 책정되어 있다.

참고 2. 선교비 기준표 는 선교사가 최소한 기준표 만큼 사역을 위하여 후원금을 모금 할 수 있는 권한과 의무를 가진다. 는 것이며 공적으로 파송 할 때는 기준에 의한 모금이 확약 된 경우이다.(편집자 주)

참고 3. 사역 중 후원을 받는 특별 프로젝트 사업과 비용은 사역자가 필요를 홍보, 설명하여 후원을 개발해야 하며 본부의 승인을 받아 공적으로 실행함이 원칙이다.

제2부

결혼 이주민 사역론

제 4 장

결혼이주민(다문화가족) 사역론

註 1) 석창원선교사는 총신신학대학원(88회)을 졸업하고 전남대학교 일반대학원에서 NGO 전공 박사과정을 수료하였다. 1995년 2월부터 외국인노동자 사역을 시작하여 목포사랑의교회 파송을 받아 광주광역시에서 무지개다문화교회 사역과 (사)무지개다문화가족/외국인근로자선교회를 설립하여 사역하고 있다. 연락처 010-3604-8139

4. 결혼이주민(다문화가족) 사역론

들어가면서

이주민이나 다문화에 대한 용어가 이제는 우리 사회에서 낯설지 않고 친숙해졌다. 필자가 국내 이주민 사역을 한 지 20년이 넘었다. 그동안의 경험을 토대로 이주민(다문화) 선교와 목회에 대한 사역을 나누고자 한다. 현장에서 목사와 선교사와 사회사업가로서 다양한 역할을 하면서 겪었던 시행착오와 실패와 성공의 이야기들을 간략하게 담아 보았다. 가능한 한 개혁주의 신학의 입장에서 정리하려고 노력했다.

본 교재는 1학기, 이주민 선교의 포괄적인 개론과 2학기, 심화과정으로 실제적인 내용을 다루었다. 제한된 지면관계상 최소의 분량으로 집필하다보니 충분한 내용 설명과 용어의 해설 등 부득이 생략 된 부분들이 있다. 실제 강의 시간에 충분히 보충하려고 한다. 이러한 점을 독자들에게 죄송하게 생각하며 국내 이주민 사역자들께 부족하나마 유익이 있기를 바라며 하나님의 영광을 위해 거룩한 도구가 되길 바란다.

Ⅰ 결혼이주민의 개념

1. 개념 정리

1) 다문화사회

다문화사회는 넓은 의미로 소수자 및 사회적 약자를 포함한 전반적인 사회를 통칭하는 용어로서 미국의 신 사회운동에서 출발하였다. 좁은 의미로는 인종 또는 민족을 지칭하여 사 용하는 데 한국에서는 국내 거주 외국이주민 100만 명이 넘어선 시점을 기준으로 다문화사회라고 하였다. 영어 표현인 multi-culture society는 여러 문화가 하나로 집합된 사회의 의미를 갖고 있어 다양한 문화가 함께 공존하고 서로 존중하며 살아간다는 의미의 diverse culture society라 표현하는 것이 바람직 할 것이다.

참고로 이주민들의 문화적 정체성을 표현할 때 trans culture(society), 자녀들은 3rd culture kids(TCK)라고 지칭한다. 그 외 다양한 표현들이 있다.

2) 다문화가정

한국사회에서만 국제 결혼한 가정을 다문화가정이라고 지칭하는데, 아주 부적절한 표현이다. 대상화하여 차별적 의미를 내포하기에 직접적으로 당사자들을 지칭하는 것을 각별히 주의해야 한다. 특히 동남아를 비롯하여 저개발국에서 온 이주여성을 다문화라고 폄하하여 부른데 학문적으로만 사용하는 것을 권하고 싶다.[2]

3) 결혼이주자(이민자)

한국인 배우자와 결혼하여 이주(이민)한 외국인 배우자를 말한다. 외국인 남성과 여성이 있는데 압도적으로 여성의 숫자가 많다.[3]

註 2) 다문화가정이라고 일컫는 국제결혼가정에서 가정폭력과 가정이탈 등 사회적문제가 비교적 많이 발생하여 다문화가정이라고 하면 문제가정으로 선입견을 가지게 됨으로 조심해야 함.
　　3) 인구통계는 매 년 행정자치부에서 조사하여 7월 이후에 발표하며 법무부 출입국사무소에서 매월 출입국 통계를 발표하고 있으니 참고하기 바람.

4) 다문화자녀

국제결혼 가정에서 한국인 배우자와 외국인 배우자 사이에서 태어난
자녀를 말한다. 이러한 표현도 대상화한 차별적 언어로 사용하지 않는
것이 바람직하다. 한국인 배우자의 전 배우자의 자녀가 같이 사는 경우
도 있고 외국인 배우자가 데리고 온 자녀도 있다.

5) 중도입국자녀

외국인 배우자가 데리고 온 자녀를 말한다. 보통 미성년자를 입양하
여 데리고 들어온다. 요즘 한국사회에서는 이들에 대한 사회적관심이 높
아지고 있으며 다문화 대안학교에서 공부하는 경우가 많다. 주로 중국
출신이다.

2. 다문화가정의 특성

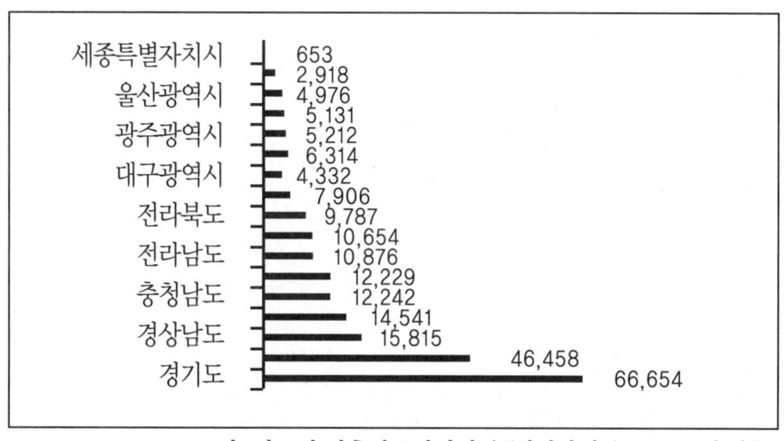

그림 시도별 결혼이주여성의 수(행정자치부, 2015. 재 산출)

1) 다문화가정의 현황

　행정자치부의 발표에 의하면 2014년도 결혼이민자는 147,382명(남자 22,309명, 여자 125,073명)이고 혼인 귀화자는 92,316명(남자 4,563명, 여자 87,753명)이며, 그 자녀는 183,732명(남자 93,801명, 여자 89,931명)이다. 시도별 결혼이민자의 수는 그림1과 같다.[4]

2) 다문화가정의 형태[5]

(1) 다문화가정의 변화(가계도)[6]

A형: 자녀가 없는 부부 가족

B형: 자녀가 있는 가족

C형: 독신 가족(별거, 이혼, 사망 등)

D형: 한부모 가족(별거, 이혼, 사망 등)

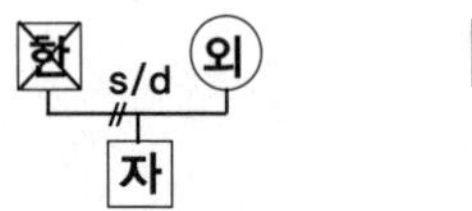

註　4) 외국인등록 결혼이민자와 귀화자, 남녀를 모두 합한 수임. 자녀는 제외함.
　　5) 석창원. "가족형태의 변화에 따른 다문화가족 인권현황과 대안", 이주인권 지역공동 토론회자료집, 국가인권위원회, 2015. pp. 7-8.
　　6) 약어 및 기호 설명: 한: 한국인배우자, 외: 외국인배우자, 귀: 귀화자, d: devorce, s: separation,
　　　□: 남성배우자, ○: 여성배우자. XX: 사망, 점선은 행방불명이나 장기 별거

E형: 단순 혼합 가족(자녀가 있는 배우자와 이혼 또는 사망한 후 재혼한 가정)

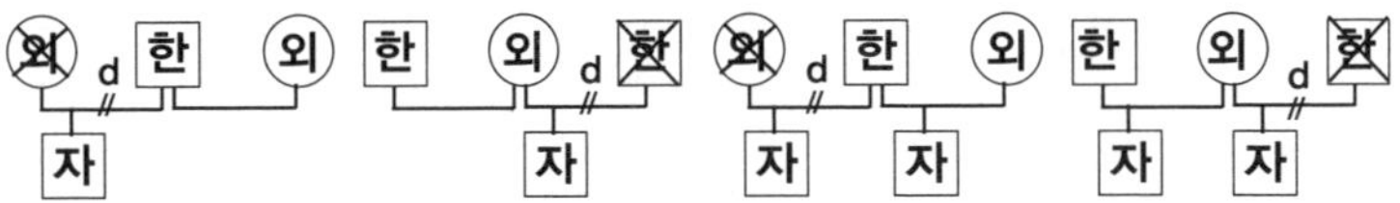

F형: 중첩 혼합 가족   G형: 조손 가족(별거, 이혼, 사망 등)

(2) 새로운 다문화가족(가계도)

혼합 가족(자녀가 있는 배우자와 이혼 또는 사망한 후 재혼한 가정)

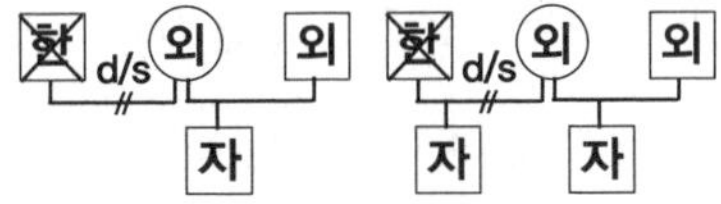

혼합 가족(자녀가 있는 귀화여성이 별거, 이혼 또는 사망한 후 재혼한 가정)

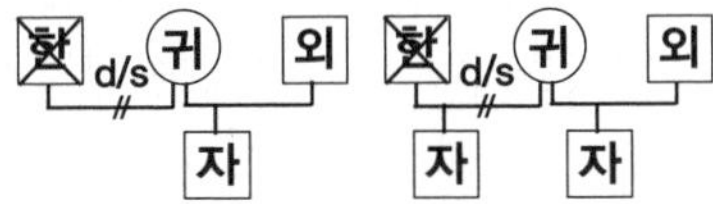

외국인배우자는 자국 또는 자민족이 아닌 타국이나 타민족과의 결합도 있음

3) 다문화가정의 실태

다문화가정의 실태는 주로 복지와 인권의 관점에서 조사 연구되고 있다. 복지과 인권은 서로 유기적인 연관이 있으면서 때로는 충돌되는 부분도 있으나 보편적 인권으로서의 복지를 지향하고 있다. 복지에서는 경제와 의료, 교육, 문화 등을 주 내용으로 이주여성과 자녀들을 대상으로 하

는데 점차 배우자의 가족과 사회로 확산해 가고 있다. 다문화가정은 대게 경제적으로 어렵고 가정환경이 낙후되었다고 평가하고 있으나 지역과 가정(배우자)환경에 따라서 격차가 심해 세부적으로 조사하여 정책적으로 접근해야 하는 필요성이 있다.[7] 외국인 배우자의 가정이 어려워 매달 생활비를 보내야 하는 가정이 대부분이고 이 때문에 한국에서 적응하고 정착하기 위한 국가의 프로그램에 참여하지 못하는 경우도 있고 따라서 수해(many years)가 지나도록 기초적인 한국어도 못하는 경우도 있다. 항상 유의해야 할 점은 모든 다문화가정이 다 어렵고 힘들고 고생한다는 선입견을 버리고 각 개인별 가정상황을 고려하여야 한다는 점이다.

인권의 관점에서는 크게 차별과 권리의 유기이다. 사회적으로 민족주의적 의식을 가진 사람들은 외국인에 대한 편견과 혐오(xenophobia)를 가지고 있다. 가족 내에서도 차별이 심하고 가족폭력이나 성폭력도 가해지고 있다.[8] 가정폭력의 심각한 피해사례는 목숨을 잃는 경우이다. 또한 복지기관이나 정부, 지자체에서 자기결정권이나 자율권을 침해하거나 강요하는 프로그램도 있다. 지나친 복지정책으로 이른바 호객행위와 같은 과열 경쟁 모집을 하는 경우도 있으며 개인의 정보를 마구 사용하고 보유하여 모든 프로그램에 참여토록 하기도 한다. 이러한 것들은 복지나 기관의 이익을 위해 결혼이주여성이나 가족들에게 피해를 주는 인권침해사례라고 할 수 있다.

권리의 유기는 모든 사람들에게 주어진 자기의 권리를 지키고 찾아야 하는 데도 외국인이라는 핸디캡으로 그렇지 못하는 것이다. 인권은 누구

註 7) 설동훈, 2008.
　　8) 가족폭력은 주로 남편의 물리적 폭력, 언어적 폭력이 많고 시부모나 식구들의 폭력도 있다. 성폭력은 남편과 가족에 의해서 가해진다.

나 다 가지고 있는 권리로 자유권, 기본권, 사회권, 문화권 등이다.

4) 가족발달학으로 본 다문화가정

오늘날 가족 안에서 기본적으로 이루어져야 하는 발달과업은 물질적 부양, 자원의 분배, 노동의 분배, 가족원의 사회화, 가족원의 재생산, 원기회복 및 휴식, 질서의 유지, 전체사회에 대한 자신의 위치 확인, 개인의 사기와 동기 유지 등이다.[9] 또한 가족생활주기에 따른 가족의 발달과업에서 신혼시기(부부의 시기)와 자녀출산 및 양육기를 살펴 보건데, 우선 신혼시기는 서로 만족하는 결혼생활이 유지되어야 하고 자녀 임신과 부모됨(parenthood)을 준비해야 하며 친족관계를 형성해야 한다. 자녀출산 및 양육 시기는 자녀를 낳고 적응하며 영아발달을 조장해야 한다. 그래서 부모와 영아가 모두 만족스런 가정을 형성해야 한다.[10]

이외에도 미취학아동기, 학동기, 청소년기, 진수기, 중년기, 노년기 등의 과정을 거치는데 이에 대한 사회(가족)적 배경이 달라 마찰이 일어난다.

한국의 일반적인 가정에서도 이러한 과업이 각 가정에 따라 또는 지역에 따라 다르고 출생과 성장과정에 따라서 마찰과 충돌이 일어나 잘 이루어지지 않는데 다문화가정은 이러한 갭이 상당히 커서 사회적 문제로 확산되고 있다.

5) 사회학적으로 본 다문화가정

다문화가정이 한국사회에서 급속도로 형성되어 발달하는 데는 여러

註 9) 유영주. 이순영. 홍숙자, 가족발달학, 교문사, 1990. p.67.
　　10) 유영주. 상게서. p69.

원인이 있다. 우선 거시적인 관점에서 전 지구적인 현상의 하나로 세계화(globalization)를 들 수 있다. 특히 경제적으로 신자유주의의 영향으로 물류와 인류의 이동이 활발해 지면서 네오 노마드(neo-nomad) 시대를 맞게 되었다. 이에 긍정적이든 부정적이든 경제를 따라 인류가 이동하며 우리나라도 외국 이주민들이 유입할 수밖에 없는 상황이 되었다.

또한 한국의 경제가 88 올림픽 이후 급성장하면서 3D업종의 노동자의 공동화(空洞化)현상이 일어나면서 외국인노동자를 필요로 하게 되었고 이에 동남아의 저개발국민들이 한국으로 향하게 되었다.

그러나 한국의 노동시장이 제한적이고 국가에서 쿼터제를 도입해 인원수를 규제하여 유학이나 국제결혼이라는 방법을 찾아 입국하기도 했다. 그 뿐아니라 한국의 경제와 학력 수준이 높아지면서 농어촌 등의 시골거주 총각, 저학력자, 저소득자, 사회적 부적응자 등이 한국여성의 결혼 기피로 저변 층의 노총각들이 늘어나면서 국제결혼이 성행하게 되었다. 이제는 이혼 또는 상처를 했거나 선. 후천적 장애를 가진 사람 등 홀로 사는 남성들까지 국제결혼은 보편화 되었다.

그러나 지금은 규제와 단속을 하고 있지만 상술로 악용하는 국제결혼 중개사업자들에 의해 사기성 결혼, 위장결혼 등의 피해가 속출하고 있으며 이혼율이 증가하고 있는 실정이다.

6) 성경에서 본 다문화가정

성경에 나타난 국제결혼가정을 살펴보면, 사실상 모든 인류를 한 조상의 후손으로 엄밀히 따져본다면 인종이나 민족의 구별 자체가 성립되지 않는다. 따라서 외국인이나 다문화가정이라는 표현을 쓴다는 것이 모순이다.

그러나 하나님의 홍수 심판이후 노아의 후손을 통해 나누어진 인류 문화의 변화[11]에 따라 타 문화권을 외국인 또는 이방인으로 구별하여 볼 수 있다. 순혈주의이면서 단일민족의 민족성을 강조한 유대인의 사회에서 문화가 다른 민족 간의 결혼은 자주 등장한다. 예수의 계보에 등장하는 라합과 룻을 볼 수 있다. 라합은 가나안의 기생이었으나 여호수아가 가나안을 정복할 때 유대인으로 귀화(개종)하여 받아 들였다. 후에 살몬의 아내가 되어 보아스를 낳는다. 라합은 후대에 신앙위인의 한사람이 되었다.[12]

룻은 나오미의 큰 자부로 모압 여인이었다. 나오미의 남편을 비롯하여 두 아들이 모압에서 죽자 베들레헴으로 귀향할 때 시모를 따라 왔다. 보아스와 결혼하여 오벳을 낳는다. 결국 다윗과 예수의 계보를 잇는 위인이 되었다. 이 두 사람은 외국 이방인이 유대로 개종한 사례이다.

신약에서는 디모데 가정을 볼 수 있는데 디모데의 아버지는 헬라인이었다. 어머니는 유니게로 유대인이었는데, 그의 어머니와 함께 살면서 디모데에게 신앙교육을 했다. 바울과 함께 동역하는 선교사가 되었다.

이렇듯 다문화가정은 하나님의 역사하심 속에서 시대의 인물이 되었다는 것을 보아야 한다. 한국교회가 외국이주민이나 다문화가정에 대해 보이지 않게 대상화하여 '도와주어야 할 사람', '도움이 필요하거나 문제가 있는 사람'으로 규정하여 관계형성을 하는 것은 크게 잘 못된 접근이다. 동등한 사람, 하나님의 택하신 백성, 하나님의 일군으로 함께 어깨를 나란히 해서 갈 사람이라는 점을 특히 이주민 사역자들은 명심해야 한다.

註 11) 바벨탑 사건이후 언어의 분산은 종교적 분산으로 문화의 확산으로 이해할 수 있다.
　 12) 히 11:31, 약 2:25.

더 생각해야 할 것

* 사회적으로 관심을 가지고 접근하는 관점은 어떤 것들이 있으며 왜 그렇게 하는가?

또한 누구를 위한 것이며 누구에게 유익한 것인가?

* 다문화주의는 무엇이며 어떤 것들을 주장하는가?

* 우리의 단일민족사상은 어떤 다문화주의의 정책을 펴고 있으며 선교 또는 목회에서 어떻게 적용해야 하는가?

* 단일민족사상과 기독교의 관점은 어떤 관계가 있으며 우리는 특히 선교사 또는 사역자는 어떤 의식을 가지고 어떻게 대처해야 하는가?

* 복지와 인권은 기독교교리와 일치하는가? 아니면 다른가? 그렇다면 어떤 관점으로 복지와 인권을 보아야 하며 적용해야 하는가?

필독서와 참고도서

* 밥 에크블라드, 전의우역, 소외된 자들과 함께 성경읽기, 성서유니온선교회, 2010.

* 안토니 A. 후크마, 류호준역, 개혁주의 종말론, 기독교문서선교회, 1986. – 제1부 시작된 종말론에서 예수의 복음(사역)과 복지와 인권과의 연관성을 어떻게 이해하고 적용할 것인가를 깊이 묵상할 필요가 있다, 아울러 '바울의 종말론', '칼빈의 종말론', '칼빈의 기독교생활원리', '하나님나라', '하나님나라 윤리'와 관련된 책을 함께 연구하면 더욱 의미가 풍성해 질 것이다. 누구의 책이라도 다 좋다.

II 결혼이주민 선교와 목회

이 장에서는 실제적인 부분을 다루려고 한다. 지면의 한계로 원리적인 부분은 생략하고 실제적인 사례를 제시할 것이다. 사역현장에서 유용하게 적용하길 바란다.

1. 성경의 모델

본 장은 성경적인 모델을 제시한다. 교리나 철학적인 부분은 필자의 다른 자료를 참고하길 바란다.[13]

1) 예수님의 사역모델[14]

(1) 3ing(healing, teaching, preaching)[15]

예수님의 사역모델은 소외된 자(지역)를 찾아다니면서 고치시고 가르치시고 선포하셨다.[16] 복지나 인권의 모델을 삼기도하나 하나님나라의 선포와 혹은 예표, 즉 그 나라가 시작되었음을 알리는 것이며 표본으로 보여주신 것이다.

치유(healing)와 교육(teaching)과 하나님나라의 선포(preaching)

註 13) 석창원, 이주민선교와 목회, "한국내 이주민사역의 현재와 미래"(2013 이주민선교포럼자료집), 하늘양식, 2013. pp.71-117.
14) 석창원, 상게서, pp. 89-92.
15) 마태복음 4:12-25.
16) 밥 에크블라드, 전의우역, 소외된 자들과 함께 성경읽기, 성서유니온선교회, 2010. pp. 16-18.

는 예수님의 사역의 핵심이었다. 치유의 현장은 하나님나라를 선포하시는 것이었고 이어 말씀으로 가르치셨다. 동시에 이 세 가지의 사역이 병행되었다. 그러므로 이주민사역도 하나님나라가 선포되는 사역이어야 한다. 의료 진료, 한국어 교육, 야외 활동 등을 통해서 하나님의 나라가 선포되고 복음이 전파되고 말씀이 가르쳐져야 한다. 더욱이 예수님은 그 자체가 복음이었다. 사역자 자신도 복음에 가득한 삶, 하나님 나라의 행복한 삶이 이루어져야 한다. 말보다 몸으로 행동으로 삶으로 전도하는 것이다. 이벤트나 프로그램보다도 짜여 진 스케줄이나 행정적 시스템보다도 자연스럽게 이웃과 함께 하는 삶 그 자체여야 한다.

(2) 예수님의 지상명령[17]

예수님이 승천하기 전 제자들에게 유언하신 명령을 홍성철교수는 새롭게 해석하였는데,[18] 참으로 설득력이 있고 감동이 된다. 본문을 문법적으로 분석하면 ‘제자 삼으라’ 라는 주동사에 분사로 ‘가라’, ‘세례를 주라’, ‘가르쳐지키게 하라’ 로 구성된다. 여기서 가라(πορε ομ αι)는 ‘가라’ 는 “장소를 옮긴다”는 뜻에서 파생되어 도덕적으로 “행 한 다”로 쓰인다는 점을 놓치지 않고 폭넓게 해석했다. 즉 (1)하룻길을 가다, 걸어서 건너가다 (2)도덕적인 선한 일을 행하다 (3)동행하다 등으로도 쓰이는 것이다. 따라서 ‘가서’ 라는 말 안에는 행함이 내포된 것이다. 또한 존 스토트는 “제자 삼아라”는 단순한 지시를 한 것이 아니고 사역에서 이미 보여주고 가르쳐 준 것들을 다 포함하며 더 나아가

註 17) 석창원, 상게서, pp. 92-94.
　　18) 홍성철, “주님의 지상명령에 대한 소고” 〈오늘의 전도, 어떻게 볼 것인가?〉 죠이선교회, p.188.

사회적 책임까지 강조하고 있다.[19)]

우리는 하룻길에 충분히 만날 수 있는 이주민/다문화가정을 향해 우리의 삶을 통해 다양한 방법으로 복음(하나님 나라)을 충분히 제시할 수 있다.

2) 초대교회들의 모델

(1) 예루살렘교회[20)]

오순절 성령강림 사건이후로 세워진 교회이다. 제자들이 각 나라 언어로 방언을 하였고 각 나라사람들이 와서 듣고 의아하게 여겼다. 이에 베드로가 설교를 하였고 거기에 모인 3천 명이나 되는 사람들이 세례를 받았으며 물건까지 통용하는 교회 공동체 활동이 시작되었고.[21)] 하나님을 찬미하며 온 백성에게 칭송을 받았다. 이는 "주께서 구원받는 사람을 날마다 더하게 하셨던"[22)] 교회였다. 이렇게 시작된 예루살렘교회는 원 주민들과 이주민들이 함께 하였던 다문화교회였다. 구성원은 디아스포라 유대인들과 유대교로 개종했던 외국인들이었다.

註 19) 존 스토트, 김명혁 역, 현대기독교선교. 성광문화사, pp.25-41. 1981.
　　20) 사도행전 2장.
　　21) 저희가 사도의 가르침을 받아 서로 교제하며 떡을 떼며 기도하기를　전혀 힘쓰니라. 사람마다 두려워하는데 사도들로 인하여 기사와 표적이 많이나타나니 믿는 사람이 다 함께 있어 모든 물건을 서로 통용하고 또 재산과소유를 팔아 각 사람의 필요를 따라 나눠 주고 날마다 마음을 같이 하여 성전에 모이기를 힘쓰고 집에서 떡을 떼며 기쁨과 순전한 마음으로 음식을 먹고... 개역 한글 성경 사도행전 2:42-46
　　22) 개역한글성경 사도행전 2:47.

(2) 안디옥교회

　안디옥교회 또한 다양한 계층의 사람들이 모인 다문화교회였다.[23] 안디옥교회가 탄탄한 교회로 성장하는 배경에는 팀 사역이었다고 보인다. 바나바가 바울을 데리고 와서 함께 사역을 하였던 그 동역의 힘이 얼마나 컸는지 잘 알 것이다. 바나바의 인격과 바울의 가르침은 안디옥교회를 부흥시켰고 선교하는 교회로 만들었다.[24]

　필자는 외국인이라고 중요한 회의나 모임에서 배제하고 결과만 통보하거나 광고를 하지 않는다. 중요한 일 일수록 함께 의논하고 결정하고 진행한다. 외국이주민과 함께 공동사역을 하는 것이 중요하다.

(3) 빌립보교회

　빌립보교회는 바울 선교단의 힘겨운 개척교회이다. 빌립보로 가게 된 것은 아시아로 가려했으나 성령이 막으시고 마케도니아 사람이 건너와서 우리를 도와달라는 환상을 보여 주셨기 때문이었다.[25] 빌립보에 도착한 바울 일행은 몇 날을 지내다가 기도할 곳을 찾는 중에 자주 장사인 루디아를 만나게 된다. 루디아는 두아디라 출신으로 외국인이었다. 두아디라는 로마의 지배하에 있었지만 민족이 다르고 염색 공업이 발달한 곳으로 알려지고 있다.[26]

　빌립보교회의 첫 열매는 외국인으로 물론 자영업을 하는 사람이었

註 23) 사도행전 13:1에 나타난 교회 지도자들은 각각 출신과 직업이 다르다.
　24) 사도행전 11:19-26과 13장을 보라.
　25) 사도행전 16:9-10.
　26) 크레이그 키너. 정옥배외 역, IVP 성경배경주석:신약, 한국기독학생회 출판부, 1998, p427.

으나 가내 수공업형태의 노동을 하는 여성이었다는 점을 주시할 필요가 있다. 한국의 염색업체는 영세하고 발암물질을 다루는 위험하고 힘든 직업으로 외국인 노동자가 그 일을 감당하고 있다.

곧이어 바울이 만난 사람은 하나님의 구원의 도를 전하는 사람으로 바르게 알아 본 귀신 들린 여종이었다. 바울은 오히려 이를 반갑게 여기거나 기회로 삼지 않고 귀신을 쫓아 잠잠케 해 버렸다.

다문화 사역 현장에서 다양한 이주민들을 만날 수 있는데 여러모로 뛰어나고 똑똑한 사람들과 지극히 평범한 사람들이다. 사역자의 마음은 아무래도 똑똑하고 뛰어난 사람에게 더 관심을 가질 수 있으나 결과적으로 그렇지 않은 사례가 훨씬 더 많다는 것이다. 똑똑해 보이나 복음에 거리가 먼 사람이 많고 미련해 보이나 복음에 충실한 사람이 많다는 것이다.

2. 전도 방법(전도 실제)

1) 첫 시작

이주민사역을 처음 하려는 사역자의 마음은 어떻게 해야 하는가가 큰 관심사이다. 필자를 찾아 온 사역자들의 고민들이 대부분 그러했다. 이에 대한 답을 하기 전에 우선 방향을 잘 정하라고 권유하고 싶다. 즉 목적과 목표설정을 잘 하라는 것이다. 간혹 선교를 하겠다고 하는 사역자는 대단한 위험성이 있다. 선교라는 말의 의미는 광범위한 기독교사역을 총체적으로 가리키는 용어이지 구체적인 사역을 말하는 것이 아니기 때문이다. 따라서 막역하게 '복음을 전한다', '전도를 한다', '선교를 한다'라는 목적이나 목표는 다시 생각해야 한다.

이에 대한 결론은 "교회를 세운다"다. 예수님의 지상명령에 따라 사도들은 제자를 삼았다. 그리고 무엇을 하였는가? 예루살렘 교회를 세웠다. 박해를 피해 흩어진 뒤에도 사도 바울 역시 가는 곳마다 교회를 세웠다. 신약성경의 서신서는 교회들에게 주는 말씀이다. 결국 우리 사역(선교나 전도)의 목표는 교회를 세우는 것이다.[27]

다문화센터를 하든 복지기관을 하든 다 중요하지 않다. 이것은 제자의 삶이 아니다. 특히 목사로서 교회를 세우지 않으면 그 의미가 없다고 본다. 교회를 세우는 일은 목사의 특권이고 목사가 있어야 교회도 성립하고 존립한다. 목사가 없으면 교회 자체가 성립되지 않기 때문이다. 그리고 센터나 복지기관은 목사가 아니라도 누구나 다 할 수 있는 일이다. 이것은 일이지 사역이 아니기 때문이다.[28] 목사 사역자에 대한 것으로 오해 없길 바란다.

(1) 관계 전도

사실 모든 사역은 관계전도라고 봐도 과언이 아니다. 항상 염두에 둘 것은 모든 사역은 관계로 이뤄진다는 것이다. 일상생활에서 시작해서 일상생활로 끝나는 관계로 신앙의 목표는 삶의 변화를 추구하는 것이다.[29]

註 27) 여기서 말하는 교회는 유형교회로 조직교회를 말한다.
　　28) 이에 관한 논지는 특히 기독교교리와 복지인권은 상충(충돌)되는 것이다. 1장에서 제시한 의미들을 깊이 생각해 볼 필요가 있다. 보수 개혁신학(신앙)과 자유주의의 신학(신앙)과의 관계를 생각해보라.
　　29) 더 깊은 고찰을 위해서 레이튼 포드, 이숙희역, 사귀는 전도 나누는 전도(개정판 책명: 커뮤니케이션 전도), 죠이선교회, 1993.을 참조하라.

1-1) 탐사(research)

사역을 시작하기에 앞서 지역 탐사를 하여 세부적인 지역 지도를 그린다. 탐사의 목적은 그 지역의 이주민(다문화) 생활환경을 파악하기 위한 생태 지도를 만드는 것이다. 주의할 점은 너무 범위를 넓게 잡지 말고 사역자가 사역하고자 하는 장소를 중심으로 조사한다. 조사 후에 사역 장소를 정하는 것도 좋다.

조사해야 할 것들은 이주민의 거주 지역, 자주 가는 곳으로 왕래가 빈번한 마트나 상점, 문화시설 등이다. 평일과 주말을 구분하고 각각 시간대 별로 조사한다. 필자가 사역하는 지역은 대규모 산업단지가 남북에 두 군데 있고 그 사이에 주거지역과 상업지역이 있다. 아침 6시부터 9시 사이에는 출퇴근하는 이주민들을 쉽게 만날 수 있다. 저녁 7시 이후도 마찬가지다. 또한 주변에 대형마트가 3개가 있으며 외국인 상점도 밀집해 있다. 평일 낮에는 결혼이주여성들이, 저녁 퇴근 시간대에는 이주노동자들이 외국인상점을 많이 이용한다. 주말에는 거의 모든 외국이주민들이 외국인상점과 대형마트를 많이 이용한다. 또한 병의원도 잘 파악해 둔다. 이주민 밀집 거주지역의 병원은 좋은 사역지다. 기타 잡다한 지역이라도 세밀하게 파악해 두는 것이 좋다. 이주민들이 잘 가는 술집이나 노래방 같은 곳도 알아두면 좋다.

1-2) 전도 준비

지역 탐사가 끝나면 이주민을 만나서 전도할 재료(자료)[30]를 준비한다. 개인사역과 팀 사역에 따라 다르겠지만 사역의 역량에 따라 준비한다. 목표는 항상 교회를 세우는 것이기에 예배실이나 소모임실을 구비하면 좋을 것이다. 여유가 되면 승합차도 준비한다. 인적자원도 동원하여 정기적인 프로그램을 만들 수 있으면 더욱 좋겠다. 개인 사역자가 한다면 있는 장소를 활용하여 개인적인 프로그램을 만든다. 항상 욕심을 내지 않고 작은 일 하나에 충실한 것이 바람직하다.

하드웨어와 소프트웨어가 사역의 역량에 맞게 준비되었으면 안내지를 간단하게 만든다. 필자가 처음에 만들었던 전도지는 중국과 필리핀을 대상으로 시작하였기에 영중문 대조로 아주 쉽고 짧은 메시지를 실었고 프로그램 광고를 크게 작성하였다. 전도지에 연락처를 기입하고 명함도 별도로 준비하고 기타 필요한 것들을 사역의 특성에 맞게 준비한다. 단순히 전도지나 주보로만 전도하는 것은 가급적이면 피하는 것이 좋다.

프로그램은 시간대를 잘 짜서 편성하고, 너무 프로그램에 집중하면 본래 사역의 의미가 퇴색될 수 있으니 유의한다. 개인 사역자는 이주민 상담에 비중을 두는 것이 좋을 것 같다.

1-3) 노방 전도

아침 출퇴근 시간에 가장 많이 왕래하는 도로변에 작은 테이블을 펴고 김밥(또는 토스트나 햄버거)과 생수를 준비하여 전도지와 함께 이주민들에게 나누어 준다. 아침을 먹지 않고 출근하거나 야근하고 퇴근하기 때문에 반응이 좋다. 퇴근하는 사람들에게는 커피보다 생수가 무난하고 김밥은 대체적으로 잘 먹는다. 월요일 아침은 지역에 따라 다르겠지만, 야근자가 거의 없기 때문에 이를 감안하여 준비한다. 주말에는 대형마트나 외국인상점을 이용하는 이주민들에게 홍보를 한

註 30) 하드웨어나 소프트웨어를 말한다. 하드웨어는 장소, 차량, 기구 등이며 소프트웨어는 한국어교실, 의료진료 같은 프로그램이다.

다. 노방 전도는 아니지만 병원전도도 효과가 크다. 공장 주변의 입원실이 있는 병원은 대게 외국인들이 입원해 있다. 일주일에 한번 정도 찾아가서 병동 간호사에게 문의하면 외국인 병실을 안내해 준다. 처음에는 기도와 위로를 해주고 필요에 따라 간병도 병행한다. 친밀감이 형성되면 모국어 성경을 건네주고 중요한 성구를 찾아서 책갈피를 끼어주고 읽게 한다. 책갈피 한 면에 좋은 성구를 모국어로 인쇄하고 다른 면에 성경 페이지를 찾아 인쇄하여 코팅해서 예쁘게 만든다. 해당 성경 페이지에는 미리 형광펜으로 마크를 하여 페이지만 열면 바로 쉽게 찾아보도록 하는 것도 좋은 방법이다.

(2) 프로그램 전도

프로그램전도는 고도의 사역 전략이 필요하다. 자연스럽게 의도된 복음을 전하지만 듣는 자들은 자연스럽게 프로그램을 진행하는 과정에서 아무런 거부 반응이 없이 받아들이도록 하는 사역 전략이다.

2-1) 한국어 교실

일반 시중에 나온 한국어교재가 천차만별이고 무수히 많다. 특별히 한국어교사 양성과정이나 관련학과에서 공부한 사역자는 어느 책이든 선별할 능력이 되나 그렇지 않은 사역자는 신중하게 교재를 선택해야 한다. 추천하고 싶은 교재는 이민자를 위한 한국어와 한국문화 시리즈다. 법무부 출입국 외국인정책본부에서 발간하여 영주권이나 귀화를 신청하는 외국인들이 배우는 교과서로 대형서점이나 인터넷 서점에서 쉽게 구할 수 있으며 가격도 저렴하다. 단점으로는 단계가 올라갈수록

난이도가 급하게 올라간다는 것이다. 따라서 교사가 이를 잘 조정하여 가르쳐야 한다.

한국어를 가르치면서 복음을 전할 수 있는 방법은 교재 내에서 복음과 기독교를 잘 접목하는 방법이다. 어휘와 매 단원에 있는 문화를 잘 활용하는 것이다. 관련 어휘와 예문을 적절하게 한 단원에 한 두 개 정도 보충학습으로 가르치고 문화에서 깊이 가르치는 것이다.

또한 필자의 경우 시작할 때와 마칠 때 항상 기도를 한다. 처음에 참여하는 사람은 잘 적응이 안 되지만 1~2주정도 지나서 서로 친밀감이 형성되면 자연스럽게 기도하고 아멘을 한다. 한국어공부 반을 통해 가정방문(심방)을 하고 친목회를 만들어 돌아가면서 모임도 만든다. 소풍이나 영화를 보러 가는 등 야외 활동도 하면서 끈끈한 친밀감이 형성되면 한국어 공부 시간에 성경공부도 시도한다. 이렇게 하여 주일 예배로 인도한다.

2-2) 원예치료활동 프로그램

낯선 프로그램이다. 일부 사회복지사나 기관에서는 이미 활성화된 프로그램이다. 원예활동을 통한 치료 프로그램인데 소재와 활동 내용이 셀 수 없이 다양하다. 계절과 장소에 구애 받지 않고 할 수 있으며 복음을 전하기에 아주 좋은 프로그램이다. 지면상 프로그램 일정과 한 사례만 소개하겠다.

위의 프로그램을 진행하는 동안 모든 과정에는 한국어와 복음을 제시하고 성경구절을 익히거나 성경구절을 소재로 만들도록 되어 있다.

1회 코사지 싸기에서는 여러 꽃을 보면서 하나님의 창조의 아름다움을 느끼게 하고 나는 이 꽃보다 더 아름답고 하나님의 형상으로 만

구분	프로그램내용
1회	한국어: 직장에서의 기본 용어/ 원예활동: 꽃다발(코사지)싸기
2회	한국어: 채소 및 반찬 용어/ 원예활동: 옥상 텃밭 만들기
3회	한국어: 부엌 및 가정 용어/ 원예활동: 부엌 식물재배
4회	한국어: 질병 및 병원 관련 용어/원예활동: 허브와 건강(허브재배)
5회	한국어: 위생보건용어/ 원예활동: 허브비누 만들기
6회	한국어: 건강관련 용어/ 원예활동: 약용식물과 건강
특활활동	야외정서활동: 순천 정원박람회 견학
7회	한국어: 미용 화장 용어/ 원예활동: 허브 화장품(천연화장품)
8회	한국어: 간식 건강 예방 용어/ 원예활동:채소수확 및 건강간식
9회	한국어:복음관련 용어/원예활동: 리스(면류관), 크리스마스트리 만들기
10회	한국어: 공장 작업 용어/ 원예활동: 열쇠고리와 핸드폰 줄 만들기
11회	한국어:종강에관한 용어/원예활동:옥상 텃밭 채소수확 및 반찬만들기

들어 졌음을 인식시킨다. 또한 여러 꽃이 한데 어울려 더욱 아름다운 것처럼 여러 나라와 민족이 함께 하는 다문화교회 역시 더욱 아름다운 교회라는 것을 알도록 한다.

10회의 열쇠고리와 핸드폰 줄 만들기에서는 압화라는 말린꽃을 사용하는데 십자가 모양이나 '믿음, 소망, 사랑' 같은 글자를 넣기도 한다. 이러한 활동을 통해 자연스럽게 하나님과 복음을 알게 하고 믿음을 갖게 한다.

2-3) 30일 전도

랜 앤디샥은 30일 전도계획을 세워 복음을 전하는 방법을 소개했는데[31] 요약하면 ① 매일기도하기 ② 매일 책읽기 ③ 사람 만나기 ④ 사람들과 부담 없이 시간 보내기 ⑤ 친구초대하기 ⑥ 예수님에 대해 묻기 ⑦ 다음단계 결정하기 이다. 이 행동은 목적에 의도된 행동이 아니라 습관적인 일상생활이 되라고 한다.

시작하기 전에 반드시 누군가 같이 할 친구들(동역자)을 구하고 철저하게 그 친구들과 함께 공부해 가길 권한다. 매주 주간 실행표를 만들어 체크하며 일지를 쓰도록 하고 있다. 기록해야 될 내용은 ① 이번 주에 내가 정해 놓고 만난 사람 ② 내가 자연스런 만남을 가진 사람 ③ 내가 초대한 사람 ④ 내가 예수님에 대해 이야기를 나눈 사람에 대해 기록하는 것이다. 이렇게 해서 4주 동안 즉 한 달 동안의 전도가 끝나고 다음 단계로 구체적인 복음을 전하거나 함께 성경공부를 시작하는 것이다.[32]

2) 복음 제시

관계가 어느 정도 형성되면 복음을 제시한다. 필자는 잘 알려진 ① 창조 ② 타락 ③ 구속 ④ 완성의 4단계를 활용한다.[33] 랜 앤디샥은 ① 하나님 ② 인간 ③ 그리스도 ④ 반응 ⑤ 댓가 ⑥ 간증까지 6단계를 제시한다. 두 가지 내용을 병행하거나 재구성하여도 좋다.

註 31) 지금은 절판되었는데 랜 앤디샥, 30일전도계획, IVP. 1989.의 방법에서 많은 도움을 받았다.
　　32) 보다 더 자세한 도움을 받으려면 로스 필킨턴, 박문재역, 삶을 통한 복음 전도, 성서유니온선교회, 1994. 와 앞에서 소개한 레이튼 포드, 커뮤니케이션전도, 제7장부터 부록까지 참조하라.
　　33) 리챠드 미들톤·브라이안 왈쉬, 황영철역, 그리스도인의 비전, IVP,1987. pp 50-111.에서 창조, 타락, 구속을 참고하고 끝으로 완성을 필자가 추가했다.

(1) 4단계 복음

창조

하나님은 이 세상을 창조하셨다.[창 1:1]

그리고 만족해 하셨다. [창 1:4, 10, 12, 18, 21, 25]

하나님의 형상대로 인간을 창조하시고 복을 주셨다. [창 1:26-28]

그리고 매우 만족하셨다. [창 1:31]

하나님은 나를 만드셨다. [시 22:9-10, 71:6, 139:13,사 44:24]

나는 하나님의 피조물이다. [전도서 12:1, 사 43:15]

따라서 하나님은 나에게 복을 주시고 나를 사랑하시며

지켜 주신다. [민 6:24, 시 121편, 요 3:16, 살후 3:3]

타락

하나님은 남자와 여자를 만드시고 에덴동산에 살게 하셨다. [창 1:27, 2:8]

하나님은 사람에게 모든 나무의 열매를 다 먹을 수 있게 하셨다.

동산 가운데 영생나무와 선악을 알게 하는 나무도 있었는데 선악과만 먹지 못하도록 금지하셨다.

먹으면 죽는다고 하셨다. [창 2:15-17]

여자가 뱀의 꾐에 빠져 먼저 먹고 남편인 남자에게 줘서 남자도 먹었다. [창 3:1-7]

하나님은 바로 죽도록 하지 않으셨고 일정기간 수명을 주셨다.

여기에서 죽는다는 의미는 하나님과의 단절이며 뿌리 뽑힌 나무가 서서히 죽어 가듯이 사람도 마찬가지로 서서히 죽어가는 것이다.

사람의 타락(범죄)으로 저주를 받았고 뱀과 생태계도 저주를 받아 변했고 이때부터 죄악이 생겨났다. [창 3:8-19]

죄의 결과로 모든 사람은 반드시 죽게 되었고 [롬 5:12, 6:23상], 죽은 뒤에 심판이 있으며 [고후 5:10, 히 9:27], 예수님을 믿지 않는 사람은 지옥에 들어갑니다. [요 3:17-18, 계 20:14-15]

구속

하나님은 사람을 구원해 주실 것을 약속하셨다. [창 3:15, 21, 사 7:14, 53:5, 마 1:23]

우리를 죄에서 구원하시고 죽음에서 살려 주시려고 십자가에서 돌아가셨다. 십자가를 믿는 사람은 구원을 받는다. [마 27:35이하, 요 3:16, 롬 1:17, 3:24, 5:1, 5:10, 6:6, 요일 2:12]

부활하신 후 승천하셔서 지금은 하나님 우편에 계신다. [고전 15:3-5, 행 1:3, 히 10:2]

누구든지 예수님을 믿으면 부활 영생의 복을 누린다. [요 3:16-18, 5:24, 고전 15:2, 엡 2:8]

더불어 이생의 평안을 얻는다. [요 14:27, 16:33, 롬 8:6, 고후 13:11]

완성

예수님은 재림하신다. 재림 하실 때 온 천하가 다 볼 수 있게 오시는데 그 날과 시는 아무도 모른다. 예수 안에서 죽은 자가 먼저 올라가고 산 자는 나중에 올라가서 예수님을 만난다. [마 24:23-31, 살후 1:7-8, 딤후 4:1, 베후 3:9-12]

죽은 뒤, 재림 때 심판이 있으며 예수님을 믿는 자 즉 생명책에 기록된 자는 하나님나라에서 영원히 행복하게 살아간다. 천국은 슬픔과 고통과 사망이 없고 이 세상의 온갖 보석보다 더 아름답고 화려한 곳이다. [계 20:12-15, 21장, 22장]

이렇게 복음 전하고 영접기도를 하도록 한다.
세례를 받기를 원하면 세례 문답공부 단계로 넘어간다.

(2) 6단계 복음[34]

하나님

하나님은 당신을 사랑하신다. [요3:16]
하나님은 거룩하고 의로운 분이시다.
그는 모든 악을 멸하시며 그의 존전에서 쫓아내신다. [롬 1:18]

인간

만물을 창조하신 하나님은 우리 인간과 교제할 목적으로 자신을 위하여 인간을 창조하셨다. [골 1:16]
그러나 우리 인간은 하나님을 거역하고 돌아섰다. [사 53:6]
그 결과 하나님과 분리되었다. [사 59:2]
그리고 그 형벌은 영원한 죽음이다. [롬 6:23]

註 34) 랜 앤디샥, 상게서, pp.23-27.

그리스도

하나님은 이 깨어진 관계를 회복하기 위해 예수 그리스도라는 인격 안에서 인간이 되셨다. [골 1:19-20상]

또한 그리스도는 완전한 삶을 사셨다. [벧전 2:22]

그리스도는 우리를 대속해 죽으심으로 우리가 받을 죽음의형벌을 갚아 주셨다. [롬 5:8]

그는 다시 살아 나셨고, [고전 15:3-4] 지금도 살아계셔서 우리가 현재 또 장차 영원히 하나님과 교제할 수 있도록 새 생명을 부여하신다. [요 10:10]

반응

나는 하나님을 거역했음으로 이를 회개하여야 한다. [마 4:17]

그리스도께서 우리를 용서하시고 우리에게 하나님과 교제하는 새 생명을 주기 위해서 죽으셨음을 믿어야 한다. [요 1:12]

나는 그리스도께 순종한다는 의미로서 그 분을 나의 구세주요 주님으로 영접한다. 이것은 그리스도를 내 삶에 모시는 영접 기도로 할 수 있다. [계 3:20]

댓가

하나님이 치르신 댓가. [벧전 1:18-19]

당신이 치를 댓가는 없다. 오히려 당신은 구원을 얻었다. [엡 2:8-9]

당신이 치를 댓가: 제자로서의 댓가. [눅 9:23-24]

개인 간증

나는 어떤 사람이었는가?

-예전의 가족모습, 친구, 관심사 등

-과거 내가 가졌던 가치관(소중하게 여겼던 것들)

-나의 종교적 배경과 그리스도에 대해 가졌던 과거의 태도

하나님이 나의 영적인 눈을 밝히시기 위해 사용하신 방법들

-내가 나의 궁핍을 깨닫게 된 계기(사람, 서적, 모임, 환경 등)

-그 때 내가 내 자신, 하나님, 다른 사람에 대해 생각하고 주목하게 되었던 내용

내가 깨닫게 된 바

-복음의 내용 가운데 나에게 깊이 다가온 부분

-내가 이해하게 된 그리스도

3. 양육 및 훈련

1) 예배

다문화교회의 특성은 모든 민족이 다 같이 예배를 드리는 점이다. 나라별, 언어별, 민족별로 구분하지 않고 한 언어로 예배를 드린다. 필자는 한국어로 설교와 찬양을 한다. 설교는 PPT를 사용하여 주일학교 수준으로 하되 내용은 깊게 설명해 간다. 강해설교와 주제설교(교리)를 병행하고 한국어로 하기 때문에 이해를 잘 하도록 가능한 쉬운 언어를 선택한다. 그리고 한 번 설교로 끝나지 않고 반복적으로 설교한다. 같은 내용을 오래한다는 느낌을 받지 않도록 성경구절을 나누어 제시하고 몸동작을 사용하여 말씀을 몸으로 암기하도록 한다. 이렇게

함으로 주일에 빠진 사람들은 설교의 맥이 끊어지지 않고 계속 이어나가게 된다는 장점이 있다.

성경은 각 나라언어로 된 성경을 보고 설교 PPT에서 짧은 성경구절은 각 나라언어를 찾아 띄워준다. 성경구절이 길거나 많을 때는 성경과 장절을 제시하여 스스로 찾도록 한다.

신앙고백과 주기도문은 각 나라언어로 프린트하여 코팅하여 책상 위에 놓고 보도록 한다. 책갈피로 만들거나 카드로 만들어 나눠주고 암기하도록 한다.

2) 성경묵상(QT) 훈련

성서유니온선교회에서 발행하는 매일성경 다국어 판을 활용한다. 필자는 성서유니온선교회에 한영대조와 중국어판은 이주민 인원수에 맞춰 1년 정기 구독하여 받아서 나눠주고 매일 읽기라도 하도록 하고 있다. 아직 책으로 시판되지 않는 것은 무료로 보급하는 조건으로 복사 및 제본 허락을 받아 사용하고 있다.

3) 리더 교육, 제자 훈련

소그룹 또는 개인별로 시행한다. 소그룹 목회나 성경공부에 대해서는 이미 많은 방법들이 제시되었고 좋은 자료들이 많이 나와 있다. 이를 잘 활용하면 좋을 것이다. 이 단계에서는 한국교회의 다양한 목회 프로그램을 접목해서 사역자의 역량에 맞춰 나가면 될 것이다.

국내 목양현장에서 많이 도입한 두 날개나 D12, G12 등이 있는데, 목포사랑의교회 백동조목사의 행복목회아카데미는 이들의 장단점을 분석하여 장점만 체계적으로 잘 구성하여 은혜롭고 알찬 양육과 제자

훈련으로 이를 권하고 싶다.

특히 여름휴가 수련회나 추석 수련회 때 행복목회아카데미를 잘 접목하면 좋은 성과를 거둘 수 있을 것이다.

4) 부록: 인터넷 사이트

다국어 성경 사이트

* 바이블포유 http://www.bible4u.pe.kr/ =>

각 나라언어 대조로 한국어를 기본으로 하여 쉽게 찾을 수 있다.

* 월드 플라넷 http://wordplanet.org/ =>

각 나라언어 대조로 쉽게 찾을 수 있다.

* 비엣 크리스천

http://www.vietchristian.com/kinhthanh/ =>

베트남 성경 외에 많은 자료를 얻을 수 있다.

* 캄보디아 성경 http://ebible.org/khm/index.htm =>

캄보디아 글자 폰트를 설치해야 하며 초기화면에 제공해 놓았다.

* 스리랑카 싱할

http://bsceylon.org/sinhala_bible/CBS/NT/book3.html =>

가톨릭에서 만든 사이트라서 주의를 요한다.

이주민들에게 공개하면 안 된다. 외경이 링크되었다.[35]

스리랑카는 싱할과 타밀이 있는데 타밀 성경은 많은 반면 싱할이 거의 없다. 할 수 없이 가톨릭에서 만든 사이트를 이용한다.

성경그림 및 파워포인트 자료

* 바이블 허브 http://biblehub.net/

* 프리 바이블 이미지

http://www.freebibleimages.org/

더 생각해야 할 것

* 전도하는 방법은 다양하고 무궁무진하다. 나의 현장 환경과 대상자의 상황과 형편에 따라 얼마든지 계발할 수 있다. 나는 어떤 방법으로 전도할 것인가?

* 삶을 통한 복음전도는 어떤 것인가? 이주민들과 함께 생활하면서 복음을 전하는 방법은 어떤 것이 있을까? 마25장의 염소와 양의 심판, 롬12장에 우는 자들과 함께 울라는 말은 어떤 의미로 적용할 수 있는가? 또한 (예수님이 말씀하신 비유에서) 누가 네 이웃인가?

* 외국이주민들이 한국에서 겪는 어려움은 무엇인가? 이들이 당하는 문제를 곧바로 해결해 주는 것도 전도의 방법일까? 복지나 인권을 위해 활동하는 것은 어떠한가?

* 이주민을 처음 만나 전도하였을 때 반드시 예배로 초청해야 하는가? 예배로 초청하기 전에 어떤 과정을 거치면 좋겠는가?

* 나만의 복음 제시 방법을 가지고 있는가? 구체적으로 복음이란

註 35)

무엇인가? 간단명료하게 한 두 마디로 복음만 제시하고 설명할 수 있는가?

필독서와 참고도서

* 김세윤, 구원이란 무엇인가?, 두란노, 2001. 외에도 리차드 개핀(크리스찬출판사, 2007)이나 최낙재(성약, 1993)의 책 참고.

* 김홍전, 복음이란 무엇인가?, 성약, 2004., 역시 김세윤(두란도, 2003)의 책을 참조.

제3부

이주노동자 사역

제 5장

이주노동자 선교역사와 이해

5. 이주노동자 선교 역사와 이해

서론

사도행전 17:26절에서 사도바울은 인류의 모든 족속을 한 혈통으로 만드사 온 땅에 살게 하시고 그들의 연대를 정하시며 거주의 경계를 한 정하셨다고 말씀하신다. 또한 창세기 1:26-28절에서는 하나님의 형상대로 사람을 창조하시되 남자와 여자를 창조하시고 생육하고 번성하여 땅에 충만하라고 말씀하셨다. 성경에서는 모든 인류는 한 인종만 있을 뿐이고 인류의 조상은 한 부모의 후손임을 분명하게 말씀해 주고 있다.

국적과 문화가 다르고, 얼굴색이 다른 사람이라 해서 특별한 대우를 받아서도 안 되지만 그렇다고 차별이 있어서는 안 될 것이다. 예로부터 우리 한 민족은 단일민족이라는 통념 속에 유독 차별과 편견과 배타성이 심한 민족이다. 그래서인지 국내에 들어와 있는 이주노동자들이나 결혼 이민자들은 사회적인 홀대와 무관심으로 인해 주류 사회 속에 들어오지 못하고 여전히 소수자의 아픔을 가지고 살아가고 있다.

올해로 이주민 선교역사가 25년째이다. 그동안 많은 이주민 선교단체들과 교회는 이들의 삶의 질에 대해서 관심을 가져왔고 그리스도의 사랑으로 섬겼으며 구령사역에 열심이었다. 그래서인지 이들에게는 교회와 이주민선교단체가 사회적인 차별과 편견 속에서도 엄마의 품속과 같은 따뜻함을 느낄 수 있었다. 힘들 때, 문제가 있을 때, 도움을 청할 때, 찾아오는 이들은 교회가 평안한 안식처가 되어 주었다.

그러나 지난 25년 이주민 선교 역사를 통틀어 한국교회가 과연 구령 사역의 열매가 있었는가 하는 것은 자문 자답해봐야 할 시점이다. 복음에는 무관심하고 그들의 필요만 채워주는 편향적인 사역으로 치우쳐 있지 않았는지 돌아봐야 할 것이다. 또한 그동안 이주민 선교가 바른 방향성을 가지고 접근했는가도 성찰해 보아야 할 것이다. 따라서 필자는 그동안의 이주민선교를 돌아보고 앞으로 이주민 500만 시대를 대비해 효과적이고 전략적인 이주민 선교의 방향성을 제시해 보고자 한다.

1. 이주민 선교 역사

1988년 서울 올림픽은 이주노동자들이 한국을 찾는 계기가 되었다. 올림픽이후 한국의 경제가 활성화 되자 한국의 노동현장에는 새로운 변화가 일기 시작한다. 고학력자들은 자연스레 3D 업종을 기피하게 되고 어려운 환경과 저 임금의 노동현장에는 외국 인력을 도입하게 되는 상황으로 변하게 된다. 1990년대에 들어서 이주노동자들의 유입이 증가하게 되었고 상대적으로 미등록 이주노동자들도 증가하게 된다.

급기야 정부는 1992년도에 10개 업종에 외국인 연수생을 도입하게 되었지만 연수생들의 산업현장이탈과 송출비리 등의 문제가 발생하게 된다. 1997년도에는 연수취업 제도를 도입하게 된다. 연수 취업 제도는 2년 연수 후에 일정 자격을 갖춰 1년 취업할 수 있는 제도를 2000년 4월부터 시행하게 된다. 그러나 이 역시 미등록 노동자를 양산하는 창구역할을 하게 되어 2002년 80%가 미등록 이주노동자로 남게 된다.[2]

註 2) 박경태, 『소수자와 한국사회』 (서울: 후마니타스(주), 2014), p.76.

정부의 외국인력 정책은 많은 문제를 야기하게 되었고 이러한 문제를 개선하기 위해 외국인 고용허가제 도입을 본격화하기에 이른다. 외국인 고용허가제는 2003년 7월 국회를 통과하여 2004년 8월17일에 시행하게 되었으며, 2007년 1월 1일부터 외국 인력 제도를 외국인 고용허가제로 일원화하게 된다.[3]

88 서울 올림픽 이후 한국의 외국 인력 정책은 산업연수생제도 → 취업연수생제도 → 고용허가제로 바뀌면서 오늘에 이르게 된다. 정부의 외국 인력 정책 변화에 따라 한국 교회의 이주민 선교의 정책과 방향에도 어느 정도 변화의 과정을 겪게 되었다. 1990년대 산업연수생제도와 취업연수생제도가 시행될 무렵의 이주민 선교는 복음보다는 긍휼사역이 대부분이었다. 외국인들의 열악한 근무 환경과 인권 침해 사례(폭행. 감금. 여권압류. 임금강제적립), 저 임금 등으로 인해 연수업체를 이탈 할 수밖에 없는 구조였다.

실례로 1993년 11월 10일 서울 영등포로다리 고가도로에서 중국인 임모씨가 10미터 아래로 뛰어내려 숨지는 사고가 발생했다. 이유는 한국에서 번 돈을 모두 범칙금(미등록이주노동자 강제추방 범칙금)으로 지불하고 빈털터리가 된 것을 비관하여 자살하게 되는 사건이다. 또한 1995년에는 명동성당에서 산업연수제도를 철폐하라는 외국인노동자들의 농성이 있었는데 이들의 구호는 "제발 때리지 마세요. 우리도 인간입니다."였다.[4]

註 3) 황홍렬외 4인. 2013. 『이주민 선교 기초 조사보고서』. 서울: 도서출판 꿈꾸는 터.
　4) 인터넷 검색. 매일경제신문. 1995.1.16. 27면

1990년대 이주노동자들의 한국에서의 삶은 일하는 기계 정도로 인식되었지 사람다운 대접을 받을 수 없는 멸시와 조롱의 대상이었다고 해도 지나친 말은 아닐 것이다. 그러나 교회와 이주민 선교단체는 성경 말씀대로 이들을 그리스도의 사랑으로 품었다. 그들의 문제와 고민들을 해결해주며 잠잘 곳과, 먹을 것과, 입을 것을 제공해 주었다. 초창기 이주민 선교단체는 카톨릭 외국인 노동자 상담소, 희년선교회, 외국인 노동자 피난처 등 이었다. 그 외 많은 인권단체와 선교단체가 태동하게 되었고 사역도 세분화되었으며 전문화 되었다.

1990년대에는 이주민 선교 사역단체가 긍휼사역에 집중할 수밖에 없었지만 2000년 들어서는 사역방향도 인권운동단체, 사회복지와 상담단체, 복음사역(교회), 복음사역과 긍휼사역(총체적 사역)등으로 세분화, 조직화되기 시작한다. 2000년에 접어들어 이주노동자 선교도 새로운 전기를 맞이하게 된다. 그동안 외국인 인력 정책에 많은 문제점이 제기되자 고용허가제도를 도입하는 안이 정치권에서 논의되기 시작한다. 드디어 2004년 8월17일 고용허가제도를 시행키로 하는 법안이 국회를 통과하게 되어 오늘에 이르게 된다.

2004년 고용허가제가 실시된 이후 외국인들의 삶의 질에도 많은 변화가 있었다. 인권침해사례나 임금체불, 의료문제 등의 상담이 현저히 줄어들었으며 외국인들을 채용하는 업체들도 외국인들에 대한 인식의 전환을 가져오는 계기가 되었다. 2010년 이후에는 이주민선교단체나 교회에 외국인들의 출입이 줄어들게 된다. 그것은 이주노동자들의 생활의 변화를 의미하기도 한다.

이주민 사역단체에 도움의 필요성을 못 느낄 뿐만 아니라 외국인을 채용하는 업체의 임금도 내국인과 차등이 줄어들었기 때문이다. 실제로 생산직 근로자들의 평균임금은 내국인이나 이주노동자와 차이가 없다. 그동안 외국인 인력 정책에 대해 정부를 향해 꾸준하게 문제를 제기해온 이주민사역단체들의 요구와 노력의 결과로 이제는 이주민들도 만족스럽지는 못하지만 1990년대보다 훨씬 좋은 환경에서 일할 수 있다는 것은 이주민 선교 사역 단체에 던져주는 메시지가 있다고 본다.

이제는 이주민선교가 바른 방향성을 가지고 효과적이고 전략적인 선교를 해야 할 때이다. 여전히 1990년에나 2000년대에 이루어졌던 퍼주기식 사역으로는 이주민 선교가 성공할 수 없으며 사역의 열매 또한 기대할 수 없다. 열매 맺는 사역을 위해 다 같이 고민해야 할 시점이다

2. 이주노동자 선교 왜 중요한가?

현재 한국에 고용허가제로 들어와 있는 15개 국가 중에 이슬람국가(인도네시아, 우즈벡, 파키스탄, 방글라데시, 키르키즈)가 5개국이며, 소승불교국가(스리랑카, 태국, 미얀마, 캄보디아)가 4개국이고, 힌두 국가(네팔)가 1개국, 사회주의국가(중국, 베트남)가 2개국이며, 카톨릭 국가(필리핀, 동티모르)가 2개국이다. 종교분포도에서도 알 수 있듯이 카톨릭 국가를 제외한 13개 국가는 선교하기가 가장 어렵다는 나라들이다. 기독교인구 2%미만인 나라가 대부분이다. 미전도 종족으로 분류되기도 한다.

해외 선교지에서 이들 국가에 복음을 전한다는 것은 많은 위험과 제약이 따른다. 열매 또한 기대하기가 쉽지 않다. 선교가 제한적일 수밖에 없다. 그런데 이들이 한국에 이주노동자로 들어와 있다. 이들 중 많은 이들은 한국교회와 이주민사역단체들의 도움을 받아 본 사람들이다. 자천타전으로 복음을 들어본 사람들도 많이 있다.

필자가 섬기고 있는 센터만 해도 짧게는 하루에서부터 길게는 10년 넘게 교회의 도움을 받고 거쳐간 외국인들이 많이 있었다. 이들에게는 현지에서 복음을 전하는데 따르는 위험과 어려운 한계에 부닥칠 염려가 없으며, 그들과 자연스런 접촉을 통해 얼마든지 복음을 전할 수 있는 특혜가 있는 곳이 바로 한국의 이주민 선교라 할 수 있다.

저들에게 복음을 마음대로 전할 수 있는 자유함은 커다란 하나님의 축복이라 할 수 있을 것이다. 그런데 이들이 교회에 정착하는 비율은 극소수다. 그들에게 교회는 자신들의 필요를 충족시키기 위한 정거장일 뿐이다. 교회도 이주민 선교의 방향성을 상실한 채 그들의 필요만 채워주는 정거장 역할만 하고 있다. 분명 한국에서의 이주민 선교도 한계가 있음은 자명하다. 이제는 이주민 사역 단체와 교회가 외국인들의 정거장 역할에서 벗어나 적극적인 선교로 전환 할 때이다.

2015년 7월말 현재 체류외국인은 1,801,410명이다.[5] 지금처럼 저 출산 고령화가 진행이 되고 이주민 유입이 지속되면 2020년에는 이주민 인구가 300만, 2025년에는 500만이 넘어선다고 전문가들을 예측한다.

註 5) 출입국외국인정책본부. http://www.immigration.go.kr〉통계자료실〉통계월보〉2015년 7월 통계월보.
　　6) 최윤식, 『한국교회미래지도』 (서울: 생명의 말씀사, 2015), 67

또한 미래학자 최윤식은 2050년에는 한국의 총인구가 600~800만 정도
가 감소한다고 한다. 인구가 감소한 만큼 인구와 경제 규모를 보충하기
위해 외국인근로자가 800~1000만이 유입될 것이라고 한다.[6]

이제 우리 한국교회와 이주민사역단체는 미래 500만 이주민 시대를
대비해야 한다. 지금과 같이 전략도 없고 방향성도 상실한 채 이주민 선교
가 지속된다면 유럽의 이슬람 확산처럼 우리 한국도 심각한 우려를 하지
않을 수 없는 것이다. 역 선교 당할 수도 있다는 경각심을 가져야 한다.

3. 한국교회 이주민 선교 사역의 한계와 문제점

1) 현지 언어권 사역자 수급의 어려움이 있다. 한국에 유학 온 현지인
신학생들로는 한국교회 이주민 사역을 감당하기에는 한계가 있다. 수적
으로도 부족하지만 신학생들의 자질 또한 검증이 되지 않아 사역을 맡기
기에는 신중을 기할 필요가 있다. 그래서 각 교회에서는 대안으로 한국어
를 구사하는 이주노동자들에게 설교 통역을 맡기는 경우가 대부분이다.

2) 현지어로 된 양육교재가 없어 양육의 한계가 있다. 양육이 없이 신
실한 주님의 제자가 세워질 수가 없다. 설교와 양육의 한계를 극복해야
만 한국의 이주민 선교가 바르게 정착 할 것이며 많은 열매를 기대할 수
있을 것이다.

3) 이주민 사역단체의 열악한 재정과 인적자원의 지원 없이는 효과적
인 이주민 사역을 감당하는데 한계가 있다. 이주민 사역에 올인한 헌신

된 사역자들의 고민이 재정과 인적자원임을 밝히고 있다. 사역의 지속성을 위해서도 한국교회와 이주민 사역단체간의 긴밀한 협력과 지원이 절실하게 필요하다.

4) 이주노동자들은 사업장의 잦은 이동으로 교회정착은 물론 체계적이고 지속적인 양육의 어려움이 있다.

5) 종교분포도에서 지적했듯이 이들은 무슬림과, 불교권, 공산권, 힌두권 국가에서 온 이주노동자들이다. 이들에게 복음을 전하는 것은 장시간 인내와 기다림의 사역이다. 언어 전달력의 한계로 말씀과 양육이 더딜 수밖에 없는 상황에, 이주노동자들을 개종시키기까지 많은 기도와 열정을 쏟아 부어도 하나님의 사람을 세우는 것이 어려운데, 아직까지도 이벤트 중심의 사역에만 주력하는 교회와 사역단체들의 각성이 요구된다.

6) 교회를 출석하는 이주민 성도들의 회심에 대한 점검이 필요하다. 개혁주의 전통신학자인 데이비드 웰스는 하나님께로 돌아오라는 책에서 "회심 없는 기독교는 더 이상 기독교가 아니다"라고 규정한다. 대부분의 이주민 선교단체가 이주민들이 교회에 출석하는 것으로 만족해하는 것을 보게 된다. 놀라운 것은 몇 년 동안 교회 출석을 잘하고 있는 이주민들이 본국으로 돌아가서는 대부분 자기 종교에 회귀하거나 교회에 정착을 하지 못하고 있다는 사실이다. 이것은 한국 이주민 사역 단체와 교회가 심각하게 받아들여져야 한다.

7) 한국에서 일을 마치고 돌아가는 귀환자들의 신앙생활 점검이 필요

하다. 한국의 이주민 선교사역의 종착지는 한국이 아니라 이들이 돌아갈 본국이다. 돌아간 귀환자들의 교회 정착이 재한 이주민 선교사역의 최종적인 사역이 되어야 하며, 귀환자들과 계속해서 교제하고 격려도 하며 신앙생활 점검도 하는 사후관리도 필요할 것이다.

4. 이주민 선교의 대안과 방향성

1) 예배 중심의 사역이 이루어져야 한다. 예배 때 선포되는 하나님의 말씀은 이주민 성도들의 언어로 전달되어야 한다. 현지 언어사역자가 없을 때는 한국어가 능숙하며 신학을 전공한 현지인의 통역을 통해서 전달력의 한계를 최소화해야 할 것이다.

2) 양육을 통해 하나님의 사람을 세우는 일에 주력해야 할 것이다. 양육 없이 이주민 성도들의 믿음이 자란다는 것은 기대할 수 없다. 더욱이 현지 사역자와 통역자도 없는 사역단체는 많은 어려움이 따르겠지만 그렇다고 양육을 게을리 해서는 안 된다.

3) 현지인 지도자 양성은 이주민 사역의 핵심적인 대안이다. 많은 교회가 현지인 지도자를 양성하는 데는 공감하면서도 실천에 옮기지 못하고 있다. 대상을 찾지 못하는 어려움도 있지만 언어 전달력의 한계로 지도자를 양성하는 일에 쉽게 뛰어들지 못하고 있는 것이다. 한국교회는 현지인을 한국으로 초청하여 신학교육을 시키는 방법을 택하고 있지만, 무엇보다 한국의 이주민 중에 헌신자들을 발굴하여 지도자로 양성하는 방안이 가장 바람직한 방법일 것이다.

필자가 섬기고 있는 센터에서는 신학교 사역을 시작한지 6년 만에 1회 졸업생을 배출했다.

이들은 100% 이주 노동자들로 구성되어있으며, 주말 신학교(주일 3시간 수업)로 주 1회 수업을 진행하고 있다. 이들 신학생 중 2명을 평신도 지도자로 캄보디아에 파송하였으며 1명은 가정교회 사역과 바탐방 신학교 강의 통역과 총장 통역으로 섬기고 있으며, 1명은 필자가 섬기는 교회에서 세운 캄보디아 프놈펜 귀환자 교회 사역자로 섬기고 있다.

한국교회와 이주민 사역단체가 현지인 지도자를 양성하는 일에 관심을 기울이고 투자 한다면, 한국내 이주민 복음화는 물론 세계 선교 확장에도 커다란 기여를 할 것이다. 또한 국내 이주민 선교 지도자 부재로 인한 어려움에서 탈피하여, 이주민 선교의 커다란 전기가 마련될 것임은 자명하다.

4) 복음을 받아들인 국내 이주노동자 성도들로 하여금 고국에 있는 가족들의 전도가 이루어져야 한다. 이 또한 가족 복음화가 이루어지는 이주민 선교의 대안이 되기에 충분하다. 재한 캄보디아 연합회에서는 2014년 11월 캄보디아 프놈펜에 있는 장로회 신학대학에서 2박3일간 귀환자 선교대회를 개최했다. 100여명의 귀환자들과 가족들이 참석하여 많은 가족들이 복음에 반응하고 예수를 믿기로 작정하였으며 교회를 출석하는 놀라운 경험을 한 바 있다.

필자가 섬기는 교회 한 자매의 어머니는 7년 동안 절에서 생활했던 철저한 불교인이었는데 개종을 하고 필자가 섬기는 교회에서 세운 캄보디아 프놈펜 귀환자 교회에 충성하고 있다.

예수를 믿기 전에는 불교 경전에 능통하여 많은 사람들을 불교도로 만들었지만, 예수를 믿고 난 후에는 복음전도자로 살고 싶다고 고백할 정도로 신실한 믿음의 사람으로 변화 되었다.

결론

우리 한국교회는 이주민 500만 시대를 대비해야 한다. 이제 한국 이주민 선교도 시대의 변화에 발 빠르게 적응하지 못하고 타이밍을 놓치게 되면, 유럽처럼 될 가능성이 있다는 경각심을 가져야 할 때이다. 전 세계를 무슬림화 시키겠다는 전략으로 유럽에서는 영국을 전진기지로 삼아 유럽 무슬림 총 본부가 런던에 세워졌으며, 아시아에서는 한국을 전진기지로 삼아, 2020년까지 한국을 무슬림화 시키겠다고 호언한다. 그런데도 한국의 교회는 아직까지 잠을 자고 있다. 이주민 선교가 매우 중요하고 필요하다고 인식하면서도 적극적으로 나서지 않는 것이 안타깝다.

지금이 이주민선교의 가장 적절한 시기이며 타이밍인데도, 그 시기를 간과하고 있는 것이다. 해외 선교지의 현실은 어떠한가? 교회는 많은데 그 교회를 이끌어갈 지도자가 없어 빈 교회가 남아도는데도 여전히 한국교회는 교회를 세워나간다. 이제는 돈으로 하는 선교는 막을 내려야 한다. 무엇보다 현지인 지도자를 길러내는 것이 시급한 과제이며, 미래 이주민 선교의 전략적 대안이다. 이제는 한국교회와 이주민선교 단체는 문화와 체육행사는 지양해야 한다. 오히려 그런 행사가 이주민선교에 역효과를 가져온다는 사실을 직시해야 할 것이다.

지금 세계 선교는 새로운 전략적인 전환의 필요성을 공감하고 있다. 이주민 선교가 더 이사 변방취급 당하지 않고 세계 선교의 전략적인 대안이 되기에 충분하다. 이주민 선교야 말로 확실한 세계 선교 확장의 통로이며 한국교회가 감당해야할 사명이다. 이를 위해서는 특히 평신도 사역자들의 역할이 확대되어야 한다. 내 교회만 든든히 세워가는 자 교회 중심적인 신앙생활에서 벗어나야 한다. 국내 이주민 사역 현장에 뛰어들어야 한다. 평신도사역자들이 각자 받은 사명대로, 필요하다면 사역지로 파송도 받아야 한다.

한국 내 이주민 선교 사역 현장은 세계 선교의 못자리판이다.

제 6장

재한 캄보디아 선교의 실재

註 1) 비전교회담임목사. 외국인비전센터 선교사. 총신대학교선교대학원 Th.M 수료

6. 재한 캄보디아 선교의 실재

서론

재한 캄보디아 선교가 본격적으로 시작 된지도 올 해로 10년째이다. 10년이면 강산도 변한다고 했는데 재한 캄보디아 선교 현실을 보면 안타까운 마음이 든다. 10년전 보다는 진일보 했지만 여전히 많은 난제들이 산적해 있다. 특히 언어 전달력의 한계와 현지인 사역자 부재로 인해 효과적인 선교가 이루어지지 않고 있으며 열매 또한 기대할 수가 없는 것이 현실이다. 비단 재한 캄보디아 사역뿐만 아니라 타 민족 사역 또한 크게 차이는 없을 것이다. 이러한 국내 이주민 선교의 현실은 어제 오늘의 얘기가 아니다. 많은 문제를 안고 있으면서도 근본적인 문제의식에 대해서는 심각성을 깨닫지 못하고 있다.

무엇보다도 이주민 선교에 대한 한국교회의 무관심은 이주민 선교가 제자리걸음을 하게 하는 원인이 되었다. 그동안 한국교회는 해외 선교에 집중하여 많은 결실을 보았다. 그러나 180만이 넘는 한국의 이주민들을 선교의 대상이 아니라 긍휼의 대상으로 보는 인식이 팽배해 있다. 이제는 이주민 선교가 변방 취급당하지 않고 세계 선교를 주도적으로 이끌어 갈 핵심적 선교 전략이라는 사실을 인식했으면 한다.

필자가 사역하는 교회는 중국. 베트남. 캄보디아. 다문화 교회이며 가장 역동적으로 이루어지고 있는 사역이 캄보디아 사역이다. 지면의 한계로 필자가 섬기고 있는 캄보디아 사역에 대해 간략하게 소개하고자 한다.

1. 캄보디아 이주민 현황

캄보디아는 스리랑카, 태국, 미얀마와 같은 소승불교권이다. 소승불교의 특징 중에 하나는 불교에서의 이탈은 곧 가정과 사회와 공동체 이탈이라 생각하여 두려워한다. 특히 캄보디아는 힌두교의 영향으로 신앙이 다원적이며 복음의 수용성 또한 매우 낮은 국가이다. 그러나 사람들은 매우 친절하며 잘 웃는 편이다. 한국의 기업들이 캄보디아인들을 선호하는 이유이기도 하다. 또한 체면문화가 강해서인지 상대방의 제안을 거절 하지 못한다. 이러한 소승 불교의 특성 때문인지 한국에서의 캄보디아 선교도 그리 만만치가 않다. 사업장의 잦은 이동으로 인해 양육의 어려움도 있지만 복음의 수용성도 낮다. 한국에 캄보디아인이 처음 입국한 시기는 1962년 캄보디아 주재 총영사관이 개설되면서 3명이 입국하였고 1970년 5월 한국과 캄보디아는 공식외교관계를 수립한 후 입국자들이 증가한다. 1971년에 105명, 1974년 139명, 1975년 27명, 이던 것이 1975년 4월 캄보디아가 공산화된 이후 한국과 캄보디아 교류가 중단된다.

그리고 1991년 다시 한국과 교류가 시작되면서 캄보디아인들의 입국이 증가하게 된다. 1992년 18명, 1995년에 44명, 2000년에는 23명이었으며 모두 연수생자격으로 입국하였다. 2004년 고용허가제가 도입되고 나서 2005년에는 1970명이 입국하였고 한. 캄 MOU가 체결된 후 고용허가제로 입국한 2007년에는 4,569명이었으며 2010년에는 12,192명으로 증가했다.[2]

출입국외국인 정책본부의 2015년 7월 말 통계에 의하면 현재 한국에

註 2) 출입국외국인정책본부 통계월보

는 재한 캄보디아인 42,722명이 거주하고 있다. 통계를 보면 2006년 11월20일 당시 안상수 노동부 장관과 캄보디아 봉 사우스(Vong Sauth) 노동부장관과 캄보디아 인력 송출을 가능케 하는 양해각서(MOU)가 체결된 후 2007년 급격하게 증가되었다. 이들 가운데 약 1000여명 정도가 한국의 교회에 출석하는 것으로 조사되었다. 현재 국내에는 캄보디아 선교단체나 교회가 약 50-60여개로 파악되고 있다. 캄보디아인 유입이 많아지면 캄보디아 교회도 늘어날 전망이다.

다음은 출입국외국인정책본부 통계자료(캄보디아 이주민)현황이다.

1986	1955	1996	2000	2003	2004	2006	2007	2008	2009	2010
2	44	122	23	653	1,967	3,331	4,569	7,578	9,204	12,192

2011	2012	2013	2014	2015.7
17,320	24,610	31,896	38,395	42,722

표1. 캄보디아 이주노동자 증가 추이 현황(해당 년도 12월 말 기준이다)[3]

계	B-1	B-2	C-1	D-1	D-10	D-2	D-3	D-4	D-6
	71	110	402	3	19	291	4	115	5
	D-8	D-9	E-1	E-10	E-3	E-7	E-9	F-1	F-2
42,722	4	5	1	1	5	23	35,141	1,768	305
	F-3	F-4	F-5	F-6	G-1	기타			
	31	1	81	4,226	31	79			

표2. 캄보디아 이주민 체류자격별 현황 (2015년 7월 말 현재)[4]

註 3) 출입국외국인정책본부 통계월보
　4) 출입국외국인정책본부.통계월보
　사증면제(B-1),관광통과(B-2),단기방문(C-3),유학(D-2),일반연수(D-4),종교(D-6),
　비전문취업(E-9),동거(F-1),거주(F-2),동반(F-3),재외동포(F-4),영주(F-5),
　결혼이민(F-6),기타(G-1)

2. 재한 캄보디아 선교 단체 및 교회 현황

번호	교회명	교단	사역개시일	예배인원	소재지
1	비전교회(외국인비전센터)	합동	2007	40	하남시
2	월드비전교회	순복음	2012	30	의정부
3	은혜로운교회	개혁	2011	20	경산시
4	전남목포외국인지원센터	합동	2008	20	목포시영암군
5	김해중앙교회	고신	2010	20	김해시
6	부산수영로교회	합동	2011	30	부산시
7	부산신평로교회	합동	2005	30	부산시
8	대구내일교회	합동	2008	20	대구시
9	이천여주외국인노동자의집	예장연합성회	2009	30	이천시
10	올프랜즈센터	합동	2011	30	경기광주시
11	광주매산제일교회	기감	2008	20	경기광주시
12	안산동산교회(굿파트너스)	합동	2003	30	안산시
13	수원중앙침례교회	침신	2009	20	수원시
14	동성교회	통합	2008	25	동두천시
15	국제영광교회	예장대신	2007	10	남양주시
16	충현교회	합동	2003	7	서울특별시
17	김포이주민센터	통합	2010	20	김포시
18	두레감리교회	기감	2005	15	창원시
19	대구서머나교회	합동	2005	20	창원시
20	화원성명교회	합동	2011	10	대구시
21	로뎀이주민지원센터	통합	2011	10	동두천시
22	양주외국인다문화센터	순복음	2012	10	양주시
23	홀리네이션스(삼위교회)	통합	2000	10	일산시

註 5) 2013년 필자가 조사한 자료이며 이후 13개 교회가 추가됨. 예배인원은 변동이 있을 수
있음.

번호	교회명	교단	사역개시일	예배인원	소재지
24	온누리미션(온누리교회)	통합	2011	40	안산시
25	부산동부교회	고신	2005	8(유학생)	부산시
26	다사랑다문화교회	합동	2011	35	수원시
27	양주진리교회	고신	2013	10	부산시
28	예수모델교회	백석	2012	20	이천시
29	김포이주민지원센터	성결	2011	30	김포시
30	송우교회	합동	2011	20	포천시
31	정읍성광교회	합동	2012	5	정읍시
32	월드네이버	합동	2012	10	인천시
33	송우리문화센터	합신	2012	15	포천시
34	열방교회	독립교단	2012	20	용인시
35	이천외국인쉼터교회	순복음	2012	40	이천시
36	동두천한마음교회	통합	2013	20	동두천시
37	공촌교회	합동	2014	15	인천시
38	포항성결교회	성결	2013	10	포항시
39	캄보디아선교센터	합동	2015	5	송탄시
40	안성이주민센터	합동	2014	20	안성시
41	빛오름선교교회	독립교단	2015	10	양주시
42	늘푸른교회(국제선교교회)	합동	2015	15	화성시
43	꽃동산캄보디아교회	합동	2013	20	평택시
44	송우리아시아센터	합신	2011	15	송우리
45	충진교회	고신	2014	10	포항시
46	포항경동교회	고신	2005	20	포항시

표3. 재한 캄보디아 사역 교회 및 단체 현황[5]

합동:19 통합:6 고신:5 기감:2 합신:2 백석:1 성결:2 개혁:1 침신:1 대신:1 순복음:3 독립:2 예연총:1

3. 재한 캄보디아 연합 사역(추석 선교 대회)

2010년 이전까지는 몇 몇 교회끼리 연합하여 캄보디아 수련회를 개최하였다. 그러나 2010년 추석수련회(2010.9/21-23)를 계기로 캄보디아 선교 연합회를 조직하여 해마다 선교대회를 개최하게 된다.

2010년 당시 참가단체로는 동두천 한마음교회(이교욱선교사), 매산제일교회(조기묵목사), 분당당중앙교회(최종천목사),안산동산교회(김인중목사), 하남비전교회(윤대진선교사)등 5개교회가 연합하게 된다. 당시 강사로는 캄보디아 교계에서 영향력 있는 지도자 중 한 사람인 탕백홍 목사를 초청하여 "새 생명을 주옵소서"라는 주제로 2박3일간 양수리 수양관에서 제 1회 캄보디아 선교대회를 개최하게 된다.

2011년 2회 대회(2011.9/11-13)는 대전중앙교회 수양관에서 차신정 선교사를 강사로 초청하여 "하나님의 가족되기"라는 주제로 2박3일간 선교대회가 개최된다. 참가 단체로는 두레감리교회, 매산제일교회, 사천 다문화센터, 삼호시온교회, 선한목자교회, 수지사랑의교회, 분당중앙교회, 은혜로운교회, 비전교회(외국인비전센터), 주바라기교회, 화원교회, 화원성명교회등 12교회가 참가했다

2012년 제 3회 대회(2012.9/30-10/2)는 대구 영산 수련원에서 조봉기, 차신정 선교사를 강사로 초청하여 "예수 우리의 유일한 희망"이라는 주제로 2박 3일간 선교대회가 열렸다. 참가 단체는 대구내일교회, 두레 감리교회, 동두천동성교회, 로뎀선교교회, 매산제일교회, 삼호시온교회,

대구서머나교회, 선한목자교회, 은혜로운교회, 비전교회(외국인비전센터), 참빛사랑교회, 화원성명교회, 월드네이버등 13개 교회가 참가했다.

2013년 제 4회 대회(2013.9/18-9/20)는 양수리 수양관에서 조봉기, 차신정 선교사를 강사로 초청하여 "캄보디아여 빛을 발하라"는 주제로 2박3일간 선교대회를 개최하게 된다. 참가 단체로는 대구내일교회, 은혜로운교회, 참빛사랑교회, 더사랑교회, 사랑과은혜교회, 송우교회,꽃동산캄보디아교회, 국제영광교회. 비전교회(외국인비전센터)등 9개 단체가 참가했다.

2014년 제 5회 대회(2014.9/7-9/9)는 한국중앙기도원에서 조봉기,차신정,황찬수 선교사를 강사로 초청하여 하나님 사랑, 이웃 사랑이라는 주제로 2박3일간 선교대회를 개최하게 된다. 참가 단체로는 국제영광교회, 꽃동산캄보디아교회, 더사랑교회, 비전교회(외국인비전센터), 선한목자교회, 송우교회, 양주진리교회, 은혜로운교회, 인천올프랜즈교회, 월드네이버등 10개 교회가 참가했다.

2015년 올 해에는 강원도 철원군에 있는 성도교회 수양관에서 노영근 목사를 강사로 초청하여 "참된복음, 참된믿음, 참된생활"이라는 주제로 1박2일간 열리게 된다. 참가 단체로는 국제영광교회, 비전교회(외국인비전센터), 인천올프랜즈교회, 월드네이버, 꽃동산캄보디아교회, 선한목자교회, 안성이주민센터, 캄보디아선교센터, 은혜로운교회, 송우교회, 양주진리교회, 이주민선교교회, 내일교회, 동두천한마음교회, 이천외국인쉼터교회등 15개 교회가 참가한다.

이와 같은 연합 사역을 통해 재한 캄보디아인 복음화를 앞당기고 각

단체와 긴밀한 협력을 통해 문서사역과 양육교제 개발 등 예배자료 보급 등을 위해 결성되었다.

선교대회를 통해 불신자들이 예수를 믿고 교회에 등록하여 신앙생활을 하고 있는 많은 열매들이 있었다.

4. 귀환자 선교대회

2014년 11/20-22일가지 캄보디아 프놈펜에 소재한 캄보디아 장로회신학대학에서 2박3일간 제 1회 귀환자선교대회를 개최했다. 2006년 12월 한.캄 MOU 체결후 급격하게 증가한 재한 캄보디아인들이 본국으로 귀국한 귀환자들이 증가하게 되자 재한 캄보디아 연합회에서는 귀환자 선교대회를 개최하기로 결정한다. 처음 계획은 귀환자들을 대상으로 하였으나 재한 캄보디아 연합 회원 교회에서 신앙생활 하던 귀환자들이 소수여서 귀환자 가족으로 대상을 확대했다.

대회 당일 약 100여명의 귀환자들과 귀환자 가족들이 장로회신학대학 채플실에 운집했다.

참가자 중 아주 극소수만 한국에서 복음을 받아들이고 본국에서도 신앙생활 하는 사람들이며 대부분의 참가자들은 귀환자 가족들로 전혀 복음을 들어보지 못한 사람들이었다. 그 중 일부는 한국에서 신앙생활하는 자녀들에게 복음을 듣긴 하였지만 여전히 철저한 불교인이 대부분이었다. 하지만 2박3일간의 집회를 마치고 예수를 믿고 교회를 다니는 가족들이 있으며 한국에 돌아와서 집회에 참가한 가족들의 근황을 조사하던 중 놀라운 사실을 발견하게 된다.

필자가 속한 교회의 성도들의 가족들 80%정도가 복음에 반응을 하고 교회에 다니거나 교회가 없는 지역에서는 성경을 계속해서 읽고 있다는 사실을 알게 된다. 또한 당시 프놈펜 귀환자 선교대회에 참석했던 귀환자 및 가족들이 2015년 7월 30일 필자가 섬기는 교회에서 프놈펜에 개척한 귀환자 교회에 매주 30-40명이 출석하고 있다.

5. 귀환자 교회(캄보디아 프놈펜 포첸통 소재)

필자가 섬기고 있는 비전교회는 2015년 7월 30일 공항에서 10분도 채 안 되는 포첸통에 귀환자 교회를 설립했다. 귀환자 교회 설립 목적은 다음과 같다.

1) 귀환자 및 귀환자 가족 예배 공동체가 정착할 수 있도록 하는 것
2) 센터에서 양육하고 있는 성도 중에 가정교회 사역자와 교회 지도자를 세우는 것
3) 한국에서 파송한 평신도 지도자와 현지 귀환자 가족 중 현지 지도자로 세울 사람들을 센터에서 집중 훈련하기 위해
4) 현재 양육하고 있는 사람들과 귀환자 가족들 중 헌신된 자들을 발굴하여 신학교육
5) 한국에서 휴가차 캄보디아에 방문하는 근로자의 쉼터 역할

현재 매 주 출석인원은 30-40명이며 주일 점심식사는 귀환자 가족 중 어머니가 담당하고 있다. 매 주 금요일에는 지도자 그룹 성경공부가 저녁 7시부터 있으며 주일 오전11:00-12:00까지는 성경읽기가 진행되고 있다. 성경읽기 진행은 귀환자 자매가 인도하고 있다. 오후 1:00-2:00까지는 주일 예배가 진행된다. 찬양인도와 예배사회는 필자가 섬기

고 있는 교회에서 평신도 지도자로 파송한 자매가 인도하고 있으며 예배 설교는 캄보디아 선교사로 15년 동안 헌신한 황찬수 선교사가 동역하고 있다. 2:30:4:00까지는 기초성경공부반이 운영되고 있다.

금요일 성경공부와 주일 예배 설교 그리고 주일 성경공부는 황찬수 선교사가 인도해 준다.

무엇보다 귀환자들은 귀환자 교회를 통해 믿음이 회복되고 있다. 또한 귀환자 가족들이 귀환자교회를 통해 복음을 받아들이고 신앙생활을 할 수 있다는 것이 하나님의 은혜이다.

6. 하남 캄보디아 교회

2007년 캄보디아 예배 공동체가 시작이 된다. 한.캄 MOU가 체결된 후 고용허가제로 처음 입국한 하남시 소재 이화벽돌 공장 근로자 캄보디아인 10명이 주축이 되었다. 이들 중 일부는 이탈하기도 하고 예배는 출석하지 않고 한국어학교만 나오는 친구들도 있었다. 그리고 2008년 2월 캄보디아인 40여명이 설날 수련회를 통해 하나님의 은혜를 체험하고 캄보디아 교회가 부흥하기 시작한다. 당시 통역은 사이먼이라고 하는 성서대학 학부생이었다.

2008년 설날 수련회가 끝나고 5월경에 캄보디아에서 6년간 선교사로 활동한 김준수 선교사가 8개월 센터에서 설교사역을 감당하게 된다. 2008년 하반기에 미국발 경제위기가 닥치자 필자가 섬기는 센터에 일자리를 잃은 캄보디아인들이 몰려오기 시작한다. 2008년 11월부터 2009

년 3월까지 센터에서 평균 숙식 인원이 20여명이었다. 많게는 40여명까지 센터에서 생활하기도 했다. 그리고 2009년 1월 영락교회에서 전국 외국인 찬양 경연대회에 16개국이 참가했는데 필자가 섬기는 교회가 캄보디아 대표로 찬양제에 나가게 되어 입상을 하게 된다.

이 사실이 언론에 알려지게 되었고 필자가 섬기는 교회가 캄보디아 교회로 본의 아니게 전국에 알려지게 된다. 센터에서 숙식하는 동안 이들은 금요예배와 새벽예배, 주일 예배를 통해 말씀이 들어가게 되고 많은 캄보디아인들이 예수를 영접하게 되었으며 현재 매 주일 30-40여명이 주일 예배에 출석하고 있다. 필자가 섬기는 교회에 출석하는 캄보디아 성도들은 70%정도가 3년 이상 된 성도들이며 교회 정착율이 매우 높은 편이다. 이것은 외국인성도들이 교회에서 멀리 벗어난 지역에 직장을 옮기더라도 세례교인 관리차원에서 관심을 갖고 지속적으로 교회에 올 수 있도록 배려했기 때문이다.

7. 신학교 사역

2009년 캄보디아인들이 주축이 되어 비전신학교를 개원하게 된다. 지도자 양성 목적이었다. 대상은 100% 이주노동자들이었으며 주말신학교를 운영하고 있다. 그리고 좀 더 체계적인 교육과 전문적인 신학교육을 위해 2012년 9월 학교명을 아시아 리폼드 신학교로 개명하고 전공별 교수님들을 모시게 된다. 현재 캄보디아인 10명이 공부하고 있다. 신학교 출신중에 2명은 이미 캄보디아에 평신도 지도자로 파송하였으며 많은 인재들이 신학교를 통해 배출되고 있다. 이들은 이미 국내 캄보디아

교회(이천외국인 쉼터교회–이재범목사시무)에 설교 사역자로 매주 토요일 봉사하고 있다.

또한 캄보디아 사역 단체에서 요청하여 매주 수요일 신학생들이 일을 마치고 저녁 늦게까지 양육을 하기도 한다. 이들은 캄보디아에 돌아가면 교회를 개척하기도 하며 신학 재교육을 통해 목사 안수를 받아 교계지도자로 섬기고자 하는 자들도 있다.

한국에 있는 동안 캄보디아 사역자가 필요한 센터나 교회에 말씀사역으로 봉사할 수도 있다.

결론

국내 이주민 선교는 현지인 지도자 양성이 핵심이다. 이를 간과해서는 어떠한 열매도 기대하기 힘들다는 사실은 필자의 사역을 통해서도 확인된다. 지난 25년 이주민 선교역사를 냉철하게 돌아보고 무엇보다 한국교회가 하나님의 사람을 세우는 일에 집중해야 할 것이다. 다가올 이주민 500만 시대에 현지인 지도자 양성만이 국내 이주민 선교의 확실한 열매를 기대할 수 있을 것이다. 이것은 해외 선교나 국내 이주민 선교나 동일하다. 앞으로도 계속하여 현지인 지도자 양성에 우리 한국 교회의 관심과 기도와 물질적 후원이 절실하다.

제4부

국제 유학생 사역

제 7 장

주한 국제학생 현황[1]과
글로벌리더로서 양육방안

---

7. 주한 국제학생 현황과 글로벌리더로서 양육방안

　한국의 고급인력 국외이주가 많은 국가 중 하나로, 2011년 조사 국가 59개 중 44위를 차지하고 있고, 외국에서 박사학위를 취득하는 전체 한국인 중 절반 이상이 미국에서 유학하고 있는데, 2004년 미국 박사학위를 취득한 한국인을 대상으로 실시한 조사에서 응답자 1,448명 중 미국에 잔류할 계획인 한국인 박사는 943명으로 65.1%를 차지한 반면, 한국으로 귀국을 희망하는 사람은 413명으로 28.5%에 불과하다. 2011년 11월 30일 현재까지 파악된 10년 간 누적통계를 통해 국내에서 박사학위를 취득한 외국인의 한국 잔류를 조사한 결과, E-1(교수)비자 취득자 30명, E-3(연구)비자 취득자 181명으로 연 평균 20명 정도에 불과하여 학위취득 후 한국에 잔류하여 고급인력으로 활동하는 경우가 극히 적다. 외국인 유학생이 박사학위를 취득하고 국내에서 취업할 경우 영주 비자를 발급받을 수 있지만, 2011년 11월 30일 현재 국내 외국인 영주권자 62,581명 가운데 박사학위 소지자는 60명에 불과하다는 점으로 미루어 볼 때, 외국인 유학생이 박사학위 취득 후 영주비자를 발급받고 국내에 남는 경우는 아주 드문 것으로 분석된다.[3]

　2000년 이후에 180만 명 이던 세계 유학인구는 2008년 기준으로 330만 명으로 83%이상 증가했다. 이것은 전체 국제이주인구보다 빠른 증가세로 2000-2008년간 연평균 1.8% 증가에 반해, 유학생은 7.9%가 증가한 것이다[4]. 미국에서 활동하는 외국인 고급인력 중에는 유학생신분으

註 3) IMD, IMD World Competitiveness Yearbook, 각 년도 참고
　4) 나명숙, "새로운 선교 퍼러다임으로서 국내 중국 유학생 선교에 관한 연구" 장로회신대원 2010,12,

로 입국하여 학위과정 이수 후 미국에 지속적으로 체류하는 경우가 많다. 미국은 우수한 외국인 유학생들이 많이 몰려오는 국가이다. 2009-2010 학년도 기준으로 총 690,923명의 외국인 학생들이 미국에서 학업중이다. 학부와 대학원의 학위과정에 등록한 학생은 각각 274,431명과 293,885명 이었다. 유학생에게 인기 있는 전공은 경영학(21.1%), 공학(18.4%), 물리생명과학(8.9%), 수학컴퓨터공학(8.8%), 사회과학(8.7%) 순이다. (Institute of International Education, 2010)[5] 2000년 이후 세계적으로 국제 유학생이 급증한 배경은 송출국과 유입국 간 전통적 이해구조 외에도 기술의 발달과 시장의 변화가 복합적으로 작용했다.[6] 고 볼 수 있는데 이에 대해 경제 포커스지의 진단은 다음과 같다.

1) 유학은 국가 간 교육 경쟁력 격차를 기반으로 교육 시스템의 병목 현상을 해소하려는 송출국과 서비스 수지를 개선하고 글로벌 인적자원을 확보하려는 유입국 간 이해 구조에서 발생한다

2) 1990년대 후반 이후에는 교육시장 동형화(isomorphism)[7]와 첨단 기술의 발달이 유학생 증가를 가속화한다.

註 5) IOM 이민정책연구원, 글로벌 인재유치를 위한 비자제도 활용 방안: 교수 및 박사급 외국인고급인력을 중심으로, 2012.
6) SERI 경제 포커스 제 310
7) 동형화 이론은 특정 조직 내 모든 조직의 형태와 구조가 수렴되고 동형화되고 있는 현상이 나타나는 이유를 이론화한 것이다. DiMaggio and Powell에 의해 구체화된 이 이론은 규범적, 억압적, 모방적 동형화로 구분된다. 규범적(normative) 동형화는 전문가 직업사회에서 전문화 과정을 통하여 나타나고, 전문직의 작업조건과 방법을 정의하고, 생산자들의 생산을 통제하고, 직업적 자율성을 취득하기 위한 인지적 기초와 정당화를 확립하기 위한 집합적 노력으로 자기들만의 네트워크로 정교화하는 과정으로 정의할 수 있다. 억압적(coercive) 동형화는 초점조직이 자신의 자원을 통제하는 다른 조직들 또는 자신의 조직 사회로부터 가해지는 공식·비공식 압력에 순응하는 과정으로 정의할 수 있다. 모방적(mimetic)은 초점조직이 자발적으로 성공사례를 벤치마킹하여 모방하는 과정으로 정의할 수 있는데, 일반적으로 당면한 문제가 불확실성이 높을 때에 불분명한 목표와 해결책을 가지고 있는 경우에 단순히 모방할 가능성이 높아지며 다양한 경로를 통해 동형화될 가능성이 크다.

3) WTO체제의 확산과 함께 1999년 화폐통합이후 교육, 노동시장 통합을 추진하는 EU가 회원국간 유학생 진입장벽을 지속적으로 완화[8]

4) IT를 비롯한 첨단기술의 발달은 교통, 통신비용을 감소시키는 한편, 금융복합화의 진전 및 다국적 기업의 성장을 촉진시켜 학문의 외연과 글로벌 인력 수요를 확대.[9]

교육과학 기술부 2009년 외국인 유학생통계 자료에 의하면 2000년에서부터 증가한 해외 외국인 중 유학생 비율은 1.78%('00) - 3.01%('05) - 6.42%('09)이다. 이중 중국 유학생이 77%로써 국가별 편중현상을 보이고 있다. 그럼에도 불구하고 한국내 유학생 비율은 OECD 평균을 하회하고 있어[10] 2012년까지 외국 유학생 10만 유치의 정부의 목표도 이런 상황 때문이었다.

-유학 형태별 학생수

유학형태는 자비유학생, 정부 초청 장학생, 대학초청 장학생, 자국정부 파견 장학생이 있다. 이중 자비유학생의 비중이 가장 크고 대학 초청 장학생이 2위를 차지했다.

註 8) EU의 교육시장 통합전략: 볼로냐 프로세스:1999년 6년, 유럽 29개국 교육부장관들이 서양의 대학이 최초로 설립된 이탈리아 볼로냐에서 유럽의 고등교육 시스템 통합을 위한 협약을 체결-협약의 주요 골자는 학위 프로그램을 학사와 석사 두단계로 단순화하고 표준 학점 제도를 도입해 국가 간 고등교육제도의 동질성을 제고하는 것- 이를 통해 교육기관 간 협력과 학생 이동성을 증진시켜 교육시장에서의 미국의 관점에 대해 대응하고 EU의 사회통합을 도모한다는 전략.
　9) SERI 경제 포커스 제310호, 1-2.
　10) SERI 경제포커스 제 310호 6-7.

유학생 통계

출신 지역별 학생 수[11]

지역	어학연수	과정별						기타연수	합계
		인문사회	공학계	자연과학	예체능계	의학계	계		
아시아	16,284	31,518	8,337	3,896	3,165	1,115	48,031	8,914	73,229
아프리카	335	837	414	103	20	6	1,380	75	1,790
오세아니아	95	174	24	20	20	10	248	82	425
북미	543	1,697	191	325	174	190	2,577	1,060	4,180
남미	241	248	84	29	27	7	395	269	905
유럽	1,045	758	134	52	41	20	1,005	2,312	4,362
합계	18,543	35,232	9,184	4,425	3,447	1,348	53,636	12,712	84,891

1)외국인 유학생 국적별 현황[12] (2014년 11월 법무부통계)

중국 유학생 가운데 유학 비자(D-2)가 3만9천840명이고 한국어연수 비자(D-4 · 1)가 1만5천883명 등이었다. 중국 유학생은 서울 · 수도권은 물론 전국 대학에 분포해 있다.

다음으로 베트남(4천887명), 몽골(3천704명), 일본(2천589명), 미국(1천427명), 인도네시아(1천150명), 파키스탄(1천68명), 우즈베키스탄(1천67명), 인도(1천39명), 프랑스(939명), 말레이시아(897명), 방글라데시(624명), 네팔(622명), 태국(463명) 등의 순으로 많았다.

국내 외국인 유학생 수는 2009년 8만985명, 2010년 8만7천480명,

註 11) 2014년 4월 1일 교육부 통계
  12) 서울=연합뉴스) 인교준 기자 = 중국 국적 유학생이 국내 전체 유학생의 62%로 집계
   됐다. 2014년 11월25일 법무부 출입국외국인정책본부의 통계월보에 따르면 11월 30
   일 현재 유학생은 8만9천566명이었으며 중국 유학생이 5만5천726명으로 62.2%에
   달했다.

2011년 8만8천468명, 2012년 8만4천711명, 2014년 8만9천566명으로
일시적으로 감소했다가 증가 추세다.

구분	계	중국	베트남	몽골	일본	미국	인도네시아
인원	89,566	55,726	4,887	3,704	2,589	1,427	1,150
비율	100%	62.2%	2위	3위	4위	5위	6위

2)출신 지역별 학생 수

오정은 2014, 9 대한민국 정부초청 외국인 유학생 실태 분석,

IOM이민 정책연구원 위킹페이퍼 시리즈. No.2014-03, IOM이민 정
책 연구원.

출신국가

1967년-2014,5,30 선발된 대한민국 정부초청 외국인 유학생 수[13]

국가	학생수	비율	국가	학생수	비율	국가	학생수	
일본	293	6.1	카자크	120	2.5	필리핀	88	1.8
중국	286	5.9	우즈백	118	2.4	키르키즈	76	1.6
몽골	238	4.9	태국	114	2.4	멕시코	74	1.5
베트남	209	4.3	미국	108	2.2	터키	67	1.4
러시아	204	4.2	인도	107	2.2	라오스	66	1.4
인도네시아	153	3.2	캄보디아	90	1.9	독일	60	1.2
말레이시아	132	2.7	대만	89	1.8	기타	1,930	40.
미얀마	121	2.5	방글라	88	1.8			
						합계	4,831	100

3) 학위과정

연도별, 학위과정별 정부초청 외국인 유학생 수(국립국제 교육원, 2014.5.30기준)

연도	유학생 수					초청 국가수
	연구	학사	석사	박사	전체	
1967~2005	126	0	580	265	971	79
2006	8	28	66	31	133	47
2007	6	32	59	36	133	54
2008	24	200	365	156	745	87
2009	–	147	279	78	504	97
2010	–	148	393	155	696	105
2011	–	100	213	87	400	97
2012	–	100	258	64	422	95
2013	–	117	555	155	827	114
총계	164	872	2,768	1,027	4,831	137

정부초청 외국인 유학생 전공현황(2005-2012) 국립 국제 교육원 자료.

전공 / 연도	한국학	인문학	사회과학	자연과학 /공학	예체능	의약학	합계14)
2005	10	10	21	6	1	3	51
2006	31	12	49	12	1	2	107
2007	23	6	72	23	2	2	128
2008	66	39	368	189	22	21	705
2009	57	29	230	132	18	8	474
2010	94	48	267	197	30	19	655
2011	52	23	180	111	18	4	388
2012	41	24	157	106	21	12	361
합계	374	191	1,344	776	113	71	2,869

4). 외국인 유학생들의 중요성

1) 한국과 한국대학의 외국인 유학생 유치계획 파악하여 그 실천에 도움을 준다. 일본의 경우 외국인 유학생 30만명을 유치하여 학업/취업시키려는 계획 실행 중

2) 피부색깔에 따른 외국인에 대한 편견/차별 하지 않기(내국인과 똑같이) 국격(國(국)格(격)) 높이기

3) 우리가 먼저 행복해야 외국인 유학생들/그들의 조국도 행복질 수 있다는 각성 .과도한 경쟁/ 낮은 도덕적 수준 ⇒ 공동체적 협력/ 높은 도덕적 수준. 사회적 자본 제고의 필요성(신뢰/규율의 준수/호혜주의/합리적인 제도/사회적 연계망)

4) 한국학위의 브랜드 가치 높이기/대학교육의 질제고 노력(상호학점인정, 아웃리치 등)

5) 외국인 유학생들에 대한 지원이 내국인 학생에 대한 역차별이 되지 않도록(장학금 등)

6) 특별히 북한이탈주민 중 학생계층에게는 정체성 확립이 매우 중요

7) 새로운 지식을 생산하고 전달할 수 있는 고급인력확보가 국가경쟁력 강화를 위해 아주 중요한데 내국인 양성과 국제 이주화 시대에 외국인 유치라는 두 가지 방법 중 후자가 매우 중요해 짐.

8) 고급인력과 유사한 동의어로 글로벌 인재, 글로벌 전문가, 인재, 교수직에 해당하는 전문학자, 고숙련노동자, 고급노동자, 전문기술인재,

---

註 13) 오정은 "대한민국 정부초청 외국인 유학생 실태 분석," 워킹페이퍼 시리즈. No.2014-03, 2014.9
14) 중도 포기자 제외. 2014년 기준에서 2013년 선발생은 거의 어학연수 과정으로 통계에 포함하지 않음.

경영관리 인재, 지적재산권 혹은 핵심 기술을 소유하거나 혁신적인 창업
경험이 있거나 관련 분야 혹은 국제 규율에 상당한 전문지식 소유자나
국가에서 필요로 하는 고급 연구 및 창업인재이다. 전문 인력은 교육수
준과 직업숙련도가 중요하게 고려되어짐으로 국제학생은 이에 해당되는
핵심인재임

4.제언사항[15]

(1) 외국인 유학생들의 불편 사항 건의 사항

1) 한국어와 영어

외국인 학생이 한국에서 성공적으로 체류하기 위해서는 이중 언어
에 능통해야 한다. 한국어와 영어 구사능력이 졸업 후 한국에서의 취업
에 영향을 미치고 있으므로, 재학 중에 언어능력을 향상시키기 위한 다
양한 지원프로그램이 제공될 필요가 있다.

2) 각국 음식의 메뉴개발 및 기숙사에 취사시설완비

3) 의료보험 가입 의무화 및 인류애 차원의 의료서비스 지원

註 15) "외국인 유학생(탈북민 포함)지원방안 모색을 위한 간담회"를 2015년 3월 17일(화)
오후2시 국회의원회관 202호 제2 간담회의장에서 새누리당 중앙위원회 외교통상위
원회(심윤조국회위원, 박상웅위원장)와 글로벌비전공동체(GVC)가 공동주최하고 컴
튜게더(황인경회장)의 후원으로 사역자들이 모여서 국회에 최초로 의견을 개진한 내
용을 요약 정리하였다. 분당형치과병원(유동환원장) 2층 카페에서 문성주목사가 선
행발제를 하고 이화자선교사(할렐루야교회), 송종섭선교사(할레루야교회), 양성희집
사(분당우리교회), 장영백공동회장(전국기독교수선교회)와 양육방안을 토론한 내용
을 정리하였다.

4) 유학생 관련 법안 검토(졸업 후 한국에 머물 수 있는 기간 등)

5) 한국전통 문화 습득으로 중독문제 해결 (한국전통악기 퉁소를 배워 유명해진 유학생)

6) 진학과 취업 지원

외국인 유학생들의 대학생활 경험이 졸업 후 진로계획에 영향이 있으므로, 대학에서 제공하는 교육 및 진로지원 활동을 보다 강화할 필요가 있다. 전문상담, 커리어 페어, 취업 비자정보제공 등으로 이를 체계적으로 전담할 행정 인력이 확보되어야 한다.

7) 멘토링 지원

한국인 학생들과의 교우관계는 진학과 취업 모두에 상당한 중요한 영향을 미치고 있기 때문에, 학생 간 교류를 활성화시키기 위한 보다 적극적인 노력이 필요하다. 특히 유학생에 관심이 있는 전문인들과의 연결과 교류로 멘토링을 정착시켜서 유학생들의 양질의 교육서비스를 제공한다.

8)한국의 브랜드 가치 상승

졸업 후 상위 교육과정으로의 진학을 희망하는 학생들의 경우 한국보다는 미국을 비롯한 서구 선진국을 보다 선호하고 있는 바, 한국에서의 진학을 보다 촉진할 수 있도록 대학 교육의 질을 제고와 함께 한국 대학에서의 학위의 가치를 높여 나갈 필요가 있다.

한국학위의 브랜드 가치를 높이려는 국가와 정부와 대학의 지속적인 장기적인 계획과 추진예산이 병행되어야 한다. 최근 점차 그 규모가 확대되고 있는 외국인 학생 유치 장학금 사업의 실효성에 대해서도 분석이 필요한 시점이다.

9)홈스테이 활성화

한국문화를 체험하고 한국의 문화와 언어를 익히고 한국을 더 잘 알 수 있도록 구청과 학교 등과 협력하여서 활성화시킨다.

(2) 외국인 유학생들을 효과적으로 지원하는 사례/제도 발굴과 실천

1) 연세대; 외국인 유학생 전담교수제도 실시
2) 한동대; 한국학생과 외국학생의 매칭시스템
3) 코리아 아너스 소사이어티(KHS: Korea Honor's Society)

한국어능력, 한국사지식, 한국문화의 이해와 감상수준, 한국에서의 봉사활동 등을 점수로　환산하여 일정 점수를 획득하면 한국정부가 관리하고 보장하는 코리아 아너스 소사이어티 회원으로 입회시켜 뱃지와 수첩을 주고, 진학과 취업에 우대혜택을 주는 것은 물론　귀국 후에도 우선적으로 지원하여 평생의 지한파/친한 파로 만드는 일종의 명예 제도

(3) 외국인 유학생들을 돕는 단체와 기관들 간의 협력과 연합

1) 사무실 공간 제공 및 간사 사례비 지원
2) 외국인 고급 인재를 유치하기 위한 체계적인 연구지원

(4) 민관이 함께 공동투자로 유학생들을 위한 글로벌 숙소 건립

(5) 타문화권 전문상담사 배치로 유학생들의 각종 문제를 해결하고 소통의 창구가 될 수 있도록 지원

(6)정책 수립 시 검토사항

1) 외국인 유학생들은 언제까지 어떤 규모로 한국을 찾을 것인가에 대한 분석/전망 필요

2) 국가별 현황/추이 및 졸업 후의 진로(귀국, 진학, 취업) 현황/추이 파악

고급인력의 한국에서의 취업 유도 방안

(네덜란드 30세 이상 연봉 7.300만원/독일 9,700만 원 이상이어야 취업 자격 부여)

3) 외국인 유학생 졸업/귀국 후의 애프터서비스

국가별로 한국에 유학한 경험자들의 모임인 한국유학생 네트워크

조직하게 하고 지속적으로 지원

4) 고급인력 유치에는 고급인력 본인을 위한 비자 이외에도 동반가족에게 발급되는 비자 규정이 영향을 줌

5) 외국인 유학생을 배려하여 영주비자 취득을 유리하게 하면서 유학생을 고급인력으로 흡수할 경우 유학생 유치와 고급인력 유치에 모두 긍정적인 효과

6) 고급인력에게는 경제적 보상 이외에도 근무환경, 발전가능성, 삶의 질 등이 중요하다.

7) 한국에 남아 진학 계획을 가지는데 중요한 영향요인은 연령, 전공계열, 유학 국가 한국 1순위 여부, 교수와의 상호작용, 교우관계 그리고

학점으로 나타났다.

8) 한국에서의 취업 계획에 영향을 미치는 요인으로는 모의 학력, 이공계 전공의 박사과정 학생인 경우, 대학만족도, 교수와의 상호작용, 교우관계, 언어능력 그리고 한국에서의 취업 정보인 것으로 나타났다.

9) 한국을 떠나 진학을 희망하는 학생들이 차후 유학 희망 국가로 꼽은 곳의 85%는 기존 영미권의 주요 국가들인 것으로 나타났는데, 이는 즉, 한국에서의 유학을 마치고 최초 유학을 희망했던 국가로 다시 이동하길 희망하는 외국인 학생들의 경향이 존재한다.

10) 외국인 유학생의 졸업 후 세부진로와 관계없이 한국에 체류하기를 희망한 학생은 전체 중 38.6%였으며 진학 또는 취업이라는 세부 계획을 포함하여 분석할 경우 한국에서 취업을 희망하는 학생이 진학을 희망하는 학생보다 더 많았다.[16]

註 16) 서울대학교의 정규 학위과정에 재학 중인 외국인 학생 306명에게 설문조사 결과로 졸업 후 한국에 남기를 희망하는 학생의 비율은 미국이나 영국과 같은 영어권 국가에 비해 아주 낮은 수준이었다. 외국인 학생들은 한국인 학생들과의 교우 관계가 친밀할수록, 한국의 취업시장에 대한 정보가 많을수록, 이공계열 학생일수록, 영어 및 한국어 구사 능력이 탁월할수록, 대학생활에 대한 만족도가 높을수록, 학점이 낮을수록 졸업 후 한국에 체류할 가능성이 높은 것으로 나타났다. "서울대학교 재학생을 중심으로" 2014년 2월 서울대학교 대학원 교육학과 교육행정전공 임희진 참고

제 8 장

국제학생(International Students) 사역 로드맵(Roadmap)

8. 국제학생(International Students) 사역 로드맵(Roadmap)

문성주 목사(Ph.D.)[1]

한국에 있는 국제학생들을 대상으로 사역을 잘 하기 위해서는 구체적인 방향설정이 가장 중요하다. 처음 가는 사람들에게 가장 중요한 것은 나침판 또는 정확한 길을 안내할 수 있는 지도가 필요하다. 이 사역을 처음 시작하면서 많은 시행착오가 있었다. 그동안의 과정을 요약정리해서 가장 정도(正道(덧말:정도))를 제공하고자 한다. 처음 시작한 당시와 지금의 선교와 목회환경은 많은 변화가 일어나고 있다. 한국이라는 상황(Context)가운데 일어나는 선교인 것을 먼저 잘 인식하고 이에 대한 분명한 국제학생 사역을 하기 위한 로드맵(Road Map)이 필요하다.

註 1) 한국세계유학생선교협의회(KOWSMA)대표, 글로벌비전공동체(GVC)대표, 범아시아&아프리카대학협의회(PAUA) 국제동원본부장과 글로벌비전교회 담임목사로 글로벌영적리더 양육의 비전을 가지고 35개국의 다국적학생들을 대상으로 멤버케어와 영적지원의 사역을 하고 있다.

경남 거창에서 태어나서 어린 시절과 청소년기를 보냈다. 17세에 하나님께서 세계선교의특별한 소명을 주셨다. 거창에서 부산으로 유학을 해서 눈을 세계로 뜨게 한 곳은 외국어고등학교였다. 그곳에서 중국어를 배우기 시작했다. 1989년 부산중화기독교회를 시작으로 이주민선교에 일찍 눈을 떴다. 고등학교 2학년 때부터 친구의 권유로 중국이주민교회를 다니게 되었다. 하나님께서 인생 최초로 화교들과 사귈 수 있도록 기회를 주셨고 그곳에서 중국의 문화와 언어 및 음식을 익히게 되었다. 산동에서 온 중국이주민을 만나게 된것이 이주민선교사역의 시작이다.

1991년부터 2년 과정의 대구동신교회에서 LMTC를 수료했고 1992년도에 영국에서 자비량전문선교훈련은 타문화권선교에 깊은 내면의 도전을 주었다. 경북대학교 중어중문학과 졸업, 총신대학교 선교대학원 및 신대원 졸업, 백석대학교에서 다문화와 국제학생을 연구해서 박사학위(Ph.D in intercultural studies)를 받았다. 논문은 2010년 "주한유학생의 선교모델 수립을 위한 신앙성숙도 고찰"를 사회과학적인 방법으로 연구했다.

SIM 국제선교회에서 선교훈련을, OM 국제선교회의 여름선교축제인 스웨덴 컨퍼런스에서 죠지버거 총재를 만나고 세계선교의 눈이 더욱 확장 되었다. 영국에서 러브유럽를 통해 유대인전도를 하였다.

2001년에는 대구대동교회에서 선교부 20명과 함께 이주 근로자를 중심으로 하는 다

1. 영적지원 요청의 단계

첫 단계는 담임목사나 담당사역자들에게 말씀을 드리고 격려와 기도 지원을 요청하는 것이다. 만약 가능하다면 소속된 교회의 예배나 성경공부 그룹에서 공개적인 헌신을 할 수도 있다. 동료 그리스도인의 관심과 기도를 통한 지원은 중요한 것이며 타문화권 사역의 헌신을 구체화 해나가는 초기 단계에서는 특히 더 중요하다.

선교는 영적전쟁이다. 영적전쟁의 성패는 말씀과 기도에 달려있다. 그 이유 중의 하나는 특사라는 신분이 세속문화의 기준과는 조화가 이루어지지 않기 때문이다. 이 역할의 가치를 아는 소규모 그리스도인 모임에 정규적으로 참여해야 한다. 성경공부나 기도그룹 내에서 당신은 특사로 공개적으로 인정해 줌으로써 당신 자신에게 이 역할을 확인시키고 확고하게 해줄 수 있다.

국적교회를 시작했고, 그 이후 단일국가 중심인 중국인교회가 시작되어서 학습과 세례를 중국인들이 받게 되었다. 중국인들이 귀국하자 산동의 청도, 위해, 연태의 중국성도들을귀국 후 멤버케어를 3차례 하였다.
2008년에 경북대학교회에서 이상욱목사와 함께 케나다의 죠지, 쥬디선교사와 팀사역으로 영어예배를 1년 만에 개척했다. 이 사역은 경북대기독교수회의 후원으로 다국적 국제학생들을 중심으로 하는 영어예배와 양육이 진행되었다. 현재는 뉴욕에서 온 케남목사님이 사역을 하고 있다.
광운대, 고려대, 한국외대를 중심으로 한 강북지역에서 사역을 하다가 하나님의 부르심을 받고 한국에서 유학생이 가장 밀집해 있는 신촌(연세대,이화여대 등), 홍대에 사역이진행 중이고 국제학생들을 대상으로 하는 신촌글로벌비전센터를 기획 중이다. 연세대학교 한국어학당예배를 1년 동안 연세대교목실의 지원을 받아서 다국적인들을 대상으로하는 한국어예배를 하였다. 그 당시 김유준목사와 함께 외부사역자들이 허가를 학교당국의허가를 받고 시도한 첫 번째였다. 기존에 한 몸 모임(윤윤경선교사)이 선교사역의 시발점이 되어서 한국어학당 기독신우회 멤버들과 함께 섬겼다.
서울극동방송(FEBS)에서 "사랑의 뜰안"이라는 프로에서 이주민전문 선교 방송프로그램을 6개월 동안 김성윤아나운서, 신촌장로교회 조동천목사와 함께 다문화, 국제학생, 탈북민, 결혼이주민, 이주근로자, 화교, 조선족 등을 주제로 기획해서 다양한 이주민들의상황을 한국교회 성도들과 함께 나누어서 이주민선교에 관심을 가지도록 하는 방송을 진행하였다. 현재는 판교(한국학중앙연구원)을 중심으로 사역을 하고 있다.

2. 소명과 파송의 단계

　하나님의 특사가 되는 것도 자기희생적 행위를 하는 것이다. 마찬가지로 당신 주위에 이런 역할을 인정하고 귀하게 여기는 지지자를 가지고 있어야 하는데 특히 특사라는 새로운 신분을 정착해야 하는 초기에는 더욱 그렇다. 특사로 부름을 준비하면서 전통적 선교기관의 지원을 얻으려고 할 수 있다. 아니면 자신의 교회와 같은 예배공동체의 지원을 얻을 수도 있다. 이주민전문선교훈련을 마치고 소명이 분명해졌을 때는 교회나 선교기관에 파송을 받아야 한다. 비록 경제적으로 자급할 수 있는 텐트메이커(Tentmakers)선교사로 부름을 받았을지라도 동료 그리스도인 공동체가 제공해 주는 친구로서의 교제와 관심, 기도의 지원 등이 없이 해서는 안 된다.

　함께 예배드리던 교회에서 선교지로 "파송"되는 것은 비록 경제적으로나 행정적으로 지원을 받는 것이 아닐지라도 많은 장점을 가지고 있다.
　첫째는 의도하는 바를 공개적으로 선포함으로써 자신의 소명을 확실하게 하고 강화시킬 수 있다. 두 번째는 당신에게 이런 위임을 한 사람들의 헌신적인 기도지원을 받을 수 있다. 이들은 또한 사역 중 때때로 "보고"를 할 수 있는 공동체가 되어준다. 마지막으로 동료 그리스도인의 모임 앞에서 하나님의 특사로 섬길 것을 선포함으로 다른 사람들에게도 이런 헌신을 하도록 도전하는 것이 된다.

3. 타문화이해와 전도와 사역지 선정 단계

특사가 되는 방법 중의 하나는 미전도 종족 집단 내에 이미 직업을 가지고 있는 경우이다. 이런 경우 특사가 "된다"는 의미는 단지 이미 하고 있는 역할을 인정하고 호칭을 달아주는 것 뿐 이다. 이미 앞에서 논의했듯이 이 역할이 온전히 자신의 한 부분이 되도록 추가 훈련을 받고 실행에 옮길 수도 있다.

가장 중요한 단계는 즉시 시작하는 것이다. 다른 사람에게 그리스도를 증거 하는 일을 시작하는 것이다. 가장 놀라운 선물은 우리가 제공해 준 복음으로 인해서 기쁨이 넘치는 많은 사람들이 있다는 사실이다. 그러나 슬프지만 사실인 것은 우리 주께서 혼인 잔치의 비유에서 "청함을 받은 자는 많되 택함을 입은 자는 적으니라(마 22:14)"고 분명히 말씀하신 것이다. 비슷한 메시지가 마태복음 13:3-9에 있는 씨 뿌리는 자의 비유에도 나타난다.

문화적으로 친숙한 대상자에게 효과적으로 전도할 수 있게 되면 다음 단계로 타문화권 사람들에게 사역하는 능력을 키워야 한다. 다양한 문화가 공존하는 사회로 이행되었으며 다양한 문화 속에서 다른 문화의 사람들과 원만하게 상호작용하고 타문화를 수용하고 이해하는 태도를 갖는 것이 현 시대의 중요한 문제로 부각되고 있다. 따라서 우리는 먼저 타문화와의 공존을 이해하고 수용하는 태도를 갖고 서로 조화를 이루는 자세

註 2) 음영선, "문화간 감수성 함양을 위한 전통미술교육 수업 방안연구" 한양대학교 교육대학원 미술교육전공, 2010. 8.

를 갖추어야 한다. 이러한 능력을 '문화간 감수성' 으로 설명할 수 있다.[2]

　다른 사람을 배려하고 존중할 줄 아는 사회성을 기르고 열린 마음의 자세로 세계의 시민으로 기르는 것이 중요한 것이다. 따라서 세계화 시대를 능동적으로 대응할 수 있는 문화간 감수성이 풍부한 인적자원을 양성해야 한다. 문화간 감수성을 높이는 방법으로 문화 간 훈련이 필요하다. 문화 간 훈련은 문화적 차이에 대한 지각력을 높이는 것, 타문화에 대한 지식을 증가시키는 것, 고정관념을 극복하는 것, 정서적으로 받아들이기 어려운 장면에 직면하는 것, 평소에 일상생활에서 효과적으로 작용했던 행동방식이 아닌 완전히 다른 방식으로 행동하기 등을 목적으로 하고 있다.

　이러한 문화 간의 훈련은 다양한 문화를 이해하고 인정하며 상대방의 입장을 바꿔 생각해 봄으로써 서로의 문화가 부딪치는 상황에서 갈등을 줄이고 이해와 협력을 이끌어 낼 수 있는 것을 의미하는 것이다.[3] 다행히 점차 많은 수의 외국 유학생이 들어오기 때문에 이 경험을 훨씬 쉽게 얻을 수 있다. 미국에서는 35년 전에 34,000명에 불과하던 외국 유학생이 오늘날은 50만 명 이상으로 추정되고 있다.[4]

　한국의 400여개 대학 중에서 예수 그리스도의 복음이 전해지지 않는 그곳에 사역자가 배치되어서 파송되어야 한다.

註 3) Ibid.,9.
　4) 1995년에 전세계 비그리스도인의 총수는 약 40억 정도로 추산한다. 이 추산은 1993년 5월 21일에 받은 패트릭 존스톤의 『세계기도정보』(조이선교회 역간) 최근판에 포함된 통계에 근거한 것이다. 존스톤의 통계에 따르면 1990년에 전세계 비그리스도인의 비율은 69.9%이며 이를 1995년도 예상되는 세계인구인 5,757.300,000에 곱하였다. 그 결과 4,024,352,700명이 비그리스도인이다.

4. 구체적 실행의 단계

1). 흡수주의 접근법이 유일한 올바른 방법이라는 생각을 버리라.

2). "문명화"보다는 전도를 통한 영혼구원에 집중하라.

3). 개개 소수 인종 내의 사람들도 서로 이질적 성격을 가지고 있음을 인정하라. 사회 경제적, 언어적으로, 세대적으로 그리고 지리적으로 서로 다르다.

4). 유리한 복음전파를 위해 종족, 지역간 강한 결속(우정과 친척관계)을 하라.

5). 표적 집단(Target Group)의 토착 언어를 사용하라.

6). 가능하면 전도하려고 시도하는 종족 중 이미 그리스도인인 사람과 동역하라

7). 전도를 위해 교회 밖의 단체(Parachurch organization)를 활용하라.
예: 가정성경공부, 국제학생관련단체, 복지선교단체, 국가기관 등

註 5) Tetsunao Yamamori, 『미전도종족 이렇게 접근하라』 이현모 역. (서울: 죠이선교회, 1999), 158-163.
6) 김영길목사, 현 동경시부야복음교회 담임목사가 샌프란시스코에서 다국적 유학생사역을 위한 CFA(Challenge for Asia) 대표로 있을 때에 샌프란시스코를 2차례 방문하였다. Strategy Coordinator를 한국의 실정에 맞게 다시 정리하였다. 선교후원구조를 Partner: 직접 후원하는 교회와 Support: 일반적 후원자(재정후원/기도후원)로 구성되어진다.

8). 표적 집단에게 선교하려는 시도를 지원해 줄 특별 예배나 사역을
  고려해 보도록 교회에 권하라.

9). 표적 집단을 후원하고 있음을 교회에 알리고 같이하라.
  예를 들면 표적 집단의 국경일 중 한 날에 그 그룹의 사람을 초대해 보라.

10). 성령께서 당신에게 능력을 주어서 그리스도 없는 사람들이 잃어
버린 바 된 것을 깨닫고 그리스도의 이름으로 사역하는 그룹 내의 사람
들에게 도달하게 되도록 기도하라.[5]

  선교의 총사령관은 하나님이다. 선교의 하나님께서 235개국에서 온
민족들을 사랑하신다. 이 일을 위해서 한국교회는 연합하여서 주의 복음
을 전해야만 한다. 마지막 때에 이 귀중한 사역을 한국교회는 세계교회
와 연합하여서 감당해야만 한다.

5. 국제학생 재생산[6]의 단계

1)관계의 단계(Stage of Relationship)

  국제학생들의 가장 절실한 필요를 충족시켜 그들과 만나는 기회를 자
주 갖고 가능한 많은 시간과 방법을 동원하여 복음을 들을 수 있는 기회
를 만든다.
  언어와 한국문화를 잘 이해하고 습득할 수 있도록 하는 것은 좋은 기회이다.

註 7) 급변하는 선교환경에 적응하기 위해서는 맞춤식 선교연장교육이 필요하다. 선교현장
   에 필요한 세미나, 리트릿, 컨퍼런스, 학교와 온라인 강좌 등으로 시대에 맞는 평생교
   육이 절실하다.

공합픽업, 이사, 집구하기, 자녀교육문제 상담, 시장보기 등

⇒개척의 단계로 접어든다.

2)제자도의 단계(Stage of Discipleship)

섬김의 단계를 통해 복음을 받아들이거나, 기독교에 관심 있는 학생들 혹은 이미 그리스도인인 학생들에게 그리스도의 제자의 삶을 경험케 한다.

　가) Discover 1: 기독교 세계관 교육을 통해 복음을 구체적으로 알게 한다.

　나) Disicecover 2: 그리스도의 제자의 삶을 본질과 내용을 직접 실습한다.

　다) Worship Service: 주일 예배를 통해 그리스도의 임재를 체험케 한다.

⇒양육의 단계로 접어든다.

3)리더십의 단계(Stage of Leadership)

　섬기는 리더로서의 자질을 갖추도록 하며 나아가 교회와 선교에 대한 성경적 정의를 갖게 한다. 하나님의 사람으로 온전케 하는 사역이다.

　가) Servant Leadership(섬기는 지도력)으로 종의 모습을 보이도록 한다.

　나) TeamWork(협동학습)을 함으로 공동체 정신을 함양시키고 주님의 몸 된 교회를 세운다.

　다) Missional Church(선교적 교회) 교회 존재 목적인 선교적교회를 지향하도록 훈련한다.

⇒지도자 배출단계[7]로 접어든다.

4)동역자의 단계(Stage of Partnership)

훈련되어 졸업하는 학생들이 돌아갈 곳을 찾도록 돕고 학생리더로서

섬길 수 있는 기회를 제공한다. 재생산의 단계이다.

이들이 가야 할 곳을 미리 파악하며 국내든 국외든 현지에 있는 선교사와 목회자를 연결시켜 준다.

만약 이들이 자국으로 돌아갈 교회가 없는 곳에 교회를 개척하기 원한다면 교회와 교단의 협조를 받아 개척을 준비할 수 있도록 도와준다. 필요하다면 자체 협력선교사를 돌아가는 학생들과 함께 파송한다.

복음을 전하기 전에 유학생의 필요에 적극 반응하면서 유학생과 좋은 관계를 맺고 관계형성의 단계를 지나면 자연스럽게 복음을 전파하고 복음을 들은 유학생은 삶의 큰 변화를 체험하고 도전을 받아서 주님의 제자도의 삶을 사는 것이다.

유학생들 중에 본국에 들어가서 교회개척을 원하는 경우에는 한국에서 철저한 영적리더십훈련을 마치고 모국에서 교회를 개척할 수 있도록 시찰, 노회, 총회, 교단의 제도적인 뒷받침이 필요하다.

한국교회를 향한 하나님의 뜻을 알고 KWMA(한국세계선교협의회)는 KOWSMA(한국세계유학생선교협의회)와 함께 교단과 교회, 선교단체, 사역자와 정기적인 미팅을 가지고 세계선교의 거시적인 관점에서 이 사역을 다루어야 한다. 중장기적인 전략이 급변하는 글로벌시대에 국제선교사역가운데 사역의 지속성과 함께 꼭 필요하다.

⇒확장단계로 재생산을 할 수 있도록 한다.

제5부

북한이
고향인 사람들이
함께 가는 평화 통일

제 9 장

북한 이탈 학생과의 1대1 초기 상담 수업과 몇 달 후 신앙 관련 내용이 있는 수업 예시

북한이 고향인 사람들
을 위한 00 00 학교,
산소망 선생

편집자 주(註)

1. 강의 실행 전, 북한 이탈 학생 당사자와 교육이 시작되는 서로 간 의논 과정은 생략 됨.

2. 1:1로 진행된 첫 번과 두 번째 수업 실제 일부와 수 개 월 후 신앙관련 부분이 있는 실제만 예시(例示).

3. 본 강의 진행 배후에 한 권사님이 자신의 아파트를 교육 장소로 주 2회 정규적으로 제공하며 간식 등 봉사한 헌신이 함께 어우러져 있음.

4. 본 강의는 20, 30대 초반의 사역자가 10여 년 간 이름 없이 사역한 일부분을 사역전문 훈련 받는 분들과 독자들을 위해 공개하며, 다른 실제 사항들은 강의로 보충 할 수밖에 없음.

9. 북한 이탈 학생과의 1대1 초기 상담 수업과 몇 달 후 신앙 관련 내용이 있는 수업 예시(例示)

북한이 고향인 사람들을 위한 OO OO 학교, 산소망 선생[1]

1. 첫 수업, 첫 상담

날짜 : 2012년 11월 OO일, 시간 : 저녁 7시~9시, 학생 : OOO씨,
상담자 : 산소망 선생님

1) 인사를 나누고 다음의 순서로 질문을 하고 답을 듣고 기록한다.

⑴ 영어를 공부하려는 목적이 무엇인지 얘기 해 볼 수 있겠어요?

만약, 공부의 목적이 대학입학이라면, 좀 더 강도 높은 수업 방향을
제시하고, 공부의 목적이 검정고시라면, 검정고시학원 등록을 도와주고,
보충수업이 필요할 것으로 예상되는 과목(영어, 국어, 수학, 과학)에 대
한 수업을 학교의 상황에 따라 수업 약속을 한다.

공부의 목적이 단순히 영어를 배우려는 것이라면, 좀 더 구체적인 이
유를 물어보아야 한다. 구체적인 목적이 교사와 학생 간에 인지되어야만
학습 추진력을 가지게 된다. 공부의 목적이 단순히 영어를 배우려는 학

註 1) 모든 곳에서 저희 사역 이야기를 사용하시되 단, 저의 단체명과 저의 이름을 삭제해 주
시고, "OO 교실", "산소망 선생"으로 호칭해 주시기를 부탁드리겠습니다. 소박한 저희
의 경험들입니다. 도움이 되신다면 좋겠습니다. 바라기는, 허명호 선교사님의 순수한
동기와 의도가 왜곡되지 않고 책자에 잘 소개되기를 바라오며, 귀한 훈련 과정에 참여
하시는 분들이 그 의도와 동기를 잘 이해하시고, 진정 하나님의 나라를 함께 이 땅에
세워나가고, 그분의 의의 기준이 서가고, 그 분의 뜻만이 이뤄지는 것을 더 많은 사람
들이 실제로 경험하게 되기를 주 예수의 이름으로 간절히 기도드립니다. 아 멘.

생들은 대부분, 영어의 기초가 전혀 없는 ABC왕초보 반일 경우가 많다. 자녀를 낳은 경험이 있는 어머니일 경우가 많다. 자녀들에게 부끄럽지 않은 엄마가 되기 위해 영어를 배우려는 것이다.

(2) 학생이 이야기를 들으면서 영어를 공부하려는 열망을 인식하며 높이 긍정한다.

공부의 목적을 본인이 명확히 알고 있다면, 그 열정이 어느 정도인지 확인해 주어야 한다. 대부분 자신의 마음을 잘 모른 채 막연히 수업에 임하게 된다. 그렇게 되면 수업 참여도가 시간이 지날수록 떨어지게 되고, 그럴 때에 선생님이 첫 마음을 다시 짚어주며 동기부여를 해줄 수 있다.
처음이라서 대화의 반응이 적극적이지 않은 학생들도 있지만, 최대한 공부에 대한 개념을 명확히 표현해 주어야만 학생이 더 명확한 선을 가지게 되고 그 가이드라인 안에서 학생으로서의 정체성을 가지게 된다.

(3) 부드러운 대화로 학생이 수업을 받을 수 있는 여건 확인(탐색) 및 수업 편성
현재 하는 일, 현재 거주지, 한 주간 생활의 동선(動線), 여가시간 등의 질문을 통해 확인하고, 수업 일자와 시간을 정한다. 한 번에 2시간 정도, 주2회 수업이 경험상 효율적인 듯하다.

(4) 선생님 소개 및 둘 만의 시간

선생과의 친밀감이 수업의 질을 결정한다. 학생이 선생에게 자발적으로 위탁될 수 있도록 먼저 둘만의 시간을 갖게 한다. 학생과 선생의 성별

은 반드시 같아야 한다. 이 시간에 학생에게 마음을 열고 환영하고 있다는 것을 알게 해주어야 한다. 연락처를 교환하고 헤어진다.

2) 수업을 이끌어 가는 원리

북한이 고향인 학생들은 한국에서 자신감이 많이 떨어져 있는 경우가 많고, 한국 생활 가운데 영어를 몰라서 겪는 생활 속의 어려움들에 대한 다양한 사연들이 있다. 그러한 학생들의 심리 상황을 이해하고 잘 알아주는 것이 좋다. 이해받는 기분 가운데 학생의 학습을 이끌어 가는 원리는 크게 두 가지다. "앞에서 끌어주고, 뒤에서 밀어주고"

학생의 학습을 앞에서 끌어주는 것은 수업을 하는 이유, 즉, '목표의식'이다.

학생의 학습을 뒤에서 밀어주는 것은 과제와 시험 등을 통해 스스로 느끼는 '성취감'이다.

학생과 시간이 나는 대로 왜? 라는 질문을 통해 자신이 왜 공부하려고 하는지 확인해 주어야 한다. 이러한 짧은 대화들을 통해 학생 안에 목표 의식이 생겨나야 지속적인 수업이 가능하다.

수업 내용에 대해서는 꾸준히 매시간 쪽지 시험과 과제 확인을 해줘야하고, 단락을 마칠 때마다 중간평가를 해줘야 그 과정을 통과하면서 성취감을 갖게 된다. 성취감이 없으면 역시 지속성이 떨어지고 잠수를 탈 가능성이 많아진다.

(1) 호칭에 대하여

우리는 북한이탈주민, 탈북민, 새터민 등의 용어 자체를 아예 사용하지 않는다.

'북한이 고향인 사람들'이라고 부른다. 우리 내에서는 '00씨'나 이름을 직접 부른다.

학교에서 함께 자원함으로 섬기는 모든 사람들도 '00간사님'과 '00선생님' 이외에 다른 호칭(자매님, 형제님, 사장님, 목사님, 집사님 등)을 전혀 사용하지 않는다.

(2) 교사의 자격에 대하여

우리는 종교적, 문화적, 사회적 편견을 가지지 않은 기독교인이어야 한다.

북한이 고향인 학생들은 '선생님'이라는 단어 자체에 대한 좋은 어감을 가지고 있다.

북한에서는 '교원'이라고 하는데, 북한사람들은 교원에 대한 존경심을 가지고 있다.

선생님이 자신을 위해 최선을 다해 지도한다는 느낌을 느낄 때마다 신뢰감을 스스로 잘 키워간다.

3) 두 번 만나는 간단한 수업 예시

날짜 : 2012년 11월 00일, 시간 : 저녁 7시~9시, 학생 : 000씨, 선생님 : 000

1) 인사. 2) 과제 확인과 칭찬. 3) 학교에서 내는 모든 영어 과제는 그 전 수업에 다룬 영어문장 10-15개 외우기 밖에 없다. 4) 학생들은 매 수업을 통해 영어문장을 10개 정도씩 암기해야한다.

5) 과제에 대한 응용질문을 통해 자신감을 준다.
수업 진행, 수업 참여에 대한 칭찬. 다음 암기할 문장 지정해주기. 인사.

주 2회 만나 수업하며 사역하는 모든 이야기는 일체 비공개로 하며 만날 때 마다 수업 시간은 참으로 진지하게 진행 된다.

2. 여러 달 후의 어느 날 수업 실 예(신앙과 연루 경우)

2013년 0월 0일 / 산소망 선생 / 학생 : OOO / 수업내용 : OOO

1) 수업 전에 짧게 기도해도 괜찮겠는지요? 학생에게 물어보고, 학생이 좋다고 하여 잠시 눈을 감고 기도하였다. 학생의 하려는 계획과 성공을 위해. 그리고 그 성공이 그 자신만을 위한 것이 아닌, 그보다 더 고난 중에 있는 사람들에게도 복을 나눌 수 있는 성공이 되도록 해달라고. 오늘 하려는 공부가 그 일을 이루는데 에 사용되도록 지혜를 주시도록 기도 했다.

2) 수업을 진행하려는데, 학생의 표정이 밝지 않다. 안부를 묻는다. 북에 남겨진 가족들에 대한 이야기다. 다른 말을 보태기 보다는 계속 듣는다. 그리고 다시 수업을 시작한다. 수업 시간에는 수업에 집중하되 학생

의 필요를 스스로 나타내 보일 때는 그 필요를 채워주는 것이 옳다.

그러나 내가 먼저 그들의 필요를 제시하고 채워주려고 애쓰는 것은 무례한 일이다.

그런 일은 절대로 해서는 안 된다. 그것은 사회복지이지, 복음사역이 아니다.

많은 말로 위로를 하려다가 오히려 아는 척하는 것이 될 것이다. 우리는 그들의 고통을 절대로 이해하지 못할 것이다. 비슷한 경험을 해보지 않았다면. 학생들은 남한에 와서 자기 이야기를 편히 들어줄 만한 사람들을 만나기가 어렵다는 것을 잘 알고 있다. 그들은 겉으로는 남한 사람들과 잘 지내는 것 같지만, 친구라고 느끼지는 않는다. 이는 사무적이거나 비즈니스 적이거나 사역적, 종교적인 목적에만 충실하려 했기 때문이다. 그러면 관계에 친밀감이 형성되지 않는다. 그러한 관계는 목적을 다했거나 부족하다고 느껴지면 거기서 멈춰지게 되어있다. 북한 사람들은 그때에 잠수를 탈수도 있다. 그렇게 사라진 사람들을 향해 선한 행위를 베푼 남한 사람들은 이렇게 말하기 일쑤다. "북한 사람들은 도움을 받고도 고마워할 줄을 모른다." 하지만, 이것은 잘못된 말이며, 남한 사람들이 자신들의 마음을 그들에게 열지 않고서, 그들만 우리에게 마음을 열어주기만을 원하는 이기적인 사역자들일 뿐이기 때문에 발생하는 일이다.

3) 수업은 명확하고 실제적인 내용이 진행되어야 한다.

반드시 영어문장 암송을 통해 자기 영어를 익히도록 도와주고 적절하게 평가해주고 칭찬과 격려, 그리고 목표를 끊임없이 제시해 주어야 한다. 북한 사람들의 사고방식은 남한사람들보다 훨씬 더 현실적이고 실용적이다. '공부를 위한 공부, 신앙을 위한 신앙'을 모호하게 제시하고 도와주려는 사람들을 신뢰하지 않는다.

4) 신앙도 실제적이어야 한다. 있는 그대로이어야 한다.

복음을 나눌 때는 확실하게 하되, 종교적으로 억압하거나 강제성을 띄지 않는다. 특정 교회나 교단, 신학 등을 제시하는 행위는 이 만남이 조건을 숨기고 있는 조건 있는 만남이었다는 것을 드러내어줄 뿐이다. 신뢰를 갉아먹는 행동이다. 복음은 자연스럽게 나눠진다.

각종 경조사를 함께 하고, 밥을 먹고, 여행을 가고, 명절모임 등을 하면서 친구가 되고, 친구는 궁금한 것을 질문할 수 있다. 북한 친구들이 하는 질문은 항상 모호함이 없고 명확하고 될 수 있는 대로 본질적인 질문을 한다. 그들은 껍데기와 본질을 명확히 구분할 수 있는 능력이 있다. 관계는 매우 실제적이다. 내가 이용해서 얻을 게 있는 관계이면 끝까지 우려먹을 수도 있고, 정말 친구로 지낼 관계라면 확실하게 마음을 열고 신뢰한다. 우리보다는 대인배적인 기질이 있다.

신앙에 자신의 입장도 명확하다.
오히려 우리는 불명확하고 모호하게 복음을 설명하려고 애쓰지만 효과가 없을 것이다. "남자 없이 여자 뱃속에서 사람이 태어나는 게 가능한가? 어떻게 물위를 걷는가? 어떻게 인생의 모든 일을 신이 다 했다고 믿을 수가 있단 말인가?

만약 신이 있다면 그가 사랑이 많은 존재라면 어찌해서 북한이 저렇게 되도록 가만 두었는가?" 지금까지 내가 받은 질문들 중에 일부이다.

뭐라고 대답할지 모른다면 우리는 아직 북한 사람들에게 복음을 전할 준비가 되어 있지 않은 것이다. 그것을 일찍 인정하는 것이 좋다.

북한 친구들은 눈치가 빠르다. 그래서 우리가 종교적인 사람이고, 지금 자신들에게 포교하고 싶어 안달이 나 있다는 것을 잘 눈치 챘다. 그러면서 고민한다. "이 사람은 참 착한 사람인데, 지금 내가 교회 다니기를 원하는구나. 일단 이 사람을 기쁘게 해주는 의미에서 교회를 나가줄까? 아니, 여기서 이 사람과의 관계를 끝낼까?"

제 10장

북한이탈주민 이해와 신앙양육

이 빌 립
목사/선교사[1]

註 1) 열방샘교회개척(2004년)담임, 통일소망선교회 대표, 남북사랑네트 본부장. 한국기독
교통일학회 이사(협동총무)

10. 북한이탈주민 이해와 신앙양육

들어가는 말

탈북자들이 중국과 몽골과 러시아와 캄보디아, 미얀마, 베트남, 태국을 비롯한 동남아시아 나라들을 거쳐 한국 땅에 들어오고 수가 계속 증가하고 있는 것은 남북통일과 북한 선교의 문을 점차로 넓게 열고 계신 하나님의 놀라운 섭리이다. 2015년 6월 말 기준으로 국내에 입국한 북한이탈주민 통계가 28,133명이다. 2009년 2,927명 그리고 2010년에는 2,402, 2011년에는 2,706, 2012년에는 1,502명 2013년에는 1,514명, 1,397명, 2015년 6월 614명이 입국하였다. 이중 남성은 8.358명이며 여성은 19,775명이다. 그리고 이들을 연령별로 분리해본다면 0~9세까지 1,197명, 10~19세까지 3,315명, 20~29세까지 7,718명, 30~39세까지 8,148명, 40~49세까지 4,499명, 50~59세까지 1,450명, 60세이상 1,192명이다. 또한 학력으로 분리해본다면 취학 전 아동이 758명, 유치원 281명, 초등학교 1,855명, 중고등학교 19,271명, 전문대학 2,574명, 대학 이상 1,907명, 기타 70명이다.[2]

최근 중국 등지에 있는 탈북자들의 수가 많게는 오만 명에서 십만 명에 달하고 이들 중 상당수가 한국행을 희망하고 있으며, 남한에 정착한 북한이탈주민들이 북한의 가족들을 탈출시키는 경우가 늘어나고 있어 남한에 북한이탈주민들의 수가 계속 급증하는 추세이다.

註 2) 통일부 홈페이지
　　http://www.unikorea.go.kr/CmsWeb/viewPage.req?idx=PG0000000365
　　(2015.9.)

역사의 흐름을 보면 기아와 박해를 피해 한 국가에서 다른 국가 혹은 한 큰 집단에서 다른 집단으로 대규모 탈출과 이동이 있으면 반드시 큰 변화들이 있었다. 이러한 징조는 변할 것 같지 않던 북한이 반드시 변화되며 와해되어가고 있다는 것이며 통일이 우리에게 좀 더 현실로 다가오고 있다는 사실을 증명하고 있는 것이다.

그러므로 정부와 민간, 특히 개신 교회 차원에서 전문가들을 세워 북한사회의 변화를 예리하고 주의 깊게 관찰하며 통일에 대한 연구와 준비를 해야 한다. 한반도의 통일과 북한선교를 과연 어떻게 준비해야 할 것인가? 가장 중요한 것은 북한의 변화를 더 이끌어내고 통일 후 전개될 여러 상황과 문제들에 대처할 준비와 그 일에 쓰임 받을 통일일군으로 북한 이탈 이주민 들을 적극 양육하여야 한다.

이들의 영혼 구원과 평화 통일 일군 및 북한 선교 일군으로 훈련, 양육하는 것은 한국 교회와 평신도들의 불가피한 몫이다. 그리하여 "북한 이탈주민 이해와 신앙교육"이라 란 주제로 북한이탈 이주민들을 북한선교와 통일 일군으로 양성하는 방안을 기술(記述)하고자 한다.

글을 전개함에 있어서 편의상 한국으로 입국하기 전 제3국에서 생활하고 있는 북한사람들에 대하여 탈북자라고 명명하고 한국으로 입국한 북한사람들에 대하여서는 현행 법적 용어에 따라 북한이탈주민이라고 할 것이다. 참여정부시절 통일부는 국내에 들어온 탈북자들의 용어를 '새터민' 이라고 명하였다. 하지만 2007년 이명박 정부가 들어서면서 국내 입국한 탈북자들에 대한 명칭을 "1997년에 통일부가 명한 '북한이탈주민' 3)으로 정정하였다.

註 3) 윤승현 [새터민 현황과 문제점], 전남 북한이주민센터, 2007. 1997년 통일부 공식 발표에 의해 모든 정부기관들에서 국내에 들어온 탈북자를 북한이탈주민이라고 명명하게 되어있다. 1997년「북한이탈주민의 정착 및 지원에 관한 법률」제2조 1항 – "북한이탈주민"이라 함은 북한에 주소 · 직계가족 · 배우자 · 직장 등을 두고 있는 자로서 북한을 벗어난 후 외국의 국적을 취득하지 아니한 자를 말한다.

Ⅰ 중국 탈북자 발생요인과, 한국으로 유입 현황

국내에 들어온 북한이탈주민들에 대하여 이해하려면 그들이 북한에서 탈북하여 남한까지 어떻게 흘러왔는지에 대하여 아는 것이 중요하다. 그들의 탈북과정에 대한 이해가 없다면 그들에게 접근하여 그들에게 복음을 전할 수가 없으며 그들과 함께 어울려 통일의 삶을 나눌 수가 없다.

1. 탈북자 발생요인과 이를 막으려는 북한정권의 노력

남한사회에 들어온 북한이탈주민들은 북한을 탈출하여 한국으로 입국하기까지 대체로 짧게는 3개월에서 길게는 13년까지 중국을 비롯한 동남아시아 나라들에서 그리고 러시아를 비롯한 옛 소련 땅에서 불법체류자로 숨어 살게 된다.

그러면 왜 수 십만 명이나 되는 사람들이 불법체류자로 북한을 탈출하여 중국과 동남아시아 나라들 그리고 옛 소련 영토 내에서 살고 있을까?

특별히 중국으로 탈북하는 탈북자의 발생요인은 크게 2가지로 나누어 볼 수 있는데 이것을 내부요인과 외부요인으로 분류할 수가 있다. 내부요인은 1994년 7월 김일성 사망을 전후하여 북한에서 발생된 식량기근으로 오는 아사와 각종 전염병 결과이다. 이때 자기 가족들과 친지들 그리고 이웃들을 포함한 많은 사람들이 자신들의 주변에서 힘없이 식량부족으로 인한 영양실조와 전염병으로 죽어가는 상황을 목격한 탈북자들은 생존을 위해 탈북을 단행하게 되었다. 외부적인 요인으로 개혁 개방되어 발전해가고 있는 중국으로 가면 쉽게 돈을 벌 수 있을 것이라는 기대로부터 탈북하는 경우가 있다. 그리고 한국으로 탈출한 북한이탈주민들을 통해 한국사회의 발전상을 듣고 북한체제에 환멸을 느끼고 자유를 동경하여 탈북하게 되는 경우이다.

북한을 탈출하는 중국 탈북자 행렬과 한국으로 유입되는 북한이탈주민 행렬이 언제 끝날까? 이에 대하여 한신대학교 대학원 김희태씨는 자신의 석사논문에 이렇게 밝혔다. "북한체제의 변화가 없고 개혁·개방이 이루어지지 않으며, 식량난이 계속된다면, 북한 주민들의 탈북행렬은 더욱 커져만 갈 것이다. 또한 중국 당국이 국제법을 준수하지 않고 탈북동포들의 체포와 강제송환이 계속되는 한 탈북동포들의 인권은 악화되고 한국을 비롯한 자유국가로의 재탈출은 확장될 것이다.[4]"

북한 당국은 탈북을 막기 위하여 북한 주민들에 대한 통제와 국경경비를 강화하고 외부로부터 들어오는 자유민주주의 소식을 차단하려고 계속적인 물리적인 수단들을 쓰고 있다. 그러한 조치로 북한 당국은 국경지대 주요 탈북지점들에 탈북을 막기 위한 함정들을 파고, 철조망 설치를 해놓고 감시카메라를 달아놓고 있으며 국경 전 구간에 걸쳐 50~100미터마다 한 명씩 국경경비대 군인들을 배치해 놓고 있다. 또한 한국과 중국과의 불법적인 전화통화(북-중 국경에서는 중국 핸드폰이 북한에 넘어가 사용되고 있다.)를 방지하기 위해 국경 전 지역들에 핸드폰 전파 감지기를 사용하고 있으며 주민들 서로가 감시 통제하도록 감시

註 4) 김희태 재중 탈북동포 선교에 관한 연구, (석사학위논문, 한신대학교 신학대학원 2009. 12.), p. 8-9

체계를 구축해놓고 있다. 이를 위하여 개인과 사회에 대한 지배유지의 핵심기구인 노동당 조직과 폭력정치경찰기구(인민보안성, 국가안전보위부, 국가보위사령부) 그리고 폭압적 통치형태(정치범 수용소, 공개처형)를 동원하고[5] 있다.

또한 북한정권은 탈북 촉진의 요인이 되고 있는 경제난과 식량난의 근본적인 원인을 미국의 경제봉쇄 정책에 의한 것이라고 선동하여 대외적인 책임으로 돌리고, 정권과 체제의 무능에 대한 책임을 회피하려고 하지만 내면적으로 북한정권에 대한 신뢰는 땅에 떨어져 있다.

2. 중국 탈북자들의 한국으로의 유입과정

기아를 면하고 자유를 동경하여 중국으로 가는 탈북자들은 중국에서 노동력 착취, 폭력 등을 경험한다. 그들에게 가장 큰 위험은 난민으로 인정받지 못하고 체포되어 강제북송 되는 것이다. 그러므로 구소련과 중국에 숨어 지내고 있는 해외 탈북자들에게 가장 필요한 것은 안전을 담보받을 수 있는 국적취득과 자유이다.

특별히 북한접경지대인 중국으로 간 수많은 탈북자들은 중국 땅에서 심각한 인권유린을 당하고 있다. 수많은 탈북여성들이 두만강, 압록강을 건너 중국 땅에 발을 딛자마자 인신매매 범들에게 걸려 상품처럼 성노예로 팔려가고 있고, 탈북남성들은 산림채취와 탄광, 광산, 농촌지역들에서 노동력착취를 당하고 있다. 수많은 탈북고아들이 중국의 도시들을 유

註 5) 박형중 [북한의 개혁개방과 사회변화], (서울: 해남, 2004), p. 175.

랑하고 있다. 이들은 항상 불법체류자라는 신분 속에 체포되면 북한으로 강제북송당할 수밖에 없는 위험기운데 놓여있다.

　국제법대로 하면 중국정부는 자연재해로 인한 기근을 피해 자국 내로 들어온 탈북자들에 대하여 난민[6]으로 인정해주고 그들을 법적으로 보호해야 한다. 하지만 중국은 오래 동안 있어온 북한과의 혈맹관계를 유지하기 위해 난민으로 보호받아야 할 탈북자들을 불법체류자들로 몰아 체포하여 강제 북송시키고 있는 것이다.

　그러므로 중국에 있는 탈북자들은 국적취득과 자유를 얻기 위해 중국, 몽골, 베트남, 캄보디아, 미얀마, 라오스, 태국을 비롯한 여러 동남아 나라들을 거쳐 한국행을 하고 있다. 한국행을 하는 탈북자들 가운데는 누구의 도움도 없이 자신이 직접 여러 나라들을 거치는 기나긴 탈북투어 끝에 한국행에 성공하는 이들도 있지만 그들은 선교단체들과 NGO 단체들의 위탁을 받은 브로커들을 통해 들어온다.

3. 남한 내 들어온 북한이탈주민들의 지역 분포 상황

　과거 국내에 들어와 있는 북한이탈주민들은 국방부가 관리하고 있는 국가정보원, 경찰청, 국방정보본부, 정보사령부, 기무사령부 등 5개 기

註　6) 김희태. 한신대학교 대학원 석사논문 [재중 탈북동포 선교에 관한 연구] 2009년, p 41.
　　"1967년 1월 31일 채택되어 1967년 10월 4일 발표된 난민의 지위에 관한 의정서 〈31조〉는 체약국의 난민으로서 불법으로 입국하는 것에 대해 형벌을 과하여서는 아니된다. 다만 그 난민이 지체없이 당국에 출두하고 또한 불법으로 입국하거나 또는 불법으로 있는 것에 대한 상당한 이유를 제시할 것을 조건으로 한다. 〈32조〉는 체약국은 국가보안 또는 공공질서를 이유로 하는 경우를 제외하고 합법적으로 그 영역에 있는 난민을 추방하여서는 안된다고 한다."

관이 합동으로 운영하고 있는 군 보안공사(이후 [대성공사])에 도착해서
1주에서 1개월 동안 탈북동기의 진위 여부를 판단하는 조사과정을 거친
다. 이 과정이 지나면 2주에서 5개월간 정보조사 및 사회적응 교육과정
이 있다. 조사가 일정 정도 진행된 후부터는 남한의 신문과 텔레비전, 강
의, 현장체험 교육 등을 통하여 남한생활을 서서히 익히게 된다.[7] 최근
에 들어서는 국가정보원에서 국내에 들어오는 북한이탈주민들을 심도있
게 조사하고 있다.

북한이탈주민들은 일정의 정부기관의 조사와 사회적응교육과정을 끝
내면 전국의 대도시들을 중심으로 주공 아파트단지와 국민임대주택들을
주거지로 제공받게 된다. 그들은 서울 동북부지역인 노원과 서부지역인
양천구, 강서구에 가장 많이 살고 있으며 경기도 권에는 인천, 광명, 부
천, 과천, 군산, 안양, 안산, 평택, 포천지역과 지방으로는 대구, 부산, 광
주, 천안, 청주, 대전, 목포, 울산, 제주도를 비롯한 여러 지역들에 분포
되어 살고 있다.

註 7) 통일부 홈페이지 참고. "북한이탈주민 보호와 지원 현황", 2001

II 북한이탈주민들의 정서와 국내 정착 문제점

1. 북한이탈주민들의 정서

북한을 이탈한 탈북자들은 정말 목숨을 걸고 자유를 찾아 희망의 땅 한국으로 들어오지만 남한에서의 생활은 그렇게 평탄하지 않다. 특히 정 서적으로 사회정착에 장애가 되는 심리적 요소들을 많이 가지고 있다.

탈북 출발지인 북한과 거쳐 와야 하는 중국과 제3국에서 굶주림과 질 병, 강제노역, 영양실조, 인신매매와 잔혹한 폭력행위, 가족들과의 이별 등으로부터 오는 심리적인 고통과 충격을 경험하고 있다.

국내로 입국하는 북한이탈주민들은 20~30대 중심의 군인출신으로부 터 다양한 연령층과 출신지역 및 사회경제적 배경을 가진 사람들로 다 양하다. 계층 배경에서는 당 · 정무원, 외교관, 지도원 등의 소위 엘리트 계층의 입국과 벌목공, 노동자, 농장원 등의 비율도 큰 폭으로 증가하면 서 북한이탈 주민들의 전반적 배경 특성이 다양화 경향을 보여주고 있 다.8) 최근에는 가족단위로 입국하는 사람들과 여성의 비율이 현저히 증 가하고 있다.

북한이탈주민들이 국내정착과정에서 가장 잘 적응할 수 있도록 영향 을 주는 여러 요소들 중에 첫째가 종교적인 문제로서 신앙을 가지는 것 이며, 둘째, 건강한 가정을 가지는 것, 셋째, 북한에서 이미 엘리트계층

註 8) 장동신. 한세대학교 기독교교육학 석사논문, 국내 북한이탈주민 정착을 위한 교회 교 육적 대안에 관한 연구, 국회도서관, 2005. 12. 29pp.

이었거나 지식 계층의 배경이다. 좀 더 세부적으로 본다면 중국이나 다른 제3국에서 기독교 복음을 받아들인 후 입국한 경우는 대체로 교회 신앙생활을 먼저 시작하면서 보다 쉽게 정착하고 있다.

2. 국내 정착에서 문제점

1) 남한사회 정착에 관한 교육 부족

북한과 완전히 다른 한국 문화와 체제 적응을 위해 3개월 간 하나원에서 정착 교육을 받는다. 그러나 곧바로 지역사회에 정착하기에는 심리적, 물리적 부담과 자기 내부에서 일어나는 저항감을 해소되기는 참으로 어렵다. 그래서 하나원 퇴소 후 북한이탈주민들을 위한 교육과정이 있으나, 집단적인 모임을 기피하는 특성과 돈을 주는 곳에만 모이는 잘못된 관행이 심어져서 비(非)자발적이어서 실효를 가지기 매우 어렵다.

낯선 남한 사회에서 새로운 삶을 시작하게 되는 북한이탈주민들은 일상생활의 모든 것을 처음부터 배워나가야 한다. 지역의 지리나 교통편을 이용하는 것, 공공기관이나 봉사기관을 이용하는 것, 자녀들의 교육 및 진로지도, 생활용품 구입, 합리적인 소비생활을 하는 것, 결혼과 이성교제를 위한 정보를 얻는 것 등 등의 일상생활의 세세한 부분에까지 많은 어려움을 겪고 있다.[9]

註 9) 북한이탈주민 정착도우미 활동 표준 매뉴얼 94p. 통일부. 2009
  10) 5년경과 북한이탈주민 생활수준연구. 155p. 통일부. 2009
  11) 북한이탈주민 심리상태 측정 도구 개발 결과보고서. 3p. 통일부. 2009

2) 가정불화와 이혼율 증가

북한의 가부장적 보수성향이 강한 남성들의 의식이 쉽게 변화되지 않는 반면, 남녀평등문화와 사회구조를 빠르게 받아들이는 북한이탈 여성들의 심리차이에 따른 스트레스 증가는 곧바로 가정불화와 이혼율의 증가로 이어진다.

북한 이탈주민의 가족은 동일한 시점에서 형성되었다기보다는 먼저 입국한 최초 가족의 지원으로 시차를 두고 입국한 경우가 많다. 이로 인하여 해체·재결함에 따른 가족 내 갈등은 불가피한 현상이다. 이에 따른 가족단위 적응 지원 프로그램이 필요하다[10]

3) 의사소통의 어려움과 우울증

남한사회에서 사용되는 외래어에 대한 이해부족으로 의사소통의 어려움이 크고, 자본주의 개인주의화된 남한사회에서 소외감과 차별의식에 따른 우울증을 겪는 경우도 많다. 남한 입국 과정에서 다양한 정신적 외상(外傷) 경험도 적지 않기 때문이다. 정신적인 외상 경험은 지속적이고 복합적인 양상을 띠며 외상 후 스트레스 장애 발병률이 높다. 그 뿐만 아니라 남한사회에 정착하는 과정에서 겪게 되는 우울, 불안, 분노 등 심리적인 다양한 스트레스들도 새로운 생활 문화 적응에 어려움으로 가중될 수밖에 없다.[11]

4) 탈북청소년의 학교 부적응

북한이탈 청소년의 경우 입국 비율이 꾸준히 증가하고 있지만, 기초
학습능력 부족에 따른 학교부적응 문제와 경제적 사정 등으로 정규학교
이탈자가 증가하고 있다.[12] 북한이탈 청소년의 기본적인 특성은 북한 체
제라는 특수한 환경을 통해 일차적으로 형성된 배경에서 탈북 과정, 남
한 사회에 입국하여 겪는 심리·사회·문화적 적응 어려움으로 인한 특
수성이 추가되어 결정된다. 이들은 국가주도적인 사회주의 환경에서 성
장하였기 때문에 다른 세계에 대한 정보가 부족하며, 통제에 대한 거부
감이 없고, 집단에 의존하는 것에서 안도감을 느끼며, 주입된 선전에 의
한 학습에 익숙해져 있다. 그로 인해 권위대상에 대해서는 복종적이며,
수동적인 특성이 강하고, 스스로 판단하고 그에 따른 책임을 지는 것을
두려워하며 불안해한다.[13]

5) 대인관계 형성에서의 부적응

북한이탈주민들은 남한 사회에서 정서적인 안정과 심리적인 소속감
을 얻기 위해서는 남한에서 새로운 인간관계를 형성하고 유대를 맺어나
가는 일이 무엇보다 중요하다. 하지만 많은 북한이탈주민들은 남한 사람
들과 대인관계를 맺어가는 것이 쉽지 않다. 이들은 남한사람들이 처음에
는 동정하는 것 같지만 점점 갈수록 냉담해진다거나 거리감을 두려고 한
다고 보고 있다.

북한이탈주민들이 이와 같은 어려움을 호소하는 데는 남한 주민들이
북한이탈주민들을 대하는 태도에 그 원인이 있는 것이 사실이다. 북한이
탈주민들을 바라보는 남한 주민들의 부정적인 시각이 자신들을 가족을

註 12) 탈북학생 진로현황. 8p. 탈북학생 교육지원센터. 2009
　　13) 탈북학생 교원직무연수. 31p. 서울특별시교육청. 2009

버리고 온 나쁜 사람, 북한에서 범죄를 저지르고 내려온 사람, 북한사회에
적응하지 못한 낙오자로 보거나 부모형제야 어찌되든 자기만 잘 살려고
하는 이기주의자로 바라보는 편견어린 시각 때문에 견디기 힘들었다고
하는 북한이탈주민이 많이 있다. 이처럼 북한이탈주민들에 대한 무지와
편견이 이들이 새로운 인간관계를 맺지 못하도록 만드는 주된 원인이다.

6) 신앙생활에서의 부적응

입국한 북한이탈주민들의 80%가 기독교인라는 것은 그들이 탈북과
정에서 선교사나 기독교인들의 도움을 받았다는 것을 의미한다.[14] 하지
만 중국이나 해외에서 대부분 복음을 받아들였던 이들은 한국에 입국하
여 처음에는 의무감이나 의리상으로 교회를 나가지만 교회에 잘 적응하
지 못하고 있다. 결국은 3년이 지나면 60~68%만이 교회에 남아있게 된
다는 것이 조사(전우택 외, 2004)의 결과이다. 어떤 연구가들은 교회에
남아있는 북한이탈주민들을 45% 전후로 보는 경우도 있고, 더 %가 낮
다고 보는 이도 있다.

그들이 신앙생활에 잘 적응하지 못하는 경우는 여러 가지로 들 수 있
는데 가장 큰 문제는 교회 안에서 느낄 수 있는 남북한의 문화적 괴리감
때문이다. 북한이탈주민들은 목사님들의 설교에서 문화적인 공감대를
찾지 못하고 있으며 교회 예배와 성경공부 프로그램들에도 적응하기 매
우 어려워하고 있다.

註 14) 김진순. 백석대학교 기독교전문대학원 박사학위논문 .기독교 탈북자의 가정생활,
2010.12.30. p126.

III 북한이탈주민들에 대한 정부와 교회들의 태도

1. 정부의 태도와 지원

북한이탈주민들에 대한 정부의 태도는 그들이 한국으로 대량 입국이
이루어지던 참여정부 시절과 현 정부 시절로 나누어 볼 수 있다.

1) 참여정부의 태도와 지원

2004년 출현한 노무현 참여정부는 김대중 문민정부시절, 1999년 개
정된 『탈북자 보호 및 정착지원에 관한 법률』에 기준하여 전원수용원칙,
북한이탈주민에 대한 인도주의와 인권차원에서 북한이탈주민 정책을 실
행하였다. 즉 '입국지원 단계' → '시설보호단계' → '거주지보호단계'
라는 3단계 지원체계로 적응을 도왔다.[15]

한국에 입국, 조사과정을 거친 이후 정착교육을 받는 통일부 산하 하
나원에서는 3개월간의 사회적응 교육훈련을 실시하였다. 중점사항은 첫
째로 탈북 · 제3국 은신, 도피생활 중 겪은 어려움 및 입국 후 환경변화
로 인한 심리적 불안감을 해소하기 위한 심리안정, 정서순화, 둘째로 자
유민주주의와 자본주의 사회에 대한 이해부족, 언어 · 사고 · 생활습관,
등의 차이로 인한 문화적 이질감 해소, 셋째로 향후 진로에 대한 불안감
을 해소하는데 두었다. 이를 위해 교육과정에 심리안정 순화프로그램,

註 15) 조인선. 아세아연합신학대학교 대학원 석사논문?북한이탈주민의 심리 적응을 위한
　　　기독교상담 연구?, p. 37~38.
　16) 통일백서 2002(인테넷 게재 www. unikorea. go. kr), 16.

남한사회에 대한 이해 증진을 위한 이론학습과 현장학습, 한자 · 영어 · 운전 · 요리 · 컴퓨터 등 실 생활에 적응될 수 있고 그밖에 기능훈련과 연계될 수 있는 프로그램을 중점 편성하여 운영하도록 하였으며 교육 전 기간 동안 진로지도를 실시하였다.[16]

또한 북한이탈주민들이 가족단위 입국이 급증되는 상황에 대처하여 여성 · 아동 및 청소년 대상의 별도 교육프로그램을 운영하고 학교 및 가정생활에 적응해 나갈 수 있도록 도왔다. 그리고 하나원 수료 후 사회에 편입되게 되면 중앙정부와 사회, 종교단체들의 협력을 통해 직업훈련, 취업알선, 학교편입 등의 각종 지원을 하였으며 대한적십자사를 비롯한 사회민간단체들 차원에서 지역 정착을 돕는 정착도우미제도를 도입하였다. 즉 정착에 중요한 직업훈련과 취업알선을 위해 노동부 산하 고용 안전센터 46개소에 취업지원 창구를 개설하여 직업훈련기관을 안내하고 취업을 알선해주는 역할을 하게 하였다.

2) 이명박 정부와 현 박근혜 정부의 지원 경향

현 정부의 북한이탈주민들에 대한 지원은 취업 장려와 교육에 중점을 두고 있다. 또한 남북하나재단이라는 단체를 통해 전국각지에 정착을 돕는 기구인 〈하나센터〉를 두고 여기에 종사하는 북한이탈주민들을 캐어하는 전문 상담사만 하여도 약 100여명이나 두고 있다.

특별히 통일교육에 큰 관심을 쏟고 있다. "그동안 우리 사회는 통일교육이 그 효과가 당장 직접적으로 나타나지 않는 교육이라는 이유로 오랜 기간 관심을 기울이지 않고 투자도 소홀히 해왔다. 그로 인해 통일교육

역량과 환경은 북한과 통일에 대한 무관심을 가져왔고, 우리 사회의 통일준비 구체화를 위한 동력을 만들어내지 못했다. 하지만, 이명박 정부 들어 통일교육의 중요성이 새롭게 인식되면서 통일교육을 위한 예산은 2009년 33억원에서 출발하여 2010년 89억원, 2011년 112억원으로 증가하였고, 2012년에 144억원 수준에 도달하게 되었다. 앞으로 통일교육이 전국적으로 실시되고 그 효과가 파급되는 데 있어 흡족하지는 않다 하더라도 메마른 땅을 적시는 단비가 될 것으로 보인다.[17]"

2. 한국교회들의 태도와 지원

국내에 정착하고 있는 북한이탈주민 선교는 가장 강력한 북한선교의 열매를 맺는 하나님 방법 중에 하나이다. 이들이 먼저 한국교회를 통하여 "복음화 되느냐? 못 되느냐?"에 따라 앞으로 "북한복음화의 귀한 기초석들이 되느냐? 아니냐?"가 결정 될 것이다. 한국교회가 북한이탈주민들을 "건강한 그리스도인으로 세우느냐? 못 세우느냐?"에 따라 통일이 될 때 "북한의 한 지역에 교회가 더 탄생하는가? 못하는가?" 가 결정지어진다.

한국사회에 부적응하는 탈북청소년들을 그리스도의 사랑으로 품고, 이들을 통일한국의 미래인 지도자들로 세우는 사역이 중요함을 깨달은 한국교회는 전국에 여명학교, 한꿈학교, 다음학교, 우리들학교, 하늘꿈학교, 장대현학교 등 십여개가 넘는 탈북자대한학교들을 세우고 지원하고 있다.

註 17) 통일부 홈페이지
　　 http://www.unikorea.go.kr/CmsWeb/viewPage.req?idx=PG0000000255&boardD
　　 ataId

또한 북한선교를 위해 오랫동안 기도해온 한국교회는 북한이탈주민들을 통한 하나님의 북한선교계획을 알고 북한이탈주민들의 정착을 돕고, 이들을 복음화 하는 일에 커다란 수고와 역할을 해오고 있다. 이 수고와 역할로 많은 북한이탈주민들이 복음의 사명 자들로 세워지고 또 교회로 나가고 있으며 정착에 성공하고 있다.

대표적으로 북한기독교총연합회(생략 북기총)를 중심으로 150여명에 넘는 북한이탈주민 신학생들이 신학교에서 공부하고 있거나, 이미 신학대학원을 졸업, 목사 임직을 받고 북한선교 사역에 헌신하고 있다. 또한 여의도순복음교회 자유시민대학을 통하여 적지 않은 탈북자들이 교회정착을 잘하고 있을 뿐 아니라 사명을 받아 신학교와 DTS(예수전도단 소속 열방대학)훈련을 걸쳐 사명자의 길로 가고 있다.

그리고 영락교회와 새문안교회, 부산수영로교회, 주안장로교회, 온누리교회, 사랑의교회, 목동지구촌교회, 영안교회, 남서울은혜교회, 약수교회, 대길교회를 비롯한 많은 한국교회들이 북한이탈주민들을 앞으로 북한복음화의 중추적인 통로들로 보고 이들을 위한 전문인사역자들을 두어 양육하고 섬기고 있다. 이러한 귀한 한국교회의 역할과 수고를 볼 때 탈북민사역자의 한 사람으로서 한국교회와 성도들에게 감사를 드린다.

아직은 눈에 보이는 큰 열매들이 많지는 않지만 한국교회가 계속하여 북한이탈주민 선교에 관심을 가지고 섬긴다면 앞으로 북한선교에서 놀라운 열매들을 거두게 될 것이다.

Ⅳ 북한이탈주민들을 통해 보는 통일비전에 대한 정부와 한국교회의 역할

1. 북한에 변화를 주고 있는 북한이탈주민들에 대한 고찰

우리는 세계가 변화되고 있다는 것을 보고 있다. 북아프리카와 중동에서 일어난 재스민(jas·min 향기) 혁명은 그렇게 견고하게 보였던 리비아의 가다피 정권도 자유와 진리를 갈구하는 시대와 대중의 흐름을 물리적인 힘으로나 비 진리로는 막을 수 없이 42년 만에 결국은 무너진 것이 역사(歷史)적으로 증명되었다. 우리 눈에는 잘 보이지 않지만 기독교 핍박 국가 세계 1위인 북한에서도 보이지 않는 강력한 재스민 혁명이 일어나고 있다. 그 보이지 않는 새로운 재스민 혁명이 북한 동포들을 변화시키고 있다. 북한 동포들은 어떤 재스민이던 그들의 삶에 새로운 역동을 가져다 줄 수 있는 새로운 재스민을 얻으려고 갈망하고 있다.

북한을 변화시키고 있는 재스민(jas·min 향기)은 북-중 국경을 중심으로 외부에서 끊임없이 북한내부로 흘러들어가 있고 그러한 재스민은 북한정권이 아닌 북한 동포들을 변화시키고 있다. 북한을 변화시킬 수 있는 강력한 복음적 재스민 전달의 매개체는 북한을 탈출한 중국 탈북자들과 북한이탈주민들이다.

지난 1994년 7월 김일성 사망을 전후하여 수십 만 명의 탈북자들이 중국으로 탈북하였으며 그들 가운데 수만 명의 탈북자들이 한국교회와 디아스포라 한인교회들이 파송으로 활동한 선교사님들을 통해 그리고 조선족교회들과 한족교회들을 통해 복음을 들었다. 그 가운데 한국으로

입국한 탈북자들도 많지만 자진하여 북한으로 들어갔거나 강제 북송되
는 방법으로 북한으로 들어간 기독인 탈북자들이 더 많다. 그들은 북한
으로 들어가 자신들의 가족들과 친지들에게 복음을 전하였으며, 감옥에
끌려가서도 그 안에서도 복음을 증거 하였다. 한국교회에 알려진 그러한
사례들은 수도 없이 많다.

그리고 현재 국내에 들어온 2만 8천명이 넘는 북한이탈주민들은 북한
에 있는 가족들과 북-중국 경을 통해 전화 통화를 하고 돈을 보내고 있
다. 그들이 보내는 돈은 그들의 가족들에 의하여 북한에서 지하경제를
구축하고 있으며 북한을 움직이고 변화시키고 있다. 북한이탈주민들은
가족들과 통화하면서 자유와 민주 그리고 진실이 담긴 외부의 소식들을
계속적으로 전하고 있으며 기독교복음도 전화 통화를 통해 전하고 있다.

중국탈북자들과 한국에 들어온 북한이탈주민들을 통해 북한에 남한
의 드라마, 영화, 음악들이 북한 내부로 들어가고 있다. 그리고 북한이
통제하고 있는 한국, 미국, 일본의 가전제품들과 의류들이 밀수를 통해
북한내지로 들어가고 있다. 그러므로 국내 북한이탈주민들만의 남북통
일의 가교역할 기능을 수햏 할 수 있는 북한선교의 동력으로 준비시키는
것이 매우 중요하다.

2. 북한이탈주민들을 통하여 통일준비를 해야 할 정부의 역할

정부는 북한이탈주민들을 남, 북 통일의 가교역할로 적극 활용해야
한다. 남한사회에 북한 사회의 진실을 알리는 역할과 북한 주민들에게

남한 사회의 번영하는 진실이나 실상들을 알려주는 역할로 평화 통일의 촉진제가 되도록 해야 한다.

또한 정부는 계속적으로 들어오는 북한이탈주민들을 남한사회에 정착시키고 통일일군으로 육성하는 연구를 계속 추진하여야 하며 특히 북한에서 내려온 젊은 세대들을 각 영역, 적재적소에 필요한 인재로 키워야 한다. 그러기 위해서 북한이탈주민 교육시스템들을 점검하고 필요에 따라 과감하게 업그레이드 해 나가야 한다.

북한이탈주민은 같은 민족으로 동일한 언어를 사용하지만 사상, 감정, 정서면에서 상당한 차이를 가지고 있다. 그러므로 서로 다른 것을 인정하고 북한이탈주민들과 남한 주민들간의 서로를 바라보며 좋은 장점을 배울 수 있는 개개인의 인식 풍토가 조성되게 상호 노력하는 창조적 국민으로 승화 되어야 더욱 강력한 대한민국이 될 수 있다. "진정한 통일은 '마음을 통일' 이 될 때라야 마무리되기 때문이다.[18]"

남한의 많은 젊은 세대들이 동족의 땅인 북한과의 통일에 관심이 적다. 심지어 남북한의 통일을 바라지 않는 세대들도 있다. 이들에게 북한이탈주민들이 경험한 북한사회에 대하여 알리고 남북한 통일의 실제적인 유익을 구체적으로 정부차원에서 점검, 개발하고 공영 방송 등의 여러 방법으로 홍보해야 한다.

註 18) 조요셉 박사 소논문 [탈북자의 효과적인 교회정착 방안 모색], p.1

3. 북한이탈주민들을 통한 통일준비와 한국교회 역할

1) 한국교회가 북한이탈주민들을 통한 통일 비전

남북이 분단 70년이란 짧지 않은 세월 속에 정치, 경제, 예술, 과학, 종교 등 모든 분야에서 너무나 큰 차이를 가지고 있으므로 남북한이 하나가 된다는 것에 학자들 뿐 아니라 정치인을 비롯한 국민들이 우려가 크다. 역사의 주관자이신 하나님이 이 문제를 해결하시기 위해 수 만 명의 북한이탈주민들을 이 땅에 통일의 선발대원으로 들어오게 하셨다. 이는 한국교회가 북한이탈주민들을 통하여 북한을 배울 수 있게 하신 것이다. 그들을 통하여 통일을 준비할 수 있기 때문이다.

더 구체적으로 말한다면 하나님은 남북한을 충분하게 경험한 북한이탈주민들을 통하여 남북한의 정신적, 경제적 문화적인 통일을 이루어 가시려는 계획을 가지고 계신다. 앞으로 한국사회의 정착에 성공한 북한이탈주민들은 자연적으로 하나님의 섭리에 의해 평화 통일의 가교와 마중물로 사용될 것이다. 한국교회는 북한이탈주민선교에 마땅히 관심을 가지고 돌아보며 북한선교의 사명 자들로 적극 양육하도록 나서야 한다.

2) 북한이탈주민들의 교회적응 성향과 교회의 역할

앞에서 언급 한 것처럼 북한기독교총연합회 산하 150여명의 북한이탈주민 출신 목회자나 신학생들 그리고 군소교단 신학교를 수료한 30여 명의 북한이탈주민 사역자들이 있다. 교회를 개척한 북한이탈주민 목회자들이 전국적으로 17명 정도가 된다. 이들 뿐 아니라 전국 교회 안에 신앙생활하고 있는 수많은 북한이탈주민 성도들은 북한이 열리면 자기 고향으로 돌아가게 될 것이다. 한국교회는 눈길을 돌려 이들을 그리스도의 사랑과 말씀으로 제자 훈련을 시켜야 한다.

2012년 남북하나재단(전 북한이탈주민재단)이 조사한 자료에 근거하면 북한이탈주민들의 종교적인 면에서 교회 신앙생활 참여도는 39.2% 종교 없음은 53.7%로 나왔다. 여기서 서울을 제외한 경기, 인천, 충청 등 모든 지역의 비율이 평균 이하인 33~37% 사이이고, 서울은 51.4%가 교회에 다니고 있는 것으로 조사되었다. 대부분의 북한이탈주민 성도들은 기존한국교회 예배공동체 형태에 적응하기 어려워한다. 하지만 이들을 특별히 섬기기 위해 만들어진 중대형교회 안에 있는 북한선교공동체들이나 열방샘교회(서울 구로구), 물댄동산교회(서울 동작구), 새터교회(서울 양천구), 하나교회(부천시), 바울선교교회(천안), 장대현교회(부산)를 비롯한 전국의 북한이탈주민들을 선교대상으로 세워진 교회들에서 신앙생활을 한다.

이들이 북한이탈주민들을 목회대상으로 하는 교회들에 모이기를 선호 하는 이유가 있다. 백석대학에서 박사논문을 쓴 김진숙씨는 그 이유에 대하여 "탈북자 중심의 교회에서는 주인의식이 생긴다면서 그런 교회에서 기쁘고 활력 있게 신앙생활을 한다.[19]"라고 밝혔다.

대안은 한국교회 목회자들이 북한이탈주민이나 북한사회에 대한 이해와 특별한 노력이 매우 절실하다. 나아가 통일 후 북한주민에게 어떻게 전도할 것인가? 어떤 교회를 세울 것인가? 등의 문제를 북한이탈주민

註 19) 김진순. 백석대학교 기독교전문대학원 박사학위논문 [기독교 탈북자의 가정생활], 2010.12.30. p126.

들을 섬기며 준비해야 할 것이다.

3) 기독교 가치관을 가진 인재를 양성하라

북한이 열리면 제일먼저 현지 북한사람들에게 복음을 전해야 한다. 하지만 북한이 열리면 복음을 전하고 교회 건물만 세워야 하는 것이 아니라 문화의 여러 영역으로 세워지게 될 기독교 지도자들을 준비시켜야 한다. 즉 정치, 경제, 문화, 예술 교육 등 다양한 영역에 기독교 지도자들이 설 수 있도록 준비시키는 것이 시급하다. 하나님이 그것을 원하시기 때문이다. 다시 말하여 통일 될 북한의 모든 영역에서 하나님의 통치가 이루어지고 하나님이 영광 받으실 일들이 일어나야 되는데 그러한 준비들을 하지 않으면 세상(사단) 영역들이 그 모든 영역들에 나타나 하나님 나라의 영광을 가로막을 것이다.

4) 복음 설교와 전도, 예배정착과 성경공부

칼빈은 "인간의 마음속에는 본능적으로 하나님에 대한 지각이 존재한다[20]."고 말한 것처럼 북한이탈주민들 역시 하나님 외의 다른 믿음의 대상을 의지해 온 것으로 보아 근본적으로 종교적 갈급증이 존재하고 있음을 알 수 있다.[21]

북한이탈주민들은 위에서도 언급한바와 같이 북한을 이탈하여 남한에 입국하기까지 예수 그리스도의 복음에 대하여 나름대로 듣고 경험하

註 20) 존 칼빈, [기독교 강요(최종판) 상], 원광연 역 (서울: 크리스찬다이제스트, 2003), p49.
21) 북한주민들은 1994년 김일성 사 후 김일성 부자를 사회적 생명을 부여하는 본질적 존재로 섬기던 자리에서   돌아서 알 수 없는 미래에 대한 기대감으로 인해 미신행위를 비롯한 신적행위들을 하고 있다.

였다. 그러나 실제 한국 사회에 들어 온 현실에서는 북한의 생활과는 전혀 다는 문화장벽의 충격 때문에 안타깝게도 교회에 적응하기 매우 힘들어 하는 것이 사실이다. 때문에 한국교회는 이들을 어떻게 계속적으로 복음적인 신앙생활을 할 수 있도록 인도할지에 대하여 주의 깊은 사역전문 연구가 시급하다.

북한이탈주민 사역을 효과적으로 하기 위해서는 먼저 북한이탈주민 사역에 대하여 사명감이 있고 또 그 분야에 깊이 있는 전문가를 목회자로 세워야 한다. 아울러 그 사역에 오랫동안 동참해온 평신도들에게도 다른 사역을 맡기지 말고 북한이탈주민 사역에 산파(産婆)적 역할을 할 수 있는 전문 사역자가 필수적이다. 전문적으로 훈련된 사역자 없이 북한사역을 성공적으로 이루기 어렵다. 북한이탈주민을 대상으로 한 복음 사역을 한국교회가 잘 감당하지 못하거나 외면하여서는 통일이후 북한 선교사역은 기대하기 어려울 것이다.

교회에 처음 출석하는 탈북자들은 목사의 설교를 알아듣기 어렵다고 하나같이 이야기 한다 그럴 수밖에 없는 이유는 남한교회 목회자들은 남한 문화에 배인 설교를 하기 때문이다. 또한 북한에 대한 이해나 통일에 대한 이해가 없는 설교를 하기 때문이다. 북한이탈주민들은 오래 동안 주체사상, 김일성주의 학습을 북한에서 받아왔다. 뿐만 아니라 90년대 초반부터 북한에 들이닥친 재앙을 통해 수 십 년 동안 수많은 사람들이 죽어가는 고통을 경험했다. 그들 대부분이 자기 가족들이 자기 옆에서 죽어가는 억장이 무너지는 경험을 하였다. 때문에 이들을 목회하는 담당 목회자들이 북한이탈주민들의 문화와 그들의 삶에 대한 아무런 지식이 없으면 북한이탈주민들에게 필요한 설교를 할 수 없는 것이다.

한국교회와 성도들은 북한이탈주민들을 전도하고 교제하며 성경공부를 함에 있어서 그들을 가르치려고 하지 말고 그들의 말에 귀를 기울여야 한다. 그리고 그들 가운데 예수님의 마음을 가지고 낮아져 그들의 눈높이에서 전도하고 교제하며 성경공부를 해야 한다.

북한이탈주민들을 대상으로 한 성경공부 방법중 현재까지 가장 효과적인 성경공부는 온누리교회 두란노 일대일양육이다. 일대일양육이 좋은 것은 양육자가 가르치는 것이 아니라 양육을 받는 동반자의 이야기를 많이 들어주고 말씀으로 공감해주는 방식의 양육을 하기 때문이다. 또한 성경 인물들의 이야기를 삶에 적용시키는 인물별 성경공부가 북한이탈주민들에게 인기를 끌고 있다.

북한사람들은 상처가 많은 사람들이고 쉽게 다른 사람을 믿지 않는다. 그래서 그들이 감동받을 때까지 인내와 겸손으로 사역해야 한다. 겸손 없는 섬김은 자기만족의 불과하며 하나님과 무관한 자기과시에 지나지 않는다. 북한이탈주민들의 어려움을 도우면서 그들에게 배우려는 자세가 필요하다.[22]

또한 탈북자들에게 복음을 전하기에 앞서 그들이 어떻게 살아왔으며 무엇을 필요로 하며 어떤 생각을 하고 있는지를 먼저 알고 접근해야 한다. 그러기 위해서는 그들과 인간적 신뢰관계를 쌓아야 한다. 인간적인 신뢰가 형성되지 않고서는 전도가 되지 않고 있다.[23] 탈북자들과 신뢰관계를 쌓을 수 있는 가장 좋은 방법은 심방을 통한 신뢰관계 이다. 외로운 그들은 사람만나는 것을 좋아한다. 그들과 자주 만날 수 있는 방법을 연구하고 자주 만남으로 신뢰를 쌓아가고 가까워지면 전도하기가 쉽고, 그들과 성경공부하기가 쉽다.

5) 기독교적인 문화 정착 사역 지원

북한이탈주민들이 한국사회 정착에서 가장 중요한 것은 기독교문화로 정착하는 것이라고 하겠다. 이들이 정착에서 안고 있는 문제점들이 있다. 그 문제점들은 남한사회 정착교육의 어려움, 의사소통문제와 우울증, 가정불화, 원만치 못한 대인관계, 탈북청소년 문제, 경제적인 문제들이다. 이러한 문제들을 해결하기 위해서 북한이탈주민만을 위한 기독교적인 상담과 치유사역들이 필요하며, 행복한 부부 학교, 법률교육, 기독교적인 경제관리 교육, 행복한 자녀 키우기 등의 북한이탈자들을 위한 사역 콘텐츠를 개발하여 북한이탈주민들의 삶의 개선을 도와주어야 한다.

註 22) 주도홍, [통일, 그 이후] (서울: IVP, 2006), pp. 150-160.
　23) 조용관, [탈북자의 효과적인 교회정착 방안 모색], pp. 16.

V 결론 및 제언

다시 말하지만 한국교회는 중국에 유리방황하고 있는 탈북자 선교와 국내에 입국하여 살고 있는 북한이탈주민들에 대한 복음화, 제자화 및 그들의 신앙생활이 교회에 잘 접목이 되도록 심혈을 기울여야 할 것이다. 현재 2만 8천명이 넘는 북한이탈주민에게 복음전파는 한국 교회가 기피 할 수 없는 시급한 사명이며 통일 전에 준비하는 것은 호미로 하는 일과 같다면 통일 후에 2300만이 북한 동포 구원사역은 가래로도 다 못 감당 할 일이다. 이단들의 방해 속에 복음화 일을 어떻게 수행 할지 심각하게 생각해보야 할 것이다.

그렇다면 한국교회와 한국 성도들은 어떻게 생각하는가? 진실로 남한에 사는 기독교인들 중에 얼마나 많은 사람들이 북한동포의 구원을 위하여 큰 근심을 하며, 함께 이 일에 동참하고 있는가? 세상에 믿지 않는 사람들 가운데는 통일에 대하여 부정적인 생각을 가지고 있는 이들도 있다. 한국교회 전반을 볼 때 적지 않은 기독교인들은 일반인들과 마찬가지로 통일을 원치 않는다. 그 이유는 못사는 북한과 통일되면 함께 못살기 때문이라는 것이다. 통일을 통해 오는 고통분담을 감당하기가 어렵다는 것이다. 이러한 생각의 밑바탕에는 이기적인 마음이 깔려 있다. 그러나 하나님의 생각은 우리와 다를 것이다. 우리는 이기적인 마음을 돌이켜 고통 받고 있는 북한 동포들을 안타까이 여기는 주님의 마음으로 돌아가야 할 것이다. 그렇게 할 때 훗날 북한 동포들에게 할 말도 있을 것이며, 나아가 주님께도 할 말이 있을 것이다. 그래서 우리는 사도 바울과 같이 동족 사랑하는 마음을 가지고 북한선교를 해야 한다.

그러면 통일준비와 북한선교를 어떻게 해나가야 하는가? 북한이탈주민들의 재생산 사역이 이루어져야 한다. 이는 통일 후의 많은 문제들을 사전 예방하는 것이며 미리 해결하는 사역임에 틀림없다.

한반도의 통일과 북한선교는 먼 훗날의 이야기가 아니다. 목전에 잇는 긴박한 과제이다. 이미 중국과 제3국에 있는 수만 명의 탈북자들과 국내의 북한이탈주민들과의 관계 속에서 내면적인 통일은 미미 시작되고 있는 의미일 수도 있다.

북한이탈주민들은 반드시 통일 후 고향과 부모 형제들을 찾게 될 것이고 먼저 한국에 정착하면서 경험되었던 것을 전하게 될 것이다. 그러므로 이들에게 체계적으로 교육하는 것은 외부적이나 행정적인 통일 이후 반드시 필요한 내면적인 남북의 평화롭고 건강한 통일을 위한 사전 준비를 튼튼하게 마련하는 것이다.

만약 우리의 이러한 노력이 없이 통일을 맞이한다면 북한주민들은 우리를 향하여 물을 것이다. "우리의 형제들을 통일을 위해 하나님이 먼저 남한에 보내셨는데 그들을 왜 외면했는가?" 하나님께서도 우리에게 똑같은 질문을 던지실 것이다.

하나님께서 북한이탈주민들을 이 땅에 왜 먼저 보내셨는가를 공감하고 함께 북한이탈 주민을 향한 사역에 동참한다면 역사의 주관자이시고, 영혼들을 사랑하시는 하나님께서 바로 그 사역자를 통하여 통일한국을 이루시며, 북한 땅의 복음화를 이루게 되실 것이다.

제6부

한국 내 무슬림 형제 사랑

제11장

한국 내 무슬림 확산과 과제

註 1) 현, 월드 네이버 대표(인천), 한국GMS외국인지부장, 현, 인도 Kor-In SWET(Social Welfare Educational Trust) 현지법인이사장 및 전 총장, 전 GMS 초기사역국장(4년반), 93-98년 중동바레인 이주민사역(GMS), 92년 나이지리아 라고스한인이주민 선교사, 서울동노회 명일교회 담임목사(6년),

11. 한국 내 무슬림 확산과 과제

들어가는 말

과거 14세기 동안의 회심한 무슬림 수(數)보다 지난 40년 간 회심한 수가 더 많다. 는 의미는 1) 1400년 동안 무슬림 선교의 열매가 거의 없었다는 것과 2) 무슬림 선교의 작은 가능성은 있다는 것, 3) 무슬림 사역은 매우 전문적인 준비가 필수적임을 암시한다. 특히 20세기 이 후 40년 간 이슬람권 개척교회가 9개 종족 언어지역, 69개 처에서 진행되고 있다는[2] 의미도 전 세계 1만2천 종족, 6천개의 언어에 대비하면[3] 무슬림 회심은 거의 멈추었다는 뜻이다.

이런 세계 이슬람권 선교 판도에 현재 한국 사회 내부와 저변에 이슬람화의 역습이 급속히 증가하기 시작한 현실은 대한민국과 기독교계에 이미 시작되었다. 감사한 것은 2012년 "이슬람의 진출 앞에 선 대한민국"이란 단행본이 출판되었기에[4] 필자는 그 외의 것들을 "한국 내 이슬람 확산과 과제"란 주제로 정리했다.

1 한국 내 무슬림 증가 현황들

우리나라의 지난 40년간 1인당 국민소득 200배, 수출은 2,000배 증

註 2) 이현수, "21세기 무슬림 세계를 향한 새로운 교회 개척 운동" 한국선교KMQ 2015년 여름호, P. 35.
3) 크리스천투데이, 2012년 7월 26일 KWMA 4신 폴 애쉴맨 박사 미완성의 과업, 미전도종족 선교 주제 강연 내용 중 언급 됨
http://www.christiantoday.co.kr/view.htm?id=257218
4) 당시 총회 설립 100주년 기념, 전국목사장로대회 준비위원회에서(저자 익명, 230페이지) 수영로교회 참석자에게 1,000여권 배포 되었다. 제 3부 상황화 논의 부분은 현재 필자의 견해와 좀 상이한 점이 있을 뿐 필자가 쓰고 싶었던 부분이 거의 표현되어 있다.

가하여 세계 경제순위 제 12국에 이르는 경이적 성장 과정에서 70년대 중동 건설 근로자로 다녀온 사람들 중에서 한국인 무슬림 수가 증가하기 시작되었고, 1990년대 3D 업종의 인력 부족현상이 심화되어 외국인 노동자의 급속 유입되었으며 국내 무슬림 인구도 크게 증가되었다. 한국의 이슬람은 1955년 9월, 아둘 가프르 이맘(터키인 UN 연합군)의 전교로 개종한 한국인 무슬림 70명이 한국이슬람교협회를 발족시켰다.[5] 10년 후 1965년 4월에 한국 이슬람교 중앙연합회가 발족되었고.[6] 1964년 3700명이었던 국내 무슬림이 지난해 20만4500명에 달했다. 한국인 무슬림은 4만 명, 외국인 무슬림은 16만4500명으로 추산된다.[7] 무슬림 인구 증가와 더불어 한국에는 이슬람권의 자금도 몰려오고 있다.[8] 뿐만 아니라 할랄 푸드 유입,[9] 이슬람 유학생 증가,[10] 이 이슬람으로의 개종과 한국인의 무슬림과의 결혼도 계속 확산되고 있는 추세이다.

1) 한국 거주 외국인 이주민은 199개 국가에서 온 1,845,976명 중 OIC 57개국 중 54개국에서 147,794명 한국 거주

註 5) 1956년, 2대, 주베이르 코치(Zubeyr Koch)' 당시 입교자가 208명이었다.Naver 지식 In.

6) 김예찬 "한국 내 외국인 무슬림의 사회적 관계와 적응과정, 전북대학원, 석사논문 2012, P. 10-11.

7) 중앙일보 2015. 02. 28 사회면 "히잡 쓰고 버스 탔더니" 제하의 기사

8) 조선일보 2010. 03. 10 "이슬람 머니"가 몰려온다. 는 제하에 국내 주식 시장에 유입된 이슬람 자금은 2008년 3조239억원, 2009년, 3조1903억원이나 들어왔다.(년 간 증가액 1,664억원),

2011. 09 02 매일경제신문 UAE 국부펀드 주식 하루 5000억 샀다. 는 제하에 이미 주식 5천억원어치를 쓰어 담은데 이어 … 이미 국내 증시에 3-5조원 투자하고 있으며 향후 수조원을 더 투자 할 가능성이 있다 는 기사가 있었다.

9) 할랄 인증 정보와 적용 사례에 목 말라하는 국내 기업에 주는 할랄 활용 전략 과정(6시간 반 7과목) 등록금이 18만원이었다. 2015 09 02. 10시-17시, 강남구 삼성동 코엑스 컨프런스 룸 317호.

10) 이슬람 국가 출신 국내 유하생 2006년 1466명에서 2013년 말, 5,106명으로 7년만에 348% 증가 했다. 두바이 충만교회 홈페이지 http://cafe.daum.net/fullnessuae 2015. 07. 17일

세계 인터넷의 국가 도메인이 있는 234개 국가 중, 199개 국가에서[11] 1,845,976명의 외국인 이주자가 한국 안에 우리의 이웃으로 거주하고 있다. 그 중에서 이슬람을 하나로 묶는 이슬람회의기구(Organization of the Islamic Conference: OIC)에 속한 57개 국가 중, 54개 국가 출신 147,794명이 한국에 거주하며 생활하고 있다.

그 중 이슬람권에서 종교 비자로 88명이 입국 활동하고 있다. 아래의 도표는 발표자의 관심 밖의 항목은 생략했다.(예 취재, 문화예술, 단기 방문, 주제 원, 구직자 등)

체류외국인 거주 목적별 현황(2015.5.31현재)					
NO.	항목들	합계	남성	여성	OIC국출신자
	총계 수	1,845,976	823,078	1,022,898	147,794
1	종교 (D-6)	1,802	680	1,122	92
2	사증면제자(B-1)[12]	89,631	47,876	41,755	9,234
3	유학(D-2)	65,016	36,529	28,487	7,023
4	기업투자(D-8)	6,032	587	5,445	853
5	무역경영(D-9)	8,266	391	7,875	1,429
6	교수(E-1)	2,720	771	1,949	119
7	연구(E-3)	3,146	429	2,717	327
8	특정활동(E-7)	19,492	5,148	14,344	874
9	방문동거(F-1)	74,697	45,130	29,567	2,687

註 11) 2015년 5월 법무부 출입국 관리소의 통계 월보 엑셀 자료를 낱낱이 계수한 자료이다. 단, 미등르고 국가에서 26명이 입국 거주하므로 한 개 국가로만 계산 했다. 국제연합 도 한국가로 계산 함.
　　12) 사증 면제자(B-1)는 단기 상용(Business) 비자dlek. 방글라데시 남, 1,701명, 여 37 명, 파키스탄 남 1,200명, 여 29명, 말레이시아 남성 1,964명, 여성 2,509명, 카작흐 스탄 남 716명, 여 407명, 터키인 남 308명, 여, 72명, 이집트 12명, 튀니지 남 52명, 여 12명 등은 방문 목적이나 실제로 어떤 일을 하는지 궁금증이 있으며 혹 단기 종교 교육 목적은 아닌지?

10	거주(F-2)	37,907	22,735	15,172	745
11	동반(F-3)	22,060,30	15,025	7,035	4,572
12	재외동포(F-4)	7,457	156,656	150,801	6,203
13	영주(F-5)	117,125	64,312	52,813	1,351
14	결혼이민(F-6)	119,587	100,542	19,045	4,400
15	기타(G-1)	10,195	2,124	8,071	5,681
16	방문취업(H-2)	293,423	126,730	166,693	15,646
17	관광상륙(T-1)	11,785	7,275	4,510	43
18	기타	58,650	17,106	41,544	1,236
거주 목적비자 일부 항목들(무슬림 확산과 무관)은 본 조사에 생략 하였음.					
표1. 본 자료는 법무부 출입국 관리 외국인 정책 통계 월보 2015년 5월호					

2) 이슬람회의 기구(Organization of the Islamic Conference, OIC) 출신국의 국민 배우자 OIC 57개 국가 중, 42개 국가 출신 이주자 5,425명이다.

2011년 5월 한국 체류 외국인 1,395,077명이었고 4년 후, 2015년 5월 1,845,976명으로 32%가 증가하였다.[13] 그 중에서 현재, 국민의 배우자 148,348명의 출신국적이 143개 국가였다. 특별히 관심을 두고 조사한 것은 이슬람을 하나로 묶는 이슬람회의기구(Organization of the Islamic Conference: OIC)에 속한 57개 국가 중, 42개 국가 출신, 5,425명이 우리 국민과 국제결혼 한 부분이었다. 한 가정에 남편과 자녀 2명씩 계산하면 21,700은 기독교인이 되는냐? 무슬림으로 가느냐? 로 매우 심각한 부분이다. 이들 중 대부분이 적극 전도 대상이고 방치하면 무슬림이 될 수밖에 없을 것이다.

註 13) 법무부 출입국 외국인정책 통계월보 해당 연도 5월호

국가수	국가명	인원	국가수	국가명		인원
	세계 143개국에서 온 우리 국민의 배우자 148,348명 중, 이슬람 OIC 42개국 출신 5,425명의 국적별 현황					
1	우즈베키스탄	2,112	14	요르단		14
2	파키스탄	855	16	알바니다,알제리	각11명	22
3	인도네시아	617	19	튀니지,우간다,타지키스탄	각9명	27
4	키르기소스탄	481	21	케메룬,예멘공화국	각8명	16
5	방글라데시	341	22	시리아		7
6	카자흐스탄	222	24	아프카니스탄,아제르바이잔	각4명	8
7	말레이시아	141	26	코트디부아르,투르크메니스탄	각4명	8
8	나이지리아	138	28	레바논,사우디	각3명	8
9	이란	115	31	말리,리비아,수단	각2명	6
10	터키	88	34	팔레스타인,몰디브,세네갈	각2명	6
11	모로코	75	35	수리남		2
12	우크라이나	77	42	브루나이,이라크,시에라리온, 차드, 모잠비크,기니비사우,기니	각1명	7
13	이집트	39				

표2. 본 자료는 법무부 출입국관리 외국인 정책 본부 2015년 3월 말 통계에 근거한 조사 내용입니다. 월드네이버

(1) 기독교역사가 방해를 받지 않고 계속되는 여섯 나라들(레바논 3명, 요르단 14명, 이라크 1명, 이집트 39명, 시리아 7명, 팔레스타인 2명)[14] 출신 국민 배우자가 66명이다.

(2) 기독교가 붕괴된(collapsed) 북아프리카의 다섯 나라들(리비아 2명, 알제리 11명, 모로코 75명, 모리타니 없음, 튀니지 9명) 출신 국민 배우자가 97명이다.

註 14) 본 분류는 정형남, "IS 출현과 그에 대한 응답"에서 Patrick Johnstone, Opertaiton World: When we pray God works 21st Century Edition, 6th ed. London, Parternoster Lifestyle, 2001. 재인용

(3) 기독교가 7세기에 뿌리 뽑힌(uprooted) 아라비아반도의 일곱 나라들(바레인, 아랍 에미리트, 오만, 카타르, 쿠웨이트는 없음, 사우디아라비아 3명, 예멘 8명,) 출신 국민 배우자가 두 나라에서 11명이 있다.

(4) 북쪽 지역은 기독교가 붕괴되었지만, 남쪽은 20세기와 21세기에 기독교가 지배적인(dominated) 나라(수단) 수단에서 남 수단이 분리 독립된(2011. 7. 9.) 어느 곳인지는 분명치 않으나 수단 출신이 2명이 우리의 국민 배우자이다.

(5) 아랍연맹에는 속하여 있지만, 아랍보다는 아프리카 성향이 강한 세 나라들(소말리아, 지부티, 코모로) 출신은 국민 배우자가 한명도 없다.

3) 현재 한국의 이슬람 종교 시설 개략

(1) 서울중앙사원(마스지드, 성원) 등 모스크가 전국에 15개가 있고 무살라(예배당)은 전국에 60개가 있다. 특히 서울대학교에서 2011년 10월부터 이슬람권 출신 학생들의 요청으로 기숙사 920동 내, 100석 규모의 다용도실을 이슬람 기도실로 사용할 수 있도록 허가 했다.[15]

현재는 전국에 무슬림이 기숙하는 학교나(유학생) 회사, 마을 안에 그 수를 파악 할 수 없을 정도로 산재하여 있다. 특히 최근 터키 종교성에서 350억원을 지원할 예정으로 이태원에 있는 서울 중앙사원을 2-3년 내에 웅장한 오스만 튀르크 양식의 대형 모스크로 재건축, 완공하겠다고 발표 하였다.[16]

註 15) 매일종교신문 뉴스(범종교), 2011년 12월 15일 "서울대 기숙사, 국내최초 이슬람 기도실" 기사.
　　16) 조선일보, 2015년 04. 03 "이태원 이슬람 사원 터키가 새로 짓는다"

⑵ 한국 이슬람 대학

한국 이슬람 대학 건립을 위하여 경기도 연천군 신서면 도신리 757번지 일대, 임야 280,000㎡(84,700평)을 마련해 두었으며 준비하고 있다.[17]

2. 한국인 여성들이 무슬림 남성과 결혼한 실 예 들

1) 먼저 한국복음주의 신학회 한 논문 발표에 대한 반론

"한국 이슬람교의 정착 역사"를 주제로 장은지 교수가 한국이슬람의 전망과 한계점[18] 발표에 대한 반대 의견을 표명 한다. 장은지 교수는

⑴ 한국인에게 과격 이슬람의 테러에 대한 부정적 관념 때문에 종교적 감동은 못 줄 것.

⑵ 한국인이 지식층이긴 하나 아랍어 꾸란 사용으로 이슬람을 수용하기 어려울 것이다.

⑶ 무슬림들의 하루 다섯 번 기도나 라마단을 지키는 기본적인 종교의식도 쉽지 않다

⑷ 한국인의 독특한 음주문화가 이슬람의 철저한 금주를 지키는 것도 어려울 것이다.

⑸ 이슬람의 교세확장에 가장 중요한 요인으로 보는 무슬림 남성과 한국인 여성 결혼 증가에 대한 것은 "여성의 사회진출과 인권 존중이 날로 강조되는 한국 여성 사회에서 무슬림 여성상은 호기심과 비판의 대상

은 되어도 쉽게 용납은 되지 않을 것이다. 를 강조 했다. 이는 일부 사람들에게 사실적이기는 하다. 그러나 다른 면으로 보면 이슬람에 속고, 무슬림과 결혼하는 실례가 매우 많기 때문에 극히 위험한 논지일 뿐만 아니라 오히려 이슬에게 역공당하는 사례가 많기에 더욱 경계해야 한다는 것이 필자의 입장이다.

2) 한국 여성의 무슬림과 결혼, 실패된 사례 1 [19)]

2014년 12월에 신미선 씨의 안타까운 호소가 인터넷에 공개되었다. 내용은 파키스탄 무슬림, 한국 귀화자 무함마드 아씸 씨의 두 번째 아내로 2011년 3월 6일 이슬람 중앙사원서 결혼, 그 부모는 파키스탄 ㅅㄲ라 부르며 결혼식에도 불참했다. 아씸 씨의 첫 번째 아내 한국인도 4자녀와 함께 이슬람 공부를 위해 파키스탄으로 보내졌고 신체적, 정신적 폭력을 당하며 한국인과의 교류까지 차단당해도 순종 해야만 했다. 신 씨가 결혼 후 남편의 이슬람을 위한 지하드(성전 聖戰) 라는 명목으로 타인의 신용카드를 불법 복제 사용, 금융시스템 해킹, 밀수 행위에 이용되었으나 샤리아 법에 의해 지하드에 순종할 수밖에 없었고. 경찰의 수사가 시작되어 할 수 없이 한국에서 파키스탄으로 도피 했다.

파키스탄에 가보니 남편의 부모나 친척들은 아심 씨가 신 씨와 결혼 사실도 모르고 있어, 별거하게 되었고 첫 아이 낳고 몸조리 할 때, 지하드 요원을 집으로 데려와 함께 지내겠다는 남편의 결정에 동의하지 않자 신 씨에게 구타가 시작되었었다 그러나 참고 살아야만 했었다.

註 19) 이만석, 자랑스런 한국인 무슬림이라더니, Jesus Army 2014년 12월호 PP. 80~86.

그 후 남편은 두 명의 아내와 그 자녀들을 한 집에 같이 살게 했고 첫째 한국인 아내만 한국에 보내고 4명의 자녀를 신 씨가 돌보게 되었다. 남편은 신 씨를 계속 사기 행각에 이용하다가 범죄 사실이 들어나 2013년 2월 신 씨와 아들을 데리고 호주로 도피하였다. 호주에서 남편의 지시에 따라 허위 서류와 거짓 인터뷰로 이슬람 종교를 이용한 난민비자 신청 했다.

한국에 돌려보냈던 첫째부인은 6개월간 번 돈을 남편에게 보내서 아이들을 만날 수 있도록 허락 받고 호주로 다시 가다. 신 씨는 자기 두 딸을 데리고 탈출에 성공 호주 경찰의 도움으로 호주 여성 난민의 집에 살았다. 그러나 남편은 신 씨가 남편 허락 없이 두 아이 납치자로 호주에서 수배 대상이 되었다. 한국에선 신 씨가 남편의 범죄에 동조자로 수배 대상이었다.

호주 정부는 전직 탈레반이며 지폐 위조 및 사기 사건의 연루자인 아심 씨를 인권보호 차원에서 도와주고 있는 상황이었다. 진퇴양난에 빠진 신 씨는 체면불구하고 아고라 등 사이트에 자신의 두 딸을 흉악한 범죄자 남편에게 빼앗길 수 없습니다. 제발 제 두 딸을 구해 주세요. 라고 호소하며 자신의 사연을 공개 했다. 신 씨의 남편은 늘 "남성은 여성보다 우월하고 무슬림은 비 무슬림들 보다 우월하기 때문에 이슬람으로 개종하지 않으면 인간 취급을 받을 수 없다.(사실은 개종하지 않으면 죽이라는 교리(코란 9:5)를 강조 했다 한다.

3) 인터넷에 떠도는 웃지 못 할 한국 영주권 취득 매뉴얼

A 장애여성, 노처녀, 어린 여자에게 접근하라. B 한국 여성을 무조건

임신시켜라.

C 영어를 써라. D 한국 국적을 가질 때까지 결혼생활 2년을 유지해라. E 단속되면 통역을 요구하라[20] 파키스탄인 생활 수칙 5계명 이라고 인터넷에 떠돌고 있다.

4) 기독교인 여성이 결혼 후 무슬림으로 개종, 서약해야 하는 사연

필자가 과거 선교지에서 사역 할 때 마음 착한 서독 간호사 출신의 한국인 여성이 사우디 아라비아 취업, 근무 중에 그 곳의 무슬림과 결혼 후 인근 국가에서 사는 기독교 신앙생활은 매우 자유로 왔지만 두 남매를 출산, 초등학교 입학 무렵 어느 날, 법원에 가서 무슬림으로 개종하는 서약하였다. 사연인즉 어머니가 개종을 해야 자녀를 학교에 취학할 수 있기 때문이었다. 마음은 기독교인이지만 어쩔 수 없이 법적으로는 무슬림이 된 매우 안타까운 사실을 듣고 그냥 바라볼 수밖에 없었던 충격이 기억이 남아 있다. 한국인 여성이 무슬림을 전도하기 위해 결혼까지 해서 사랑과 인생을 다 쏟아 부어도 때가 되면 어쩔 수 없이 역공된 사례이다. 오늘 한국 여성이 무슬림과의 결혼은 한국 무슬림화로 역공 당하는 과정이 아니겠는가?. 그 자녀들을 위한 눈물의 기도 사역이 필요하다.

5) 무슬림 남성이 위장 결혼 사례 2.

한국에서 파키스탄 남성 무슬림이 한국 여성에게 위장 결혼을 하였다.

註 20) http://blog.naver.com/kso805/20198060870 파키스탄인 생활수칙 5계명이라 고 인터넷에 돈다.

⑴ 경남 창원해양경찰서 한국에 합법적으로 체류하기 위해 한국인 여성과 위장 혼인신고 했던 파키스탄인 노동자 N(32)씨와 한국인 여성 조모(32)씨, 그들을 소개한 여관 주인 방모(65)씨를 불구속 입건했다. N씨가 2008년 12월, 진주시 소재의 여관 주인 방 씨에게 결혼 대상자 소개료 100만원을 주고 부탁하여 그 여관에 월세로 거주하는 조 씨를 소개받아 위장 혼인 신고하였으며 방 씨는 소개 대가로 총 800만원을 받았다. 창원해경은 체류 기한을 연장하기 위한 N씨의 위장결혼 첩보를 입수하고 N씨를 추적, 붙잡았다.[21]

⑵ 2011.07.10 수원지법은 위장결혼 의혹으로 체류기간을 연장 받지 못한 파키스탄 국적의 마지드씨가... A씨와 결혼한 뒤 거주 자격을 변경 신청했다가 발각되었다.[22]

⑶ 파키스탄 국적의 일가족 2대가 한국 국적을 얻기 위해 한국인 여성 일가족 2대와 위장 결혼을 했다가 경찰에 붙잡혔다.[23] 서울지방경찰청 국제범죄수사대는 거짓으로 혼인 신고를 하고 한국 국적을 얻은 혐의 등으로 파키스탄 출신인 A(51)씨와 A씨의 아들(24), 조카(31세) 등 3명을 구속했다 고 밝혔다. 경찰은 또 가짜로 결혼해준 혐의로 금모(여·47)씨와 금 씨의 쌍둥이 두 딸(21)을 불구속 입건했다고 밝혔다. A씨는 1999년 경기도의 한 공장에서 불법 체류자 신분으로 일하다가 금 씨가 주거지 없이 모텔을 전전한다는 사실을 안 A씨는 "나와 서류상으로 결혼해주

註 21) 내외일보 경남 2013년11월28일 http://naewoeilbo.com에서 발췌된 내용
   22) http://tvpot.daum.net/clip/ClipView.do?clipid=34124597
   23) 조선일보 2015.04. 15 03:00 위장 결혼 파키스탄 일가족 모텔 떠돌던 세 母女에 방 얻어주겠다

면 방을 얻어주겠다"며 금 씨에게 접근해 2001년 거짓으로 혼인 신고를 했다. 그 대가로 A씨는 자기가 살던 연립주택 방 1칸을 금 씨에게 내줬다.

A씨는 2005년 6월 한국 국적을 얻은 뒤 이듬해 금 씨와 이혼하고, 3개월 만에 자신의 파키스탄 친구(38)에게 금씨를 소개해 두 사람이 다시 위장 결혼하도록 알선했다. 또 A씨는 2014년 2월 파키스탄에 있는 자신의 아들과 조카를 한국으로 불러 금씨의 쌍둥이 두 딸과 각각 위장 결혼시켰고, 그 대가로 이번엔 두 딸이 A씨 집에 들어와 살았다.

이들의 위장 결혼은 A씨의 아들이 서류상 부인으로 돼 있는 금씨의 작은딸을 성추행하고 작은딸이 이를 신고하면서 덜미를 잡혔다. 경찰은 "A씨가 당국의 위장 결혼 단속에 대비해 아들과 조카에게 금씨의 두 딸과 가짜 데이트 사진을 찍게 하고, 집 구조와 금씨 딸의 신체 특성 등을 외우게 했다". 이와 비슷한 노출되지 않은 건들이 한국 내에 얼마나 많을까?

3. 한국인 청년의 무슬림이 된 사례

1) 알리 킴(본명 김철 씨), 한국인 무슬림으로 30년[24]

2009년 당시 69세인 김철 씨는 갓 넘은 스무살 초에 출판계에서 사업 실패 후 이슬람 선교사에게 아랍어와 종교를 3년간 배우고 무슬림으로 개종했다. 그 전까지는 신촌 창광교회(이병규 목사)에서 정신적으로 많이 의지하였었으나 이태원 이슬람 사원 태국인 라사드 선교사의 제안으로 망해가는 할랄 정육점을 인수 받아 현재의 라사드 선교사와 정육점을

註 24) 조선일보 2009. 08. 02. "내 이름은 알리 킴, 한국인 무슬림으로 30년" 이란 제목의 기사, 한국에 사는 무슬림 이야기 4 참조.

함께 운영하는 무슬림이다. 86년 아시안게임 때 무슬림 참가 선수들을 위해 소를 500마리나 이슬람 율법에 따라 공헌 한 것에 대하여 큰 자부심을 갖고 있으며 현재 이슬람 비상대책 위원장직을 맡고 있다.

　2) 29세 박동신 씨가 무슬림으로 개종한 사례.[25]

　기독교 집안에서 태어나 목사가 되려고 했었으나 "존재에 대한 의문"이 풀지 못하고 있을 때 그 회답을 이슬람에서 찾았다 고 하면서 2009년에 무슬림으로 개종하였다. 처음에 부친의 반대를 심하게 받았으나 오랜 노력 끝에 자신의 종교를 부친께 인정 받았고 모친은 무슬림으로 개종했으며 박씨는 이스람과 아랍어 공부를 위해서 현재 모로코에서 유학 중이다. 박씨가 한국인 무슬림을 위해 운영하는 인터넷 카페 회원이 대부분 대학생들로 1,000명 넘었으며 평소에 종교에 관심을 두고 공부하다가 이슬람을 선택하는 경우가 많다고 했다. 명지대 아랍 지역학과 안정국 교수에 의하면 해외 거주하는 무슬림 공동체는 개척자 – 연쇄 이주 – 가족 이주 – 무슬림 신세대의 출현 등 4개의 발전 단계를 거친다. 현재 한국은 3단계로 진입 중이라 했다. 최근엔 내국인이 외국인 무슬림과 결혼으로 개종자가 증가 하면서 한국인과 외국인 부부에게서 2세들 코스림(Koslim)이 증가하고 있다.

4. 한국 내 이주민 사역으로 인한 열매들

　1) 김OO 선교사의 암미선교회 사역장에서 무슬림이었던 이란인 ㅅ씨

註 25) 중앙일보, 2015. 02. 28. "히잡쓰고 버스 탔더니…" 제하의 "현장 속으로" 의 기사.

가 예수 믿고 세례를 받은 후에 페루인 ㅈ와 1999년 3월 26일 자국민들에게는 알리지 않고 몇몇 한국인들의 축하를 받으며 결혼식을 올렸다.[26] 그 후 호주로 망명을 가서 시민권도 받고 예수 안에서 살고 있다.[27]

2) 셰르빈하세미 이란 출신 유학생 사례

이란인 세르반 하세미는 2010년 한국에 여행 왔다가 한국 유학을 결심하고 2011년 한국 정부 초청 장학생으로 입국, 박희덕(국립국제연구원) 연구사를 통해 성경을 알게 되었고 예수 믿게 되었다.[28]

3). ISF 무슬림 선교 사례 : A국가인, M 00대학교 한국어교실 학생 중 1:1 성경공부를 하게 되었으며 동료 멤버가 다니는 00교회 2달 출석했고 다른 00대학교회 목사를 통해 예수님을 인격적으로 영접하였다. 어학원 마치고 귀국하였다.[29]

4) 안디옥 선교회 인천 인도네시안교회(당시 담임 렌디 빠당 목사)에서 무슬림 형제와 자매들이 세례를 받고 귀국해서 다시 무슬림으로 돌아간 경우도 있다. 그러나 지금 현지 교회에서 사역자로 잘 섬기는 부디 형제와 메가 자매(남부 수마트라 빨렘방)가 있고, 시띠 자매(자카르타), 산토소(중부자바 솔로) 등이 좋은 열매의 경우이다.[30]

註 26) 기독신문 1999년 5월 12일 자 선교사 편지 내용 중 김영애 선교사(암미선교회) 부분 참조
  27) 2015년 7월 24일 본 기사 내용의 사역자에게 필자가 유선상으로 직접 확인, 내력을 확인 했다.
  28) "이슬람 국가 출신 유학생의 한국 상황" 국민일보 2014. 06. 21.
  29) 지문선, "국내 무슬림 유학생 사역" 한국내 이주민 사역의 현재와 미래, 2013. 5. 25., P. 278.
  30) 렌디 빠당, 이정기 발제자의 통전적 선교 모델로서의 한국 이주민 선교, 논찬 내용, "한국 내 이주민 사역의 현재와 미래", 한국 외국인지부, 2013. 5. 25. P. 248.

5) 이슬람 지역으로 역 파송 받은 터키계 이란인 이호잣 목사

1993년 외국인근로자로 입국 한 이호잣은 합판, 인쇄, 미싱공장 등에서 근로하던 중, 나섬공동체에서 한국어와 한국 문화를 배우며 활동하던 중 이슬람과 기독교의 차이는 무엇일까? 꾸란과 성경이 어떤 차이가 있는가? 등 의문을 가지고 교회 수련회에 참석하였을 때 한국 성도들의 믿음 안에서의 사랑에 감동을 받아 이슬람 관습을 조금씩 벗기 시작하였고 요한복음 14:6로 인하여 그리스도인이 되었다. 2002년 세례 받고 장신대와 신대원을 졸업, 2004년 12월 종교적인 이유로 난민자격 얻어 한국인으로 귀화 하였으며 교회 안에서 자원 봉사하던 배은경(44)씨와 결혼 1남 1여 두었다. 뿐만 아니라 2014년 12월 터키에 거주하는 이란계 터키인을 위한 사역자로 떠나게 되었다.[31]

나가는 말

1) 한국 내 이슬람 종교는 이미 정착된 상태이며 무슬림 증가 현상이 뚜렷하다. 이제 기독교인들에게 주어진 과제는 한국 내 무슬림 형제, 자매들을 구체적(국가와 지역, 개 가정별)으로 어떻게 접촉하며 전도할 것인지의 전문적이며 세밀한 사역 준비와 전략으로 시행해야겠다.

2) 한국의 일반인이 IS는 반대하지만 한국 내 이슬람 확장을 막을 의사는 없는 것 같다. 유럽에서의 IS도 반대하지만 무슬림을 혐오하는 것도 반대하는 현상과[32]과 유사하다. 이슬람 포비적 방법보다 는 하나님

註 31) "무슬림을 목회자로 만든 하나님 인도에 순종" 국민일보, 2014, 06..09, 국내 종교 난민 1호 이란 무슬림 목회자 된다" 국민일보 2013. 10 15
32) 국민일보 2015. 01 30 "두 개의 전쟁 치르는 유럽… IS 무슬림혐오 모두 반대합니다" 제하의 기사

의 사랑과 섭리적 인도로 권면하는 전도 방식에 매진해야 한다.

3) 기독교인에게 이슬람을 포함한 이단이나 불신 결혼 사례 예방과 집안 신앙 관리가 구체적이며 실제적 수행도 급선무이며 모두 함께 대응책을 강구해야 하겠다.

4) 사역자와 개 교회, 단체 간 내면적 연합으로 동역하되[33] 무슬림 출신 기독교 개종자를 적극 등용하여 앞세우며 동족 무슬림 사역에 소명을 가지고 자발적으로 함께하도록 하는 것이 가장 바람직하겠다.[34] 하나님의 은혜와 성령의 인도와 그의 능력으로 사역 되게 해야 한다.

우리 사역자 누구나, 아무 일에든지 다툼이나 허영으로 하지 말고 오직 겸손한 마음으로 각각 자기보다 남을 낮게 여기고 각각 자기 일을 돌볼뿐더러 또한 각각 다른 사람들의 일을 돌보아 나의 기쁨을 충만하게 하라(빌 2:3-4) 는 말씀에 늘 착념하여야겠다.

註 33) KWMA 1차 권역별선교전략회의(2014년 PP 167-170)에서 진용삼 사역자는 "말레이시아와 인도네시아 민속 무슬림 사역을 위한 제안에서 지난 40년간 무슬림 사역을 위한 상황화 논쟁 역사를 언급, 내부자운동 주장자들과 다른 입장들을 소개한 후 "하나님 앞에서 겸손하게" 라는 소제목으로 "신학과 방법론의 차이가 동역 자들끼리 차별화하여 서로를 멀어지게 해서는 안 된다. 각자의 소명과 방법, 은사에 따라 사역해야 한다." 또 "GP 무슬림 상황화 사역의 방향성의 협의문" 중에서 무슬림 상황화 사역과 관련, 진행되는 논쟁에 대해 서로의 차이 때문에 공격하고 분열되는 것을 반대한다. 무슬림 가운데서 다양한 방법을 사용하시는 하나님의 선교를 믿는다. 고 한 선언을 필자도 적극 지지한다.

34) 국민일보 입력 2010-05-27 '다종교 상황 하에서의 한국교회 미래' 포럼에서 김성태(총신대 신대원) 교수는 "무슬림들은 독특한 삶의 양식과 행동, 가치관을 갖고 있으며 분파와 지역, 문화에 따라 상이"하기 때문에 "일방적 복음 전파는 오히려 상대 마음의 문을 닫는 결과"가 초래될 수 있다. 무슬림 선교는 "선교사가 아닌 현지 무슬림 출신 기독교 개종자 중심으로" 수행하는 것이 가장 바람직하다.

제 12장

국내 무슬림 선교의 과제와 전략

– 이주노동자(우즈베키스탄, 인도네시아, 방글라데시)를 중심으로–

註 1) 백석대(선교학, Ph.D.), 국제이주민씨앗센터(IMSEED) 대표, 세계선교위(백석총회) 국내외국인지부장,

12. 국내 무슬림 선교의 과제와 전략

– 이주노동자(우즈베키스탄, 인도네시아, 방글라데시)를 중심으로–

들어가는 말

이슬람권에서 이주해 온 이주민을 섬기고 있는 필자는 그들의 삶의 애환을 함께하면서 어떻게 하면 그들의 문화를 이해하고 한국문화 속에서 경험하는 그들의 초기 갈등의 문제 해결과 더불어 선교 사역에 임할 것인가? 를 늘 고민해 왔다.

인간은 각각 상이한 문화적 개체이다. 서로 다른 환경 속에서 인간은 태어나고 양육되기 때문에 한 세대에서 다른 세대로 내려오는 삶의 양식 곧 문화가 상이할 수밖에 없다.

특히 동일 문화권이 아닌 타문화권에서 살아가는 이들이 경험하는 여러 가지 갈등을 이해하고 해결하는 것은 선교에 있어서 중요하다.

한국문화가 전통적인 단일 문화적 시각에서 벗어나 다문화 사회가 되어가고[2], 문화적 경계가 불분명한 이때 한국에 거주하는 무슬림들의 문화를 연구하여 타문화적 통찰력을 키우는 것은 무슬림선교에 있어 필수적인 일일 것이다.

최근 법무부 출입국의 이주민 실태조사에 따르면 2015년 7월말 현재 체류외국인은 1,,801,410명으로 전월(1,757,261명)보다 2.5% 증가하였으며, 전년 같은 시기(1,622,869명)에 비해 3.4% 증가하였다.[3] 무엇보다 이주 노동자와 국제결혼[4]에 의한 이주여성의 유입, 북한이탈주민의

註 2) 〈동아일보〉 2009년 8월 6일 통계자료를 통해 한국사회는 이제 본격적으로 다문화 사회에 진입하였다고 보도했다.
　　3) 〈법부무 출입국 외국인정책본부〉 "통계월보", 2015년 7월호.
　　4) 결혼이민자체류현황은 남자 22,937명 여자 126,809명 총 149,746명으로 중국(한국계포함) 39.5%, 베트남 26.4%, 필리핀 7.4%, 일본 8.5% 캄보디아 3.0% 등이다(자료: 법무부 출입국외국인정책 통계월보, 2015년 7월호)

급격한 증가 등으로 인하여 매우 빠르게 다양화되고 있다. 그에 따라 다문화 가정이 눈에 띄게 늘고 국민구성의 다양화가 증가하고 있다. 이렇게 급변하는 선교 환경에 비하여 국내 선교현장과 신학은 서로 교차, 공존하지 못하고 있는 실정이다.

이런 점을 염두에 두고 필자는 그동안의 사역현장을 중심으로 국내 무슬림 이주노동자들을 인터뷰하고 그들의 삶을 스케치하여 작성한 Qualitative Research 보고서와 설문조사를 실시하여 Quantitative Research 보고서를 작성해 보았다.

본 발표문에서는 광범위한 국내무슬림 선교의 서술[5]과 Research 보고서를 생략하고 필자의 선교현장을 중심으로 한 조사 연구와 사역 사례를 통해 그동안 논의된 이주민신학이 독특한 선교현장에서 충분히 표현되고 반영될 수 있었는지에 대한 평가와 이주민에 대한 추상적이고 형식적이며, 상대화되어 무력화되고 식상된 한국교회와 선교단체들의 매너리즘의 모습을 구체적으로 반성하고 그 대안을 제시하면서 국내 무슬림 선교가 세계 선교에 효과적으로 이바지할 수 있기를 기대해 본다.

I. Ethnographic [6]Research(Qualitative Research)

II. 설문 조사 (Quantitative Research)[7]

III. 사례 논의

註 5) 허은열, "이주노동자를 중심으로한 다문화 사회의 선교적 고찰"「선교와 개혁」, (서울: 도서출판 고려, 2008), 83-110.를 참조하라.

6) "ethnography"를 민족지(民族誌)로 번역했다. 민속지 (民俗誌) , 문화기술지(文化技術誌)라고 번역하기도 한다. "인종, 민족, 종족에 관해 쓴 기록"이라는 것을 의미한다. 결국 ethnography는 특정사회 구성원에 대하여 쓴 것을 말한다.

7) 허은열, 「다문화사회와 선교적 관점에서 본 국내무슬림공동체」, (서울: 도서출판 대서, 2015) 144-211을 참조하라.

IV. 적용과 제안

한국은 현재 어느 때보다 복합종교현상과 종교교차문화의 상황에 놓여 있다. 무슬림 개인의 사고는 공동체의 사고를 그 바탕에 두고 있다. 서구가 개인주의라면 이슬람은 공동체우선주의이다.[8] 필자는 이러한 점을 인식하여, 국내 무슬림 이주노동자중 우즈베키스탄, 인도네시아, 방글라데시 이주노동자를 대상으로 문화인류학적 관점에서의 조사(보고서 생략)와 설문을 실시했다. 그 연구결과를 통해 이슬람 공동체의 보편적 사고를 찾아내어 신학적 접근을 시도하고, 국내 무슬림 선교에 대한 과제와 전략을 도출했다.

한국 교회는 이러한 한국이슬람을 바르게 이해하고, 국내 무슬림들에게 기독교의 참된 진리를 전 할 수 있는 새로운 방법을 모색해야 한다.

1. 한국교회와 국내 이주민 무슬림 선교 과제 및 전략

한국교회 목회자와 지도자들은 먼저 자신들이 이슬람과 국내 무슬림에 대한 충분한 이해를 위해 자료와 정보 수집, 연구를 게을리 해서는 안 될 것이다. 그리고 교회 안에 이슬람분과위원회 등을 설치해 성도들에게 정기적으로 이슬람에 대한 올바른 지식을 전해야 한다. 이것은 주님이 주신 시대적 책임이다.

(1) 한국교회는 먼저 선교사를 해외로 파송하는 선교에만 관심을 가질 것이 아니라 국내 이주민 선교와 다문화가정이 주류를 이루고 있는 농촌

註 8) 이정순, "이슬람권에 대한 선교전략", 『증보기도핸드북』 (서울: 홀리네이션스, 2008), 67.

선교에도 새로운 관심을 갖는 선교적인 교회와 기관으로 거듭나야 한다. 이러한 인식 변화가 있을 때 국내 이주민 선교사로 헌신할 자가 나타날 것이다. 각 교회는 국내 이주민 선교사를 발굴, 교단 선교 위원회와 협력하여 이들이 적극적으로 선교사로서 헌신할 수 있도록 동기를 부여해야 한다.

(2) 국내 무슬림 공동체는 같은 민족, 같은 언어, 같은 습관을 가지고 있는 사람들이다. 한국교회와 선교단체는 그들과 이웃으로 하나가 되어 개개인에 관심과 열린 태도를 보여야 한다. 한국교회는 국내 이슬람을 경계하되 지나친 두려움과 부정적 생각을 버리고 그들이 한국 사회에 잘 적응할 수 있도록 성경에서 강조하는 온유와 사랑으로 사역해야 한다.

(3) 한국교회는 무슬림들을 예배에 참석시키는 데 집착하지 말아야 한다. 일부 선교 기관에서는 각 교회마다 외국인 예배를 신설하도록 권장하고 있지만[9]연구자의 연구 조사와 선교 경험에 의하면 국내 무슬림 선교는 개별 접촉과 간접선교만으로 가능하다. 각 교회는 현장의 선교 단체들과 협력을 통해 전문적이고 구체적인 사역은 현장 전문 선교 단체에게 맡기고 후원하고 돕는 간접 역할을 하는 것이 바람직한 선교 전략이 될 수 있다. 왜냐 하면 무슬림 이주노동자 선교는 예배당 중심이 아닌 삶의 현장 속에서 가능하기 때문이다. 사역자는 무슬림 공동체 안에서 삶을 함께 공유하며, 체험하며 그들의 신앙과 실천이 어떠한지를 자세히 알아야 하기 때문이다.

특히 한국의 지역교회는 사역 현장에서 성육신 원리에 따라 사역을 하고 있는 전문 선교사와 선교 단체에 전투적인 사역을 맡기고, 후원 등

註 9) 최병국, "제 2회 GMS 국내 외국인 사역자 영성 수련회", 2005.6.

의 간접 지원 역할에 집중해야 한다. 그것은 앞에서도 언급했듯이 국내 무슬림 이주노동자 사역은 성육신 원리에 기반을 둔 사역이야말로 중요하고 결정적이기 때문이다. 하나님 나라는 말에 있지 않고 능력에 있다.

(4) 포스터모더니즘(postmodernism) 시대를 살아가는 현대의 무슬림들은 이슬람 문화에서의 세속화라는 문화적 위기 속에 살아가고 있다. 이런 시대적 상황 속에서의 이슬람 선교는 그들의 실제적 필요를 채워주어야 한다. 그렉(Greg)의 선교 역사 연구에 의하면, 일단 실제적인 필요성이 하나님의 백성들에게 공감되었을 때에 그것은 언제나 기도를 일으켰고, 그 기도는 지도자들을 일으켜 하나의 운동성을 띄고 전개된다고 한다.[10] 그러나 그들에게 필요한 것과 그들이 원하는 것은 서로 다를 수 있다. 국내 무슬림 사역에 있어서 무슬림이 원하는 것과 필요한 것이 무엇인지 민감하게 반응하고 분별해야 한다. 그럴 때 사역자들도 그 필요성을 공감하고 기도를 일으키기 때문이다.

(5) 그들이 원하는 것은 국내에 이주한 목적과도 부합된다. 그것은 두 말 할 나위 없이 돈일 것이다. 상관관계 조사 결과 무슬림 이주노동자들의 한국사회에서의 경제적 적응도가 높으면 높을수록 교회 공동체에 관심과 이해가 높은 것으로 나타났다. 이들의 경제적 적응을 위해서 교회가 관심을 가지고 전략적으로 도울 수 있을 것이다. 이것은 선교의 접촉점으로 중요하다. 그러나 그들에게 진정 필요한 것은 인간다운 삶이다. 그들이 돈이 없어 가난한 것이 아니라 마음 가운데 예수 그리스도가 없

註 10) Greg Livingston, Planting churches in Muslim Cities (Baker Book, 1994), 54.

기 때문에 가난하다. 그들의 우주적 필요는 가난, 실직, 질병의 두려움으로부터 자유케 되는 것이다. 이 필요를 채울 수 있는 것은 오직 예수 그리스도의 복음이다. 타종교 문화권을 향한 기독교의 물량 공세적이면서, 정복적이고도 일방적인 선교에 대한 자성이 많이 일고 있는 요즈음, 한국으로 모여든 이주 노동자들을 향한 올바른 선교가 어떤 것인지를 연구 결과는 보여준다. 그들이 원하는 것은 물질(돈)이지만, 진정 원하는 것은 인간다운 삶을 위한 기본권 보장이다. 여기에 선교의 당위성이 있다.

⑥ 물량공세적 선교를 지양해야 한다. 선교의 물량공세로 인한 폐해는 너무 크다. 어느새 이주노동자들은 사역자들이 자기들로 인해 돈을 받고(미국, 국가, 큰 교회로부터)있다고 생각하며 사역자들의 값진 사역을 당연하게 받아들여, 자기들이 도움을 받는 것은 너무나 당연하고 오히려 자기들을 선교사의 생활비를 창출하는 주체로 여긴다(그럴 이유가 충분히 있다). 때문에 갈수록 선교의 열매를 맺기 힘들고 복음 전도의 본질이 희석되는 가장 근본적 문제들이 발생하고 있다. 특히 지역 대형교회의 물량 공세적 선교는 지양되어야 한다. 이는 현장에서 열정적으로 사역하는 사역자들에게 큰 상처를 주고 용기를 뺏어 결국 복음의 씨앗을 앗아가는 행위임을 명심해야 할 것이다. 이것은 이주노동자들의 한국사회에서의 경제적 적응에도 결코 도움이 되지 않는다.

2. 교단 선교위원회와 국내 무슬림 이주노동자 선교 과제와 전략

한국교회가 이주노동자 선교를 함에 있어 가장 큰 문제점은 이주노동자 선교 인식 부족으로 나타났다.(36.9%) 그 다음으로 전문 사역자 부족

(27.3%), 협력 선교의 부족(14.5%), 물량 선교(11.1%), 이주노동자 선교 신학의 정립(6.8%), 기타(3.4%) 등으로 나타났다.[11]

선교대국으로 일컬어지는 한국 선교가 아직도 국내 이주민 선교에는 한국 교회의 이주민 선교의 인식 부족과 전문 사역자의 부족으로 그 역량을 미치지 못하고 있다는 것은 각 교단 선교위원회가 풀어할 선교적 과제이다.

1) 한국 교회 각 교단 선교위원회는 한국 세계 선교에 국내 이주민 (특히 무슬림) 선교사들의 헌신이 크게 기여하고 있음을 인정해야 한다. 국내 이주민 선교 사역을 위해 선교 인력을 개발하고 검토해야 한다.

2) 각 교단 선교위원회 지도자들은 해외 선교사의 경험이 있는 자들의 잠재력에 대하여 연구해야 한다. 타문화권 선교 경험이 있는 자들은 이미 사역지 문화이해와 언어 구사가 가능한 장점이 있다. 그들을 한국 상황에 맞게 사역할 수 있는 사역자로 재교육시켜 이주민 사역에 투입 시킨다면 효과적인 이주민 선교에 일익을 담당할 것이다. 그들의 독특한 통찰력과 선교 기여도의 가치를 인정하여 국내 이주민 선교사로 재 파송하는 프로그램을 개발해야 한다.

3) 선교는 정적인 것이 아니라 동적인 것이다. 선교는 살아 움직이는 생물이다. 선교에는 생명이 있기 때문이다. 그동안 선교는 시대 상황에 따라 산업 선교, 도시 선교, 농촌 선교 등으로 진행되어 왔다. 한국사회

註 11) 김영애, "이주노동자 선교의 신학적 고찰 및 활성화 방안-암미선교회를 중심으로", Reformed Theological Seminary D.Min/ICS 학위청구논문 (2008학년도), 49.

가 다문화 다민족 사회로 급격이 변화되고 있는 가운데 한국 세계 선교도 시대에 맞게 변화를 요구 받고 있다. 그것은 이주민 선교이다.

각 교단 선교위원회는 이 점을 직시하고 국내 이주민 선교사 제도를 실시하고(이미 실시하고 있는 교단도 있다) 확대 편성하여 해외선교사와 동등한 자격을 부여하고 국내 이주민 선교 현장으로 책임있게 파송해야 한다.

4) 그동안 한국 교회는 국내 선교 사역이 해외 선교 사역보다 과소 평가 되어 국내 이주민 사역자에 대한 배려와 격려가 비교적 미약했다. 이러한 관점은 한국 사회와 한국 교회내에서 해외 선교사 중심적이며 해외 선교 사역을 더 높이 평가하고 중요하게 인식하는 경향에 영향을 끼치고 있다. 이제 각 교단 선교위원회는 인식의 전환을 요구 받고 있다. 인식의 변화가 있을 때만이 한국 선교가 세계 속으로 성장할 것이다.

5) 각 교단 선교위원회는 국내 이주민 선교부서를 설치(GMS등 이미 잘하고 있는 교단도 있다)하고 이주민 선교사들이 필요로 하는 자료나, 서적, 뉴스 레타 등을 발행하여 간접적으로 사역의 활성화를 위해 도와야 한다. 또한 중요한 선교정책 등 의사결정 과정에서 있어서 국내 이주민 선교사를 해외 선교사와 동등한 자격으로 포함 시켜야 한다.

6) 각 교회는 국내 이주민 선교사를 발굴하고, 교단 선교위원회에서는 개발된 훈련 프로그램을 통해 위임 받은 이들에게 비전을 심어 주어 무슬림 이주노동자의 한국사회 적응을 도울 수 있는 자질을 개발시켜 파송 교회를 통해 이주민 선교 단체에 책임 있게 파송해야 한다. 이것을 위해

각 교단 선교위원회는 지역 교회와 현장 선교단체를 연결시켜 동역의 장을 잘 마련해 주어야 한다.

7) 무슬림 선교는 특히 선교협력을 강화해야 한다. 선교와 연합은 동전의 양면이다. 이슬람의 도전이 심한 선교현장에서 선교사간, 선교 단체 간의 협력은 필연적이며 성경적이다. 그러나 협력의 범위가 단순치 않다. 말로는 협력을 이야기하지만 깊이 들여다보면 개 단체 성장주의가 어느새 선교지에도 들어와 있다. 문어발식으로 팽창하는 대형선교단체가 무언의 폭력으로 소단체들을 귀속시키고 결과적으로 사역의 열정과 비전을 뺏어가 선교사는 탈진(Burn out)되고 만다. 여기에서 살아남기 위한 소선교회는 선교사간, 단체 간 기본적 상식과 윤리를 무시한 채 수단과 방법을 가리지 않고 양적 팽창에 치중하는 모습을 보게 된다. 또한 이주민 선교에도 보수와 진보가 나누어져 한국교회의 못된 역사를 답습하고 있다. 여기에 이주민 선교의 한계가 있다고 본다.

무슬림 이주민 선교는 선교사 간의 협력은 물론이거니와 현장의 선교회와 교회들 간의 협력, 나아가 교단과 교단과의 협력도 절실히 요구된다. 특히 진실되고 낮아지고 희생하는 이주민 선교 네트워크가 필요하다.

각 교단 선교위원회에서는 이러한 전국적인 네트워크에 중심적이고도 책임 있게 참여하여 현장 선교 단체들의 실태를 스케치해야 한다. 또한 선교 현장을 직접 리서치 하여 지역 혹은 국가별 사역의 효과를 증대시킬 수 있도록 선교사간, 선교단체간의 분쟁의 소지를 예방하고 협력을 강화 시킬 수 있는 기구 설치도 바람직한 선교 전략일 것이다.

8) 한국 이슬람 선교 전략에 대응하기 위해 테스크 포스를 설치해야

한다.

　'한국에서 교회에 가본 경험이 있습니까' 라는 질문에는 '있다'
(64.8.%)로 대부분이 경험이 있음을 말해 준다. '경험이 있다면, 교회에
가는 이유가 무엇이라 생각하십니까?' 라는 질문에 '교제' (39.1%)를 위
해서가 가장 많이 나타났고 다음이 '결혼 상대자를 만나기 위해' (17.8%)
로 나타났다. 무슬림 이주노동자들의 대부분은 교회에 가본 적이 있으며
이들이 교회에 오는 이유가 교제와 결혼 상대자를 구하기 위한 것이라는
사실은 선교 전략 측면에서 대단히 중요한 사실이다. '나는 한국에서 마
음에 드는 이성이 있으면 결혼하고 싶다' 라는 질문에 '그렇다' (22.8%)
'매우 그렇다' (15.4%)로 나타난 사실과 국내 무슬림 이주노동자 중
40.3%가 '무슬림 이주노동자 중에 이맘이 있다' 고 응답한 사실, '앞으
로 한국이 이슬람화가 될 가능성이 있다' 라는 질문에도 '보통이다'
(22%) '그렇다' (10.8%) '매우 그렇다' (11.2%)로 상당수가 긍정적으로 답
변한 사실들과 연계시켜 생각해 볼 수 있다. 이미 무슬림과의 국제결혼
을 통해 피해를 입은 한국 여성들의 사례들이 속출하고 있다. 이 사실은
한국 이슬람이 2005년 11월에 발표한 'Vision 2020' 의 7대 전략중 하나
인 결혼 전략이 순조롭게 진행될 수 있음을 보여준다. 각 교단 선교 위원
회는 이러한 사실을 각 교회가 알 수 있도록 해야 하는 책임이 있다. 현
장 선교회가 무슬림을 예수그리스도의 참된 사랑으로 다가가 진리의 복
음을 정확하게 전하기 위해서는 각 교단 선교위원회는 한국 이슬람의
'다와' 전략을 이해, 분석하는 차원을 넘어서 현재 진행 중인 정보와 함
께 선교 전략을 구체적으로 현장 사역자와 교회에 전달하는 역할을 해야
한다.

　안타깝게도 이슬람에 대한 대부분의 자료는 오일 달러에 의해 움직이

는 이슬람 기관이나 단체, 학자들에 의해 발표된 일부 자료에 의존하고 있는 실정이다. 다행히 현재 각 교단 선교위원회는 이슬람 대책위원회를 세워 놓고 있는 상태에 있다.

한국 이슬람 선교 전략에 대응하고 현장 사역자들이 효과적으로 복음을 전하기 위해서는 각 교단과 선교단체간의 연합 태스크 포스뿐만 아니라 각 교단 선교 위원회 안에 이슬람 전문 연구 기관을 설치하고 실제적으로 교단 선교회와 교회를 움직일 수 있는 인적 자원과 물적 재원을 마련해야 한다. 필자의 연구 결과는 세계 이슬람 공동체의 '다와' 전략이 한국을 교두보로해서 진행되고 있음을 밝히기에 충분하다. 또한 대응 시기를 놓치면 엄청난 대가를 지불해야 함을 충분히 경고 하고 있는 것이다.

3. 이주민 선교 단체와 국내 무슬림이주노동자 선교 과제

국내 무슬림 선교의 최전방에 있는 이주 노동자 선교 단체들은 시대의 막중한 책임감과 소명을 의식해야 한다. 그것은 한국 속의 세계 선교의 주역들이기 때문이다. 노동의 유연화에 따라 무슬림 이주노동자들은 계속 유입되고 있다. 이슬람의 한국 러시는 선교의 기회일 수도 있지만 문명의 충돌로서 선교의 위협이 될 수도 있다. 이것을 어떻게 자리매김할 것인가가 선교 현장에서의 선교적 과제이다.

1) 안타깝게도 한국 내 이슬람 선교 전략은 보수와 진보로 나누어져 있는 것이 현실이다. 전자는 사회 안정과 평화를 위하여 문제가 될 수 있는 노동자나 외국인 유입은 적절한 통제나 제한 조치를 취해야 한다는 입장이고 후자는 시대적 흐름에 따라 무슬림의 한국 러시를 선교의 기회

로 삼자는 것이다. 필자가 사역하고 있는 사역 현장에서는 둘 다 존중되어야 하는 정책임을 경험하고 있다. 만약 국내 이슬람 선교 정책이 양극화 된다면 불행한 일이다. 이것은 한국 국민과 한국교회 성도들이 이슬람을 바로 이해하는 데 가장 큰 걸림돌이 되기 때문이다. 또한 이것은 한국 이슬람의 포교전략에 말려 들 수 있기 때문이다.

현장의 무슬림을 대상으로 하는 선교 단체들은 양분화 되어 있는 국내 이슬람 선교정책을 하나로 묶는 역할을 꾸준히 해야 한다. 그것을 위한 태스크 포스(Task Force)를 형성할 필요가 있다.

2) 한국 이슬람 '다와' 전략은 다양하면서도 현실적 상황에 잘 맞춰져 있다. 예를 들면, 한국인들의 높은 교육열과 교육 수준을 잘 활용하여 대학 교수와 대학생 등을 대상으로 한 교육 및 출판 사업을 통한 접근 등을 들 수 있다. 내면적으로는 평화의 종교란 슬로건으로 결속력을 강화시키고 표면적으로 나타나는 모스크, 라마단, 오일 펀드 등은 이슬람 움마(Ummah)의 큰 세력(Power)이 되면서 '다와' 전략을 이끌고 있다. 또한 국내 이슬람선교를 위한 기독교의 세미나 자료, 정보 등을 역으로 이용하고 있다.

이러한 간접 선교에 초점을 두고 있는 한국 이슬람에 대응하기 위해서는 현장의 선교단체들은 선교학자들의 이론에만 의존할 것이 아니라 태스크 포스를 결성하여 이들의 전략을 역으로 이용할 수 있는 실제적이고도 강력한 매뉴얼을 준비해야 한다.

3) 전 세계 무슬림 중 20%만이 꾸란을 이해하는 것으로 알려져 있다. 국내 무슬림이주노동자를 대상으로 한 꾸란 학습 정도의 질문에서는

66%가 '꾸란을 배우고 있거나(33%) 배운 적이 있고(19%) 주석을 할 수 있다 (14%)'로 응답하여 꾸란 이해 정도가 상당히 높은 수치를 나타내고 있다. 그러나 많은 경우 이주노동자들이 자국에서 꾸란을 접하기가 쉽지 않다. 오히려 한국어를 이해하는 무슬림들이 한국에서 한국어 꾸란을 접하는 경우가 많다. 이미 자국에서 어느 정도 한국어를 배워서 오는 무슬림들이 한국에 와서 교회, 선교 단체나 인권 단체 등에서 한국어를 더 배워 모스크에 가서 한국어 꾸란으로 학습하는 경우가 종종 있다. 이들이 이맘의 역할을 하는 경우도 있다.

따라서 무슬림을 대상으로 사역하는 선교 단체들은 한글 교육 자체에만 관심을 가질 것이 아니라 한글 교육을 시킨 후에 그들을 끝까지 관리할 수 있는 제도적 장치를 마련하고 그리스도의 사랑과 기도를 통해 잘 관리해야 한다. 그렇지 않으면 간접적으로 한국 이슬람 '다와' 전략을 도우는 결과를 초래한다. 나아가 현장 선교사들은 꾸란을 배우면 좋을 것이다.

4) 무슬림 이주노동자들은 출신지별로 공동체(Ummah)를 형성하면서 살아가고 있다. 국내 우즈베키스탄 공동체로는 안산 공동체, 인천 남동공단 공동체, 오산 공동체 등이 유명하다. 이곳에서는 노동자 이맘이 중심이 되어 함께 기숙하면서 기숙사를 무슬림 기도처소로 사용하고 있으면서 예배를 드리고 있다. 앞으로 게토(Ghetto)화 될 확률이 높다. 설문 조사에서 설문에 응한 국내 무슬림 이주노동자중 38%가 무슬림 이주노동자 중에 이맘이 있다고 응답한 사실은 국내 무슬림 대상 선교 단체들에게 시사하는 바가 크다. 따라서 현장 선교단체들은 이들을 공동체에서 이끌어 낼 적극적인 프로그램과 대안을 마련하고 공동체 모임을 대체할 수 있는 다양한 정책을 개발해야 한다.

5) 의사소통(Communicatiom) 을 위한 한국어 사용 모델을 제안한다. 현재 국내 이주민 대상 선교단체들의 대부분은 언어권별로 사역을 하고 있다. 그 이유는 선교에 있어 의사소통(Communication)이 중요하기 때문이다. 해당 국가에서 선교사 경험이 있는 선교사가 국내 이주민선교 사역자로 유리하다. 그 이유는 언어가 어느 정도 되기 때문이다. 그렇기 때문에 선교사 경험이 있는 선교사가 그 언어권의 국가를 담당하는 것이 가장 좋은 방법으로 여겨져 왔다. 나아가 현지인 목회자를 초청해 사역을 맡기기를 더 선호해 왔다. 그 역시 선교에 있어서 의사소통의 중요성 때문일 것이다.

선교에 있어 의사소통의 중요성은 두 말할 나위가 없다. 필자도 '선교는 언어다' 라는 주제로 짧은 글을 써 기고한 적이 있다. 그러나 그것은 절대적인 것은 아니다. 선교는 상황이 변하면 그 접근 방법도 달라져야 한다. 이슬람이 몰려오고 있는 국내 상황에서 그러한 일반적 상황만을 고집해서는 안 된다. 어떻게 하면 실제 무슬림 이주노동자들에게 복음이 전해지고 복음화 될 확률이 높은 것인가를 실험하고 연구하여 적용해야 한다. 언어 소통이 가능하면서도 영성과 선교사의 자질을 갖추지 못한 사역자가 있는가 하면, 해당 국가의 언어는 몰라도 깊은 영성과 선교사

註 12) 설문 조사 결과 '한국문화적응' 질문에서 '나는 한국문화에 익숙해 있다' 란 질문에 응답자중 '그렇다' (37.5%)와 '매우 그렇다' (21.3%)가 58.8%로 나타났다. 또한 '나는 한국 문화를 즐긴다' 란 질문에 '그렇다' (44.2%) '매우 그렇다' (25.7%)로 69.9%의 높은 수치가 나타났다. 그리고 '나는 한국어를 잘한다고 생각한다' 라는 질문에는 응답자의 33.3%가 '보통이다' 33.3%가 '그렇다' 11.6%가 '매우 그렇다' 로 나타났다. '나는 한국어도 잘 알아들을 수 있다' 라는 질문에도 그렇다(34.2%) '매우 그렇다' (12.9%)로 비슷한 수치를 보이고 있다. '나는 한국에서의 사회생활이 어려움이 없다' 라는 질문에도 '그렇다' (39.4%) '매우 그렇다' (19.7%)로 비슷한 결과가 나타났다. 한국에서 어려움이 있다면, 한국 사회에서 겪는 가장 큰 곤란은 무엇입니까? 라는 질문에 언어 장벽이 40.2%로 가장 높게 나타났다. '의사소통이 잘 이루어지고 있다면 주로 어떤 방식으로 이루어집니까?라는 질문에 ' 통역 '(8%) '본국어' (18.8%) '한국어' (60.5%)로 나타났다.

의 자질을 갖춘 선교사가 있다. 대신 선교 대상자는 어느 정도 한국어가 가능하고 한국문화에도 익숙해 있다. 선교지도 해외가 아니고 한국 땅이다. 그렇다면 이제는 실제적 평가와 점검이 필요한 시점이다. 필자의 설문 조사 연구 결과를[12] 토대로 한국어 사용 선교 모델을 제시하고자 한다.

이 사실은 한국에서의 무슬림 이주노동자들에게 있어서 한국어를 사용할 때 사회생활에 어려움이 없다고 정리해 볼 수 있다. 한국어가 공용어로 자리매김해 가고 있음을 알 수 있다.

연구 결과 무슬림 이주노동자들의 대부분이 한국 문화에 익숙해 있고 한국어 이해가 상당한 수준이었다. 그리고 한국에서의 사회생활도 별 어려움이 없다고 대답했다. 이들은 한국어를 사용하면서 한국문화를 즐기고 한국 사회생활에 익숙해 간다고 볼 수 있다. 그런데 사회생활을 하는 데 가장 곤란을 겪는 것이 언어 장벽이라는 사실은 앞으로 한국어 사용을 통해서만 언어 장벽의 문제를 해결 할 수 있다는 증거이다. 또한 한국어 활성화가 더욱 빨리 진행될 것임을 예고한다.

이러한 사실은 선교전략적인 측면에서도 언어 소통(Communication)의 새로운 패러다임을 요구받고 있다. 그것은 한국어 사용 모델이다. 그 이유는 아래와 같다.

첫째, 무슬림 이주노동자들은 한국 생활에 적응하기 위해 한국어를 배우기를 원하고 한국어 사용을 즐기며 자랑스럽게 생각한다. 국내에 노동자를 송출하는 많은 이슬람 국가에서 한국어 붐이 일고 있다. 무슬림 국가에서 오는 이주노동자들은 대체로 이미 상당한 수준의 한국어 실력을 갖추고 입국한다. 이들에게는 자국어보다 한국어 사용이 더 매력적이다.

둘째, 국내 무슬림 이주노동자중 상당수가 중앙아시아권, 방글라데시권에서 온 이주노동자들이다. 이 국가 언어들은 한국어과 같은 알타이어계에 속한다. 따라서 자국어와 유사한 한국어는 익히기가 쉽고 커뮤니케이션이 용이하다. (예: 이슬람국가를 의미하는 ㅅ탄은 땅의 고대어이다)

셋째, 선교 환경의 변화이다. 선교사와 선교대상자의 환경이 바뀐 상황을 충분히 고려해야 한다. 해외 선교는 선교사가 선교지의 문화와 언어를 익혀야 한다. 그러나 국내 무슬림 사역은 선교 대상자가 자연스럽게 선교현장의 문화와 언어를 빠른 속도로 익히고 있다. 여기서 효과적인 국내 무슬림 선교를 위한 언어 사용을 숙고해 보아야 한다.

몇년 간 선교지에서 익힌 어슬픈 현지어로 복음에 대한 이해가 전혀 없는 선교 대상자에게 복음을 전할 것인가? 확실한 의미를 이해하고 있는 Speaker가 이미 한국 문화와 한국어에 어느 정도 익숙한 대상을 상대로 한국어로 복음을 전할 것인가? 깊이 생각해 보아야 한다. 필자는 설문 조사를 분석하고 해석해 보았을 때 후자가 효과적이라고 본다. 복음 전도는 성령의 강한 역사하심이 있어야 한다. 그러기 위해서는 전달자의 영성이 중요하다. 복음 전달자는 확실한 복음의 내용을 정확하고도 담대하게 전해야 한다. 사실 한국어로 복음을 전하는 것도 쉬운 일이 아니다. 그런데 외국어로 복음을 전한다는 것은 쉬운 일이 결코 아닐 것이다. 전달자가 언어가 익숙하지 않으면 영성도 떨어질 수 밖에 없다. 외국어 사용이 완벽하다면 금상첨화일 것이다. 그러나 대부분 그렇지 못하다. 복음 전도의 대상자가 복음 수용의 문화에 어느 적응 하고 있을 때는 한국어 사용이 효과적일 것이다. 특히 복음을 한 번도 들어 보지 못한 미전도 무슬림들에게는 여러 변인들을 생각해 볼 때 더욱 그렇다.

넷째, 국내 무슬림을 대상으로 하는 사역자는 현지인 사역자를 우선 배제하는 것이 선교전략적 측면에서 효과적일 수 있다. 이주민을 상대로 사역하는 선교 단체나 외국인 예배를 하고 있는 교회에서는 현지인 사역자를 인도자로 세우기를 선호한다. 이러한 방법은 복음의 접촉점을 마련하는 데는 효과적이지 못하다. 왜냐하면 복음에 대한 이해가 없는 이주민들은 교회나 선교 단체 등 기독교 기관에 오는 이유가 한국 생활에서 힘들고 어려운 부분을 해결받기 위해서 온다. 이 부분을 한국 교회나 선교단체들은 복음의 접촉점으로 활용하고 있다. 그렇기 때문에 한국 사람이 아닌 자국 인도자는 그들 입장에서는 별로 도움이 되지 않는다. 특히 무슬림권에서 온 목회자는 믿음이 전혀 없는 무슬림들이 보았을 때는 최고의 반역자에 속한다. 오히려 공격의 대상이 된다. 각 선교 단체들은 이러한 점을 유의해야 한다.

F선교회에서는 인도네시아인 P목사가 인도네시아 예배를 인도하고 있는데 소수의 멤버들이 출석하고 있다. A선교회에서는 한국인 K선교사가 인도네시아 예배를 인도하고 있는데 4-50명의 멤버가 출석한다. 이것은 무엇을 말해 주고 있는가? 첫째는 필요에 의한 선교 모델이 적용되는 것이고 둘째는 전통적으로 알고 있는 예배 의사소통13)에 대한 새로운 패러다임을 요구받고 있는 것이다. C선교회에서는 현지인 U목사를 초청해 왔다가 결국 귀국한 경우가 있다. 많은 U국 무슬림들이 그를 놓고 배신자라고하면서 공격의 마음을 가지고 있다는 사실도 알게 되었다.

다섯 번째, 국내 무슬림 선교를 위한 사역자는 단계별 투입이 용이할 것이다. 1단계: 복음의 접촉점 단계, 2단계: 기본적인 복음 전달 단계, 3

註 13) 전통적인 의사소통이란 '자국민에게는 자국어로 설교하는 것이 가장 효과적이다' 란 생각이다.

단계: 제자훈련(양육) 단계로 나누어 상황에 맞게 맞춤형으로 사역자를 투입한다. 여기서 1,2단계는 한국인 사역자를 3단계는 현지인 사역자 투입이 바람직하다.

V 나가는 말

이주노동자 중 무슬림이 다수인 중앙아시아(특히 우즈백) 인도네시아, 방글라데시 무슬림 이주노동자를 대상으로 사역하고 있는 필자로서는 이번 연구를 통해 도전과 감동을 주는 열기를 다시 한 번 느껴본다. 무슬림 이주노동자는 우리와 상이한 문화적, 종교적 배경을 지니고 있다. 사회적 적응에 대한 조사 결과 한국사회에 적응함에 있어 수용과 분리라는 대립적인 양상을 보이기도 한다.

이주노동자 무슬림은 한국 사회에 적응하고 사회적 네트워크를 구성해 가는 과정에서 심리적 갈등과 좌절을 겪기도 한다. 한국인과 종교적 문화적 갈등도 겪고 있는 것으로 나타난다. 그들이 처해 있는 열악한 환경은 오히려 무슬림 공동체의 정체성을 강화시키는 역할을 하고 있다. 미등록 상태의 신분, 아직 남아 있는 한국 사회의 선입견, 노출되어 있는 인권 문제, 낮은 경제력 등은 그들을 한국 사회에서 주변화 시키고 분리시키는 원인이 되고 있다. 무슬림 이주노동자 공동체는 그들이 가장 필요로 하는 자신들의 권리를 보호하고 정체성을 강화시키는 구심점으로 사회적 역할을 담당, 우리 사회의 게토로 남을 가능성이 있다.

먼저 한국 교회의 세계복음화를 위해서는 똑같이 세계 선교를 지향하고 있으면서도 진리문제로 정면 대치되고 있는 이슬람교를 올바로 이해하고 이슬람 공동체와 기독교 공동체 양 쪽 모두에게 죄인들에게 베풀어

주신 하나님의 위대한 사랑과 구원의 역사성과 사실성에 관해서 확실하게 말해야 한다. 이것은 문화 다원주의 사회에서 한국교회의 존재 이유이자, 선교적 과제이며 도전인 것이다.

매년 수천 명의 무슬림들이 서방 세계를 방문하고 있다. 많은 자본으로 서방 세계를 이슬람화 하려는 무슬림들의 정책을 역으로 사용해 서방으로 온 그들을 개종시키는 전략은 매우 효과적인 선교 전략일 수 있다. 이슬람은 공동체 문화이다. 한국에 거주하는 중동 무슬림 공동체, 중앙 아시아 무슬림 공동체, 아프리카 무슬림 공동체 등을 이슬람 선교의 접촉점, 전략적 대상으로 삼아 소수의 개종자라 할지라도 그들을 철저히 훈련시켜 자국에 역 파송하여 그들로 하여금 현지 사역을 감당할 수 있는 지도자로 양성하는 것이 아주 효과적인 이슬람 선교이다. 그런 의미에서 무슬림 이주 노동자 사역은 대단히 중요하다. 각 교회는 한국에 거주하는 무슬림 공동체의 특징을 잘 활용하여 국내 무슬림에 대한 구체적 전략과 함께 연구를 위해 힘을 모아야 할 것이다.

하나님과 이웃에게 소외되고 버려진 사람들과 그러한 지역을 대상으로, 그들의 영육의 '필요와 요구'(needs and claims)를 공급하고 사역하는 것은 위대한 것이며 이보다 더 매력적인 것은 없다.[14] 무슬림 이주노동자 선교사역이란 바로 이러한 무슬림 이주노동자 선교 현장의 상황에서 출발한다. 무슬림 이주 노동자의 한국 유입은 위기이자 기회일 수 있다. 이 땅에서 예수 그리스도의 제자화된 그들이 전 세계 무슬림을 향해 선교하는 역발상 선교전략은 다이나믹한 이슬람 세계 선교 운동의 초석이 될 것이며, 본 논고가 한국교회에 생명력 있게 작용하여 한국교회가 무슬림을 향한 선교적 교회로 견고해져 세계선교의 새로운 전기가 될 것임을 기대한다.

註 14) 김은홍, "개혁주의 관점으로부터의 선교사 영성: "멤버케어'의 제안", 223.

참 고 문 헌

1. 단행본

공일주.「코란의 이해」서울: 한국외국어대학교 출판부, 2008.

김마가. "전문가 좌담: 찾아온 무슬림들 선교 기회",「이슬람이 오고 있다」2008.

문화관광부편.「이주민 공동체의 문화다양성에 대한 조사연구」서울: 문화관광부 출판부. 2007.

박찬식, 이우성편.「한국교회여, 미래사회를 대비하라」서울: 기독교산업사회연구소, 2006.

이주노동자인권연대,「이주노동자운동의미래, 그리고 진정한 연대를 향한 모색」2005.

인천지역 이주노동 활성화를 위한 토론회 준비모임편.「인천지역 이주운동 활성화를 위한 토론회 자료집」서울: 2008.

전호진.「문명충돌 시대의 선교」서울: CLC, 2003.

허은열.「다문화사회와 선교적 관점에서 본 국내무슬림 공동체」서울: 도서출판 대서, 2015.

Abdul Kadir Kurdi. the Islamic State (New York: Mansell Publishing Limited, 1984.

Greg Livingston. Planting churches in Muslim Cities, Baker Book, 1994.

2. 번역본

　　마르코 마르티니엘로. 「현대사회와 다문화주의」윤진 옮김, 서울: 한울.
　　　　2007.

　　이주노동자와 연대하는 전일본 네트워크 지음. 「이주민과 함께 살아가기」
　　　　이혜진.이한숙 옮김, 서울: 산지니, 2007.

　　필파샬. 「무슬림 전도의 새로운 방향」 채슬기 역, 서울: 예루살렘, 2003.

3. 논문

　　김영애. "이주노동자 선교의 신학적 고찰 및 활성화 방안-암미선교회를 중
　　　　심으로", Reformed Theological Seminary D.Min/ICS 학위청구
　　　　논문, 2008학년도

　　김은홍. "개혁주의 관점으로부터의 선교사 영성: '멤버케어' 의 제안"

　　이종민. "국내 이주 노동자 자녀들을 위한 다문화 종교 가능성 연구". 서울:
　　　　연세대학교 교육대학원, 2007.

　　장훈태. "교회와 다문화사회 선교", 총회세계선교위원회 2008선교포럼 논
　　　　문, 2008.

　　최병국. "제 2회 GMS 국내 외국인 사역자 영성 수련회", 2005.

　　허은열. 「선교신학적 관점에서 본 국내 무슬림이주노동자 선교를 위한 움마
　　　　의 분석과 선교전략」백석대학교 박사학위 논문, 2009학년도.

　　허은열. "이주노동자를 중심으로한 다문화 사회의 선교적 고찰" 「선교와 개
　　　　혁」, (서울: 도서출판 고려, 2008.

제 13장

이슬람에 대한 바른 이해 및 꾸란을 통한 복음 전도의 전(前) 단계

무 사 리

13. 이슬람에 대한 바른 이해 및 꾸란을 통한 복음 전도의 전(前) 단계

Ⅰ 이슬람에 대한 바른 이해

이슬람은 과연 어떤 실체를 갖고 있는 종교인가? 무슬림들은 이슬람이 평화의 종교라고 하지만 실제로 이 세상에 이상적인 이슬람국가를 강압적으로 세우면서 대적들이라 여기는 이들을 무참하게 죽이는 근본주의 모습도 갖고 있는 두개의 얼굴을 갖고 있다. 역사적으로는 서구를 대표하는 기독교 문명과 항상 충돌을 일으키는 또 하나의 종교적 세력으로 등장했고 지금도 여전히 추악한 자본주의, 서구를 대신할 수 있는 이데올로기로서 나타나기도 한다. 21세기에 들어서도 이슬람교는 여전히 종교가 정치. 사회, 문화, 경제, 금융, 교육 등을 다 통치하려고 하는 노력을 결단코 중단하지 않는다. 기독교의 배타주의 구원관과 신앙관처럼 그들도 전 인류를 대상으로 전도하여 가장 빨리 성장하는 종교 권을 이루었다. 그러면서도 기독교의 복음의 전파와 영향력에 대해서는 강력하게 저항하며 무력을 동원해서라도 제거하려는 복음을 거부하는 반발 집단이다. 그러므로 이런 이슬람에 대해서 복음을 전하려는 기독교 선교사들은 고전할 수밖에 없다.

현재 한국교회가 이슬람권 선교에 대한 필요성은 인식하고 있고 이슬람권에 수많은 선교사를 파견하고 있지만 선교지에서 한국선교의 역할은 미흡하고 이슬람국가에 입국해서도 이슬람을 상대로 직접 사역하지 못하는 경우가 대부분인 아이러니한 상태인 것이 우리의 현실이다. 그러면서도 국내에서는 국내로 유입되고 있는 이슬람출신국가의 외국인 근로자들에 대한 경계를 요청하는 적색정보로 한국을 이슬람 화하려는 계획에 대해서 경계를 하고 있을 뿐이다.

게다가 한국정부가 중동의 자본을 끌어당기려는 노력의 일환으로 할 랄 음식과 아랍권의 교육에 대한 개발문제로 종교적으로 이슬람이 한국을 이슬람 화시키려는 노력을 하고 있다는 소식에 대해서 한국교회는 경계의 눈초리를 보내고 있다. 그러나 이런 상황을 역이용해서 복음을 전할 수 있는 좋은 기회로 여겨야 한다. 이전에 무슬림들은 무역상인 들을 통해서 그들의 종교를 퍼뜨렸듯이 이제 우리는 반대로 이슬람과 정대면하고 있는 우리의 일군들을 훈련시켜 그들을 복음으로 다가올 수 있도록 무장시켜야 한다.

1. 이슬람권에 대한 한국 선교의 현 상태

이슬람권을 향한 한국교회의 접근 방식은 크게 세 가지로 분류할 수 있다. 먼저 이슬람교의 부정적인 요소만을 강조하여 이슬람에 대한 혐오증을 일으키게 하는 이슬람 포비아 입장인데 그들이 한국을 이슬람 화시키기 위한 전략을 갖고 들어오고 있다는 식의 경각심을 불러일으키는 데에 집중하고 있다. 두 번째는 이슬람의 부정과 긍정적인 면을 동시에 언급하면서도 기존의 기독교의 모습을 유지 한 채 그들에게 복음을 전하려는 한국 복음주의적인 입장이다. 세 번째는 이슬람내의 교두보가 될 만한 내용을 중심으로 무슬림에게 접근해서 이슬람 내에 예수 믿는 이들을 증가시키려는 내부자 운동의 접근 방식이다. 이슬람에 대한 이런 세 가지 접근방식은 한국선교내부에서도 세 부류로 나누어서 활동하고 있다. 그러나 첫 번째 입장은 이슬람국가 내부에 들어가서는 운신의 폭이 매우 좁을 수밖에 없다. 서구나 한국같이 아직은 이슬람이 소수인 지역에서는 이슬람의 영향력을 차단하려는 방어적인 노력은 할 수 있다. 두 번째 입장은 이슬람에 대해서 보다 긍정적인 입장으로 접근하지만 실제로 선교지 필드에서는 기존의 기독교 세력을 배경으로 사역함으로 그들을 통해서 전도된 무슬림 회심 자들이 그들이 속했던 사회로부터 고립되어서 복음의 확산을 도모할 수 없는 경우가 많다.

게다가 더 안타가운 현상은 이 세 그룹 사이에 적지 않은 갈등과 충돌이 벌어지고 있다는 것이다. 특별히 내부자 운동에 대한 배타적인 한국교회와 선교단체의 입장은 이슬람 선교의 한계를 스스로 규정하는 결과를 낳고 있다. 반면 서구에서는 기존의 기독교 성도들에게 내부자 전도방식을 훈련시켜주어서 주변의 무슬림들에게 복음을 전하는 노력을 하고 있을 뿐만 아니라 서로의 입장을 이해하고자 하려는 모임과 노력이 진행되고 있음은 알 수 있다.

그러므로 우리는 우리내부의 이런 갈등을 반성하면서 이슬람권에서 하나님이 어떻게 역사하고 하시는 지를 제대로 이해하기 위해서 먼저 이슬람에 대한 바른 이해가 선행되어야 한다.

2. 이슬람교에 대한 바른 이해

한국과 한국교회는 이슬람에 대한 이해가 매우 부족하다. 단순히 중동에서 무하마드 선지자가 세운 종교이며 꾸란과 전쟁으로 다스리는 종교라고 생각한다. 한국인의 이슬람교에 대한 편견을 없애기 위해서 간단히 이슬람 교인들의 눈에 보이는 이슬람을 소개하고자 한다. 먼저 기독교인이 인간의 구원에 대한 유일한 길을 보유하고 있다고 믿고 있는 반면에 이슬람교는 특별히 기독교와 관련되어 역사적으로 기독교보다 우위에 있다는 견해를 갖고 있다. 창세기 – 유대교 – 천주교 – 기독교 – 이슬람교라는 종교 진화론적인 사상과 역사상에 기독교 (동방 로마)를 정복해서 교회를 이슬람 사원으로 변화시키는 데 성공시켰다고 주장하고 있다.

이슬람의 기원은 무하마드 선지자가 아닌 우주와 인간을 창조한 알라에게서 시작한다고 그들은 주장한다. 즉 자신의 종교의 기원을 성경의 창세기에 맞춤으로서 자신의 종교도 기원을 유대교와 기독교와 같이 놓음으로써 같은 하나님에게서 시작된 종교임을 강조하고 있다.

그러나 경전의 이슈에 대해서는 다른 견해를 갖고 있다. 이전 경전인 모세오경, 시가서와 복음서를 유대교와 기독교가 변질시켰다고 주장하며 알라가 가브리엘 천사를 통해서 무하마드에게 새롭게 계시된 꾸란 만을 믿으면 된다는 입장을 견지하고 있다.

이뿐 아니라 이슬람은 생각보다 다양한 모습을 보여주고 있다. 지하드라는 성전(聖戰)을 일삼는 오늘날 IS 같은 근본주의자를 시작으로 꾸란 경전만을 따르고자 하는 정통주의, 주술적인 모습의 토속 이슬람주의, 그리고 심지어는 다양한 종교도 인정하는 다원주의 자를 비롯해서 세상의 이론과 현상을 지지하려는 세속주의자까지 존재한다. 정확한 통계는 없지만 이중 가장 적은 수가 근본주의자일 것이고(목소리와 영향력을 제일 크지만) 가장 많은 수의 무슬림들이 토속주의와 정통주의 무슬림들일 것이다.

이슬람교에 대한 장점은 라마단 같은 금식월에 전 세계적인 무슬림들이 함께 참여하는 등의 일체감. 알라 앞에 평등사상. 움마 라 는 공동체 사상. 이슬람 지도자들의 검소한 삶. 손님접대 문화, 가족 중심의 문화 등이고 이런 장점들은 주변의 비 이슬람 사람들에게도 귀감이 되고 있다.

그러나 이슬람교의 한계도 쉽게 관찰될 수 있다. 특별히 지구상에 이슬람 종교 원리에 근거한 이상형 국가 건설이 가능하다고 믿음을 갖고 있어서 IS같은 근본주의운동들이 자주 일어나서 오늘날 지구촌에 많은 이들을 비극의 소용돌이에 집어넣고 있다. 또한 신학적으로 구원에 대한 확실성이 결여 되어 있고 율법 준행에 의한 구원사상으로 인해 많은 무슬림들이 람잔(금식월)같은 일종의 자기고난 수행을 강하게 요청받고 있다. 게다가 그들의 경전 내에 서로 상반되는 모순 등이 존재하기까지 한다.

그런데 오늘날 이슬람은 왜 성장하는가? 표면적으로는 자연적인 출산에 의한 증가, 다왓을 통한 포교의 정신, 이슬람 공동체 내부의 강압적인 단속(재활 프로그램 등)등이다. 그러나 동시에 이슬람은 이 지구상에 서구의 물질주의를 상대할 수 있는 이데올로기로 보이기도 해서 많은 젊은 이들의 마음을 빼앗기도 한다.

3. 무슬림들이 복음을 수용하지 못하게 하는 걸림돌들

이슬람내부에 이런 한계를 나타남에도 불구하고 무슬림들이 기독교의 복음을 수용하지 않는 많은 이유들이 있다. 이 걸림돌에 대한 것을 기존의 기독교인이 먼저 이해해야 함이 이슬람 선교에 첫 단추라 해도 과언이 아니다.

1) 이전 경전의 변경 (수라 2:79) "그들의 손으로 성서를 써서 이것이 하나님에게서 온 것이니 값싸게 사소서라고 말하는 그들에게 재앙이 있을 것이며" 라는 귀절을 통해서 유대인들과 기독교인들이 이전의 경전이 모세오경, 시가서, 복음서를 변질시켰다고 주장하며 그래서 알라가 마지

막 경전이 꾸란을 계시해주어서 모든 것을 완성했다고 한다. 그래서 그들은 이전 경전을 읽을 필요를 느끼지 못한다.

2) 하나님의 아들, 삼위일체 같은 기독교용어에 대한 오해에 있다. 무슬림들은 기독교인 들이 한분이신 하나님 단일신 사상을 변질시켜서 바울을 시작으로 예수님을 신격화시키는 오류를 범했다고 주장하며 이 주장으로 기존의 기독교인들의 신앙을 흔들기를 계속하고 있다. 꾸란의 근거 구절은 먼저 예수는 인성으로서 선지자일 뿐(수라 4:171; 5:78) 예수는 자기가 신이 아니라고 했다는(수라 5:19,75) 성경과 다른 이단적 표현 때문이다.

3) 이슬람 공동체에 속하지 않을 경우 받을 온갖 핍박과 압박 : 꾸란과 하디스(전통문서)에서 이슬람을 버린 무슬림에 대해서 살인도 허용된다는 구절이 기존의 무슬림들로 하여금 복음을 수용하지 못하게 하는 가장 큰 걸림돌이다.

꾸란 4:89"……그러면 그러한 자들이 알라의 길 쪽으로 옮겨올 때까지는 그들을 친구로 삼아서는 안 된다.만일 그들이 배반하면 너희들이 그들을 발견하는 대로 그 장소에서 잡아 죽여라. 그들을 친구로 하든가 조력자로 해서는 안 된다. 그러므로 무슬림들 중에 복음에 대해서 반응하는 이들이 있을 경우 매우 신중하게 그들을 도와주어야 한다. 그렇지 않을 경우 살해나 기존 이슬람사회에서의 추방을 당하게 되어 더 이상 무슬림 회심자로서의 역할을 하기 어렵게 된다. 그래서 무슬림들 중에 복음을 진리로 인식하는 이들이 있다고 하더라도 공개적으로 선언할 수 없는 사회적 국가적 핍박을 우리는 염두에 두어야 한다.

4) 진화론적 종교 발전관 : 이슬람은 알라가 유대인들과 기독교인들의 타락으로 변질된 진정한 신앙을 완성하기 위해서 최후에 이슬람을 계

시했다고 믿는 진화론적인 종교관을 갖고 있기에 이슬람교에서 기독교 혹은 유대교로의 변경은 인간이 원숭이로 돌아가는 퇴보로 받아들일 수 밖에 없다. 이런 진화론적 종교관이 그들이 복음을 받아들이는 데에 걸림돌이 된다.

5) 기존 기독교의 서구적인 모습과 반 이슬람 적인 요소 : 기존의 기독교의 내용을 담고 있는 거의 모든 그릇들이 서구의 문화적인 요소를 많이 담고 있다. 기본적으로 서구문화에 대한 적대심을 갖고 있는 무슬림으로서 이런 기독교의 모습은 마음속에 깊은 반감을 불러일으킬 수밖에 없게 한다.

6) 개종 혹은 회심이후의 그들의 정체성 혼란과 그들만의 공동체 건립의 방향성 상실. : 일부 무슬림에서 개종 혹은 회심한 이들이 이슬람 사회 내에서 상당한 정체성 혼란과 그들만의 공동체를 건립하는 데에 많은 어려움을 겪고 있다. 그리고 대부분 외국교회의 후원에 의존하는 경우가 많다. 공동체성을 중요시 여기는 무슬림으로서는 개종과 회심이후 어느 정도 완성된 공동체를 발견하지 못해서 불안해하며 이런 공동체의 나약함이 그들로 하여금 복음을 받아들이지 못하게 하는 요소이기도 하다.

4. 한국교회와 선교사들이 무슬림들에게 복음을 제대로 전할 수 없는 걸림돌들

1) 타 종교에 대한 배타적인 자세와 주장 : 근본주의 기독교신학을 전수받은 한국교회가 파견한 선교사들도 타종교에 대한 지극히 배타적인 자세를 배워왔다. 그래서 이슬람은 사단의 종교이며 알라는 우리의 하나님과는 전혀 다르다는 주장을 갖고 들어간다. 그런데 이런 메시지와 자

세를 듣고 보게 되는 무슬림들도 역시 한국선교사들에게 등을 돌릴 수밖에 없어서 결국 접촉점을 잃게 된다.

2) 한국 기독교내에 존재하는 비본질적인 요소의 중요시화 : 십자가상, 의자에 앉아서 예배드리는 방식, 찬양 방식 등 서구문화적인 요소를 포함, 당연시 하는 것들이다.

3) 무슬림들에게 거슬리는 한국인의 문화들 : 음식과 의복, 인간관계, 개인주의, 종교 지도자의 물질적으로 풍요로운 삶 등이 무슬림들에게는 종교지도자로 보이지 않고 그냥 물질의 노예로 보여 질 수 있다. 알라 앞에 무릎 꿇지 않고 남녀가 함께 의자에 앉아 예배드리는 모습도 교만하고 불결한 의식으로 보여 질 수 있다.

4) 접촉하면서부터 바로 반(反) 이슬람적 사역자의 정체성을 갖고 있는 것 등 이다.

5. 한국선교가 책임져야 할 이슬람 선교는 어떤 식으로 전개되어야 하는가?

1) 하나님 나라 중심적인 복음 전파와 이슬람권내에서 살아남을 수 있는 공동체 건설을 할 수 있어야 한다.

2) 보다 성경적인(초대 교회 같은 모습)의 가르침으로의 회귀가 필요하다

3) 회심에 근거한 변혁된 삶으로의 초대/하나님과 깊은 교제를 근거한 경건한 삶을 보여주고 가르쳐야 한다.

4) 핍박과 위협에서 견딜 수 있는 강력한 내성을 지닌 우리와 회심 자들을 훈련시키는 방안을 마련해야 한다.

5) 자기가 속해있던 이슬람권을 향한 복음화 열정을 갖추도록 무장시

켜야 한다.

6) 자립. 자생, 자전 등의 자체 성경적인 공동체 건립(셀, 가정 교회식)을 위한 안내와 계속적인 격려가 필요 하다.

7) 이슬람 선교 내에 한국인이 고유하게 기여할 영역의 발견해서 메뉴엘을 개발하여 보급 시켜야 한다.(성경기반 신앙과 기도와 공동체, 이슬람 아동과 여성을 대상으로 하는 전도 방안)

9) 이슬람의 영적으로 견고한 진을 무너뜨리기 위한 연합적인 기도운동

II 꾸란을 통한 복음 전도의 전(前) 단계

무슬림들은 무신론자나 타 종교인에게 전도하듯 성경말씀을 처음부터 이용해서 전달할 수 없다. 왜냐하면 그들은 성경을 유대교와 기독교가 변질시켰다고 어렸을 때부터 가르침을 받았기 때문이다. 그래서 성경을 처음 보거나 만지는 무슬림들은 매우 충격적인 반응을 보인다.

그런데 다행히도 그들이 최후의 계시라고 믿고 있는 꾸란 경전에 친 기독교적인 계시내용이 많이 포함되어 있다. 사실 무하마드 선지자가 메카와 메디나에 두 군데에서 계시를 받았다고 하는 데 그중 첫 번째 계시인 메카버전에 그런 내용이 많다. 그래서 무하마드 자신도 이게 유대교와 기독교의 하나님의 계시로 이해했고 첫 예배를 드렸을 때 예루살렘을 향해서 기도하기도 했다. 그러므로 성경을 믿지 않고 받아들이기를 거부하는 무슬림들의 마음의 문을 열기 위해서 또한 복음에 반응하는 무슬림들을 찾기 위한 도구로서 꾸란의 친 성경적인 구절들을 찾아서 전할 필요가 있다. 이는 어디까지나 전도 전 단계(Pre-evangelism) 차원이지 전도의 단계는 아니다.

이처럼 이슬람 선교를 꾸란을 사용하는 전략은 이 땅의 이슬람권에서 회심한 현지 리더들이 예수을 믿고 전한다는 이유로 여러 가지 핍박과 종교재판과 지역사회 리더들로부터 재판을 받게 되는 과정에서 그들 스스로 자기를 변호하기 위해서 이런 꾸란 구절을 이용해서 심각한 최종 판결을 피할 수 있는 사례를 발견하면서 더욱 그 필요성을 느끼게 되었다.

아래에 각 주제별 순서별 이용할 꾸란 구절들을 언급해놓았다.

* 꾸란을 이용한 무슬림에게 바른 길을 제시해주기 *

무슬림에게 꾸란을 통해서 구원의 길을 인도하기 위해서 먼저 이전 경전에 대해서 바른 가르침을 알려주어야 하고 두 번째로 인간의 죄성에 대해서 세 번째로 그들의 잘못된 신앙관에 대해서 네 번째로 예수님에 대한 바른 가르침을 알리는 순서대로 인도되어야 한다. (이런 순서로 전해야 무슬림으로부터 부정적인 반응을 최소화 할 수 있다)

1. 경전에 대한 꾸란의 바른 가르침

1) 이전의 경전을 참고하라는 꾸란의 명령
　　수라 2:41 이전에 내려 보낸 계시를 믿으라. 이를 불신하는 우두머리가 되지 마라.
　　수라 2:285 모든 경전을 다 읽어야 한다.
　　수라 10:94 의심하느냐 이전의 경전을 가진 자 에게 가라.
　　수라 4:136 방황하지 말라 이전의 경전을 믿어라.
　　수라 6:114-115 알라의 말씀은 변질되지 않는다.
　　수라 5:68-69 영생의 축복을 위한 로드맵
2) 꾸란 자체의 계시 목적
　　수라 5:48 이전의 경전을 확증하기 위해서
　　수라 6:92 : 이전의 경전을 확증하기 위해서/ 무사티쿤(아) ; 쇼몰톤꼬라(뱅) 어느 경전을 확증하기 위한 것인가?
　　수라 10:37 꾸란은 성경의 말씀을 설명하기 위해 계시됨
　　수라 35:31 이전에 계시된 것을 확증하였다.

3) 세대별 경전 주장에 대하여
　　수라 2:136 : 모세 예수 등 모든 선지자에 계시한 경전이 동일하다.

수라 29:36 무슬림이 꾸란과 이전의 경전을 다 믿어야 한다.

수라 4:136 : 천사와 이전의 경전들을 믿지 않으면 방황하게 되고 천국 가는 지름길을 얻지 못한다.

수라 40:69-72 이전의 경전에 나오는 증표를 거절하는 이들은 지옥에 처하게 된다.

4) 꾸란 계시이후에는 꾸란 만이 유용하고 이전의 경전은 그 전시대에만 유용하다는 주장에 대하여

수라 3:3-5, 43:45 꾸란에 답을 찾을 수 없는 것을 이전 경전에서 발견 된다

수라 2:285 이전의 경전을 읽지 않겠다는 말은 알라가 계신 한 경전들을 무시하는 행위이다.

5) 구약과 신약이 유대인과 기독교인만을 위한 경전이라는 주장에 대하여.

수라 3:3-4 인질을 포함한 이전의 경전이 모든 인류를 위한 지침이며 옳고 그름을 밝히는 책이다.

수라 5:49 : 구약을 확증하는 신약을 주었고 그 안에 복음과 광명을 주었다.

수라 5:68 : 토랏과 인질과 꾸란의 계명을 다 지킬 때까지는 너는 어떤 인도함도 받지 못한다. (꾸란과 인질을 읽게 하기 위한 동기부여)

수라 21:105/106 모세의 경전과 시편은 후대에게 전달되고 이 안에는 하나님을 경배하는 백성을 위한 메시지가 있다.

수라 46:12 모세의 성서가 안내자로 의인에게는 복음으로 제시되었음.

수라 40:69-72 이전의 경전을 거역하는 자는 영원한 불에 들어감

6) 성경변질의 근거 귀절에 대한 바른 설명

수라 2:79 : 그들(유대인)의 손으로 성경을 써서 값싸게 팜 –

꾸란은 유대인과 기독교인의 성경의 변질을 비난하는 것이 아니라 그들이 성경의 의미를 잘못해석하고 적용했음을 지적한다. : 수라 3:78 / 4:46 / 5:41, 13-15/ 3:187 / 5:43-47, 6:91

*2:79에 대한 바른 해석 : 비난 받는 부분은 그들이 성경을 변질시켰다는 데에 있는 것이 아니라 그들이 성경을 기록해서 세속적인 목적으로 돈을 얻고자 하는데 에 사용하였다는데 에 있다. 수라 3:78도 성경자체의 변질을 언급하는 것이 아니라 인간의 성경의 오용과 잘못 해석을 무하마드가 지적한 것 뿐이다. 무하마드는 절대로 성경의 권위에 대한 의심을 가져본 적이 없고 당시 아랍어 전 성경이 존재하지도 않았고 성경원어를 보지도 못한 그가 성경권위에 대해서 의심할 여지도 없었다. 2:59도 이전의 58절에 유대인들이 계명을 제대로 지키지 않는데 에 대한 비판이다. 64절에 시나이 반도에서 허락한 계명의 불신(turn back), 65-66 안식일을 지키지 않아서 원숭이 같이 심판을 받을 것에 대한 기록 67-73 암송아지와 소에 대한 계명도 불순종함 75절에 그것을 말씀을 왜곡한 것이라고 했다. 78절에 그들은 글을 알지도 못해서 성경을 알지 못한 채 그냥 말로서 왜곡한 것이지 글로써 왜곡할 수 없었다. 그러므로 2:75에 나오는 알라의 말씀은 성경 본문을 말하는 것이 아니라 이 구절전에 언급된 하나님의 명령일 뿐이며 이 이야기가 결국 유대인들이 하나님의 말씀에 따라 행동하고 듣기를 의도적으로 거부하는 결론으로 맺어짐을 주목해야 한다.

왜곡했다는 아랍어인 yuharifun(tahrif의 동사형)은 수라 4:46과 수라

5:13,41에도 나오는 단어로 의미는 "거룩한 계시를 구두로 잘못 인용하거나해석하다 또한 자신의 주장을 관철시키기 위해서 단어의 의미를 왜곡시킨다는 의미이다. 수라 5:13,41 (임란 3:78과 대조) al tahrif al manawi 라고 적혀있는데 의미를 변화시킨다는 의미일 뿐이다. 그래서 85-86절에 그들은 성서의 일부만을 믿고 나머지는 불신하며 내세를 팔아 현세를 누리려는 자들이라고 비난했다.

수라 15: 9 알라가 경전의 변질을 보호하신다.

수라 5:48 ; 꾸란 자체가 경전들을 보호한다.

5:66-69 : 또랏과 인질이 행복을 가져다준다.

수라 6:92 꾸란이 이전의 경전을 확증하다.

수라 2:285 알라의 이전 계시를 듣지 원하지 않는 다는 변명

*원본이 없어서 변질되었다는 주장에 대해서 : 꾸란도 원본이 없는데 원본이 없으면 다 변질 된 것인가? # 인질 쇼립(복음서)의 사본이 5500여개가 존재하고 있고 예수님이 승천한 이후 150년 내에 기록된 사본들이 존재한다.

*또랏 쇼립(모세오경)을 잃버렸다는 주장을 하는 무슬림 학자가 있으나 수라 3:3에 토랏 소립이 무슬림들의 손에 있었음을 뒷받침해준다.

7) 꾸란과 복음서(인질)와 구약

수라 5: 46: 인질을 보내셨고 이전에 계시된 경전의 확증이고 빛과 인도가 존재 한다

수라 5: 47 구약을 내리고 복음과 빛이 그 안에 있으니 그리하여 이

슬람을 믿는 예언자들은 그것으로 하여 판결하였으며 : 판결하였다
는 말은 이미 변질하지 않은 경전이 존재하였음을 의미 한다.

2: 136 : 복음의 가르침을 확증

2. 인간의 죄성

1) 성악설을 뒷받침하는 귀절 : 수라 17:11 / 16:61 하나님이 인간을 심판
하려면 다 죽어야 한다. 잠깐 연장하면 그 기간에도 죄를 짓는다. 수라
33:72(불신자의경우로)/ 96:6-7 : 인간은 죄인이다(하지 말 것을 가르쳤으
나 교만하게 여겨서 죄인)

수라 14:34 - 인간은 악한자요 죄인이다. 수라 22: 66 : 인간은 죄성
을 갖은 자.

수라 12: 53 - 인간은 죄 성향을 갖고 있다.

4:28 인간은 약하게 창조되어서 (성적인 범죄에 매우 약하다.)

수라 70:19 인간은 인내할 수 없는 존재로 창조되었다.

2) 선지자들의 죄성

* 선지자가 죄가 없었다고 가르치지만 어느 선지자도 죄에서 자유로
  운 자는 없었다.

(1) 아담과 하와: "주여 저희가 저희 스스로를 욕되게 하였으니 당신
   께서 저희를 사하여 주지 아니하시고 저희에게 은혜를 베풀어 주
   지 아니한다면 저희는 잃은 자들이 될 것입니다." 수라 7: 23,
   "아담은 주님의 명령을 배반했으니 그는 방황하게 되었도다." 수라 20:

121

(2) 노아의 죄성: "당신이 저를 용서하지 아니하시고 은혜를 베푸지 않았다면 저는 상실 자중에 있다." 수라 11: 47

(3) 아브라함의 죄성: 수라 26:82

(4) 모세의 죄성: 수라 28: 15-16

(5) 다윗의 죄성: 수라 38: 24

(6) 솔로몬의 죄성 : 수라 38: 30

3) 무하마드(살릴레이오 오아엘리오 살람)의 죄성에 대하여

수라 40:56(55) 그러므로 인내하라 참으로 하나님께서 약속하신 것은 진실이니라. 너의 죄에 대한 용서를 빌고

수라 33:38-39 양자 쟈이납의 아내와의 결혼에 대한 알라의 계시 예언자 무함마드는 하룻밤에 아내 모두에게 들렀느니라(부카리 1권 172-172)

수라 48:2 알라가 그대의 지난 죄를 용서하고

수라 47:19 그대의 잘못과 믿는 남성과 여성의 과오를 위해서 기도해라

수라 4:106 알라에게 용서를 구하라

수라 80:1-2/10-11 그대가 그를 소홀히 하였으니 결코 그래서는 아니 되나니 그것이 하나의 교훈이기 때문이다.

수라 23:118 주여 용서하시고 자비를 베푸소서,

4) 꾸란에 묘사된 무하마드(살)의 실체

(1) 자신에 대한 표현 : 수라 46:9, 옛 선지자도 새선지도 아닌 경고자일뿐

⑵ 다른 이를 위해서 증보할 수 없음 : 수라 2:48, 수라 9:80

3. 무슬림의 잘못된 신앙관

1) 무슬림의 나마즈로 구원을 얻을 수 있다에 대한 코란의 답변 :
수라 17: 11 인간은 기도를 통해서도 자신의 유익을 위해서만 하는 사악한 존재
수라 7:55 겸손하게 비밀리 기도하는 것을 알라는 좋아하심
2) 선한 행위가 구원에 도움이 되는가에 대한 쿠란의 답변
수라 5:96 선을 행한 이후에도 하나님을 두려워하고 믿음을 가져야 한다.

3) 꼬르바니로 인간의 죄를 씻을 수 있는가에 대한 쿠란의 답변
수라 22:37 고기와 피는 하나님에게 이르지 못함
수라 37:107 사단이 요구하는 죄에 대한 대가는 값진 것이다.

4) 지옥에 간 영혼이 요청하면 천국으로 가게 할 수 있는가에 대한 꾸란의 답변
수라 2:81 : 한번 가면 영원히 옮길 수 없다. 꾸란에 죄지은 무슬림들이 지옥에 갔다가 천국에 갈 수 있다는 꾸란 구절은 없다.
수라 2: 167 불지옥으로부터 피하지 못하리라.
무슬림들이 일단 지옥에 갔다가 어느 정도 불로 정결 된 이후 천국으로 옮겨진다는 근거 구절은 19:71 이다. 수라 2: 119 무하마드에 대해서나 지옥의 동반자에 대해서는 어떤 책임도 없다.

5) 선행이 아닌 하나님의 은혜와 구속을 통한 구원의 계획

  수라 37:107 : 아브라함의 아들의 희생 대신 다른 훌륭한 희생을 준비하신 알라

  수라 7:23 : 우리가 죄를 지었기에 저를 사해주시고 은혜를 베풀지 않으면 저희는 잃어버린 자같이 된다.

6) 아브라함이 누구를 제물로 바쳤는가? : 수라 37: 100-113 이삭에 대한 언급만 있고 이스마엘에 대한 언급은 없다. 그러나 정확하지는 않다.

4. 예수님에 대한 바른 이해

1) 무슬림이 예수님을 따를 가능성

  수라 알 파타아에 언급한 천국 가는 지름길을 보여주소서라는 의미는?

  수라 43: 61,63-64 예수의 재림은 심판이 다가 옴을 예시하는 것 이를 믿는 것이 바로 지름길이다.

2) 무슬림들이 예수님에게 하나님을 따르겠다고 고백한 꾸란 수 3:52

  무슬림 중 예수님을 믿은 첫 신자는 : 무하마드 90번 예수님에 대해서 꾸란에 언급

  수라 3:52 무슬림은 누구인가? 예수를 믿고 나의 선지자를 믿는 자 그래서 하나님에게 복종하는 자.

3) 하나님의 은총과 자비가 없이는 스스로 거룩할 수 없음 : 수라 24:21

4) 하나님의 은총은 예수님을 통해서 제공되어 진다는 구절 : 수라
   19:21 예수님의 탄생이 백성을 위한 예증이 되고 하나님의 은혜가 되
   도록 역사하심

5) 예수님의 탄생이 유대인만을 위한 것이 아님 : 수라 19:21 백성을 위
   한 예증이지 유대인을 위한 예증이라고 하지 않았음

6) 하나님이 우리의 적을 대항해서 우리로 이기게 하겠다는 약속 : 수
   라 61:14 아들 예수가 그의 제자들에게 누가 나를 돕겠는가 하자 저
   희가 돕겠습니다. 라고 하자 하나님은 그들의 적을 대적하여 그들로
   하여금 승리하는 자가 되게 하리라

7) 예수님이 현세와 내세에 훌륭한 주인이 된다는 구절 : 수라 3:45 내
   세의 주인이며 하나님과 가까이 있는 자중 하나이니라.

8) 예수님 기적을 베푸심 : 수라 3: 45-49 장님 나환자를 고치시고 죽
   은 자를 살리심

9) 예수님의 죽음을 부정 : 수라 4:157 유대인과의 논쟁인데 유대인
   이 예수님을 십자가에 죽인 것이 아님을 주장한 것이지 예수님의
   죽음 자체를 부정한 것이 아니다. 로마인이 그분을 죽인 것이다.
   (이귀절 하나밖에 없다)
   * 예수님의 죽음을 인정하는 구절 : 수라 3:55 죽게 하셔서 데리고
   가심
   수라 19:31/33 내가 살아있는 한 / 예수님의 탄생한 날, 죽은 날 부

활의 날

수라 5:120 예수를 죽게 한 (한글번역본에는 승천이라고 오역되어 있음)

수라 2:87 ; 유대인들의 일부는 살인을 행함

10) 예수님에 대한 꾸란의 이해 (25번 언급)

수라 4:171 : 알 마시 – 기름부음을 받은 자

하나님의 영 : 수라 4:171

하나님의 말씀 : 수라 3:45, 417 : 이 두 이름이 이샤의 사명을 정확히 나타내준다.

현세와 내세에 가자 유명한 존재 : 수라 3:45

종말에 대한 지식을 갖고 있는 자 : 수라 43:61

초자연적인 능력을 갖고 계신 분 : 3:45-50

* 예수님의 부활 시에 무하마드의 제자로 온다는 주장 : 꾸란이나 하디스에 어디에도 없고   오히려 수라 43:61에 예수님이 재림 시는 최종 심판이 있을 것이라고 되어 있어서 예수님은 심판자로 오신다고 되어 있다.

수라 43:63 : 지혜를 가지고 너희에게 왔노니 그분을 두려워하고 나를 순종하라.

수라 19:19 : 예수님의 죄 없으심

나가는 말

무슬림들에게 꾸란을 통해서 먼저 접근하는 목적은 그들과 토론에서 승리를 얻기 위함이 아니다. 토론에서 승리해도 그들의 영혼을 복음으로 인도하지 못하면 무슨 소용이 있는가?

오로지 목적은 그들을 성경으로 인도하기 위해서이다. 그들이 성경을 읽기 시작하면 일단 그들이 잘못 알고 있는 기독교와 신앙에 대한 바른 가르침을 지도해 주어야 하며 특별히 편협한 죄의식이 있는 그들에게 진정한 회개와 돌이킴 그리고 죄와의 싸움에서 승리하는 방식도 알려주어야 한다. 그리고 매일 말씀으로 주님으로부터 인도함을 받는 삶도 살도록 도와주어야 한다.[1]

註 1) 무슬림 형제들에게 무엇보다도 성경에 소개된 인격적이신 하나님에 대한 해석과 설명이 필요하다.

제7부

모태부터 무덤까지
비지니스인 세상에서

제 14장

이주민 사역을 위한
비즈니스 선교 이해와 그 적용

註 1) 송동호목사는 총신신대원을 졸업하고, 이스라엘의 예루살렘대학과 영국의 런던현대기독교연구소에서 수학했다. 귀국 후 그이름교회의 담임목사로 섬겼고 총신신대원에서 강의도 했다. 현재는 NOW Mission의 대표로, 로잔 BAM Global Think Tank 한국대표와 IBA(International Business Alliance)의 사무총장으로 섬기며, 성경에 기초한 선교운동과 한국교회에 새로운 선교대안으로 BAM운동을 확산하고 정착시키는 일에 헌신하고 있다.

제14장 이주민 사역을 위한 비지니스 선교 이해와 그 적용

14. 이주민 사역을 위한 비즈니스 선교 이해와 그 적용

들어가는 말

한국에 거주하는 외국이주민이 올해 3월 말 통계가 199개국, 1,813,037명, 약200만이다.[2] 우리 한국의 해외 동포들은 통계 750만을 사실 훨씬 넘는다. 우리한국도 이제 정말 이주자에 대한 국가적인 구체적 정책도, 또한 우리 국민들의 의식과 생각도 달라져야 한다. 뿐만 아니라 해외거주 동포들이 우리 국민의 15%에 해당한다는 사실을 미루어보아도 해외 디아스포라에 대한 생각도 이젠 완전히 달리 접근해야 할 것이다. 우리 한국교회의 선교도 동일한 선상에 서 있다. 그동안 우리 한국 선교사들이 외국으로 나간 나라의 숫자가 작년 말 KWMA에서 170개국, 26,677명이라는 통계가 나왔다.[3] 그러나 이미 언급한 것처럼, 우리나라에 지금 거주하는 외국인들의 국가 수는 선교사가 나간 국가수보다 27개국이나 더 많은 나라 사람들이 한국으로 와서 거주하고 있다. 세계선교는 이제 과거 장소적 이동의 개념(from here to there)에만 머물러 있었는데, 이제는 민족적 영역적 개념(from everywhere to everyone)으로 모든 곳에서 모든 사람을 향하는 전략적인 접근을 해야 할 것이다.

"Target is moving!" 우리의 선교의 대상은 움직이고 있다. 이 사실은 우리에게 21세기 선교현장(Context)의 변화와 특별히 이주민 선교에 대한 새로운 전략적 수립의 필요를 생각하게 하는 너무도 중요한 인식전

註 2) 법무부, 2015.3월 '출입국, 외국인 정책 통계월보' 참고, 2015.
　3) KWMA 연구개발원, 2014년 12월말 파송선교사 현황(통계), 2014.

환 개념이다. 필자는 이 글에서 바로 이러한 선교 현장의 변화와 더불어, 비즈니스 선교의 개념이해와 또 이주민 선교에 있어서 비즈니스 선교가 얼마나 중요한 전략이 되는지를 나누려고 한다.

I. 선교 현장으로서의 비즈니스 세계

1. 민족들이 이동과 협력의 동기 Motivation

오늘날 전 세계는 하나의 마을, 지구촌(Global Village)이 되었다. 다양한 배경을 가진 사람들이 서로 다른 나라와 문화들로 이동해 오고 또 가고 있는데, 직장, 학업, 결혼, 등 모두 삶과 비즈니스 등의 동기 때문이다. 모두가 자신의 비즈니스의 과정에서 생산자와 공급자로, 구매자와 판매자로서 교류하며 이동하고 만나고 있다. 이 모두 비즈니스의 활동과 결과다.

우리가 주목해 봐야 하는 것은 세계화(Globalization)의 과정에서 거대도시(Mega City)들의 등장이다. 이는 비즈니스의 힘과 그 영향력을 보여주는 상징적 사건이다. 모든 민족들이 도시로 몰려들어 비즈니스 활동 안에서 하나가 되고 있는 것이다. 1800년도에 3개, 1950년에는 70개로, 2011년에는 770개로 늘어나고 있는 세계의 인구 백만이 넘는 이러한 거대도시들의 등장은 비즈니스 세상의 영향력과 세계의 변화를 한마디로 증명한다. 현재 전 세계 디아스포라의 숫자는 2012년 통계가 2억이 훨씬 넘는다.[4] 약 6천만에 이르는 난민의 문제도 국제적으로 최근 더욱

註 4) 위디선교회, 2011-2012 World Diaspora Mission Map의 통계를 참고하면 언급된 23개 국의 통계만으로도 2억이 넘는다.

심각한 이슈로 떠오르고 있다. 세계의 모든 민족들이 이동하고 있다. 이 모든 이동의 동기가 자신의 현실적 생존과 미래의 희망이라는 삶 의 문제이며, 그 터전인 비즈니스와 직결되어 있다. 우리는 지금 우리가 일하고 있는 현장에서 우리는 이미 땅 끝을 만나고 있다. 그러므로 오늘 세계 선교에 있어서 디아스포라 이슈는 뜨거운 의제가 된다.

2. 비즈니스 구조 안에 있는 삶 Structure

비즈니스는 요람에서 무덤까지 우리들의 삶의 전 영역을 장악했다. 특별히 우리 삶의 시작과 마침을 의미하는 출산과 장례는 우리 민족 문화 속에서 삶의 희로애락을 공동체와 나누는 상징적 내용이라 할 수 있다. 한국이 산업화 사회로 진입해 들어와도 여전히 이 두 가지는 가족과 친척과 친구들, 신앙 공동체, 혹은 마을 공동체들이 기쁨과 슬픔을 함께 공유하는 공동체적 사랑과 협력의 구체적인 내용이었다. 그러나 이제는 출산과 장례마저도 비즈니스 구조 안에 들어갔다. 아이가 태어나면 가족 공동체의 돌봄이 아니라 바로 조리원에 맡겨져 비즈니스 구조 안에서 서비스를 받는다. 출생만 아니라 죽음도 마찬가지다. 장례 비즈니스는 전 세계적인 추세다.[5] 이제 장례는 마을 공동체가 아니라 바로 상조회라는 비즈니스 구조 안에서 처리된다. 우리나라의 대학에서 '장례 비즈니스 경역학과'가 생겨나고, 매년 장례 비즈니스 교류를 위하여 세계적인 대규모 박람회가 열리고 있다. 우리의 삶은 요람에서 무덤까지 완벽하게 소비, 생산, 판매, 투자라는 비즈니스 구조 안에서 살아가고 있는 것이다.

註 5) 김연권, 동경무역관 보고서-일본 장례비즈니스 시장규모, KOTRA 2007. 김연권 무역관의 보고서에 의하면 2007년에 이미 일본의 장례비즈니스 시장규모가 2조엔이라고 보고하고 있다.

3. 모든 직업과 영역을 설명하는 논리 Logic

비즈니스는 비즈니스적인 사회 문화 구조 속에서 우리들의 모든 직업과 영역들을 설명하는 논리가 되었다. 우리는 그동안 '영역선교'의 관점에서 '비즈니스'를 이해하고 설명하였다. 그러나 이제 모든 영역은 비즈니스 구조와 논리 안에서 하나의 세계로 통합되고, 또 설명된다. 예를 들면, 과거의 교육은 선생이 학생을 가르치고 담당하는 사제의 신뢰와 사랑을 중심으로 존재하였다. 그러나 오늘의 교육의 장은 선생이 교육전반을 담당하고 관리하지 않는다. 학교라는 시스템이 교육을 책임지는 과정 안에서 교사는 하나의 직업적인 역할에 불과하다. 공교육이든지 사교육이든지 모두 비즈니스가 되었다. 교사는 비즈니스 구조 안에서 가르친다. 학생들도 비즈니스 구조 안에서 배우고 있다. 학교 교육 서비스의 제공의 여부는 학생의 학비납부에 의해 결정된다. 이제 학생이 학비를 내지 않고는 교사에게 교육 서비스를 받는다는 것은 불가능해 졌다. 교육 구조 안에서 선생은 고용된 직원과 노동자가 되었고, 학생과 부모는 고객이 되었다. 교사들은 노조를 결성한지 이미 오래다. 과거 우리가 생각하던 순수한 '교육'은 이제 비즈니스의 핵심단어인 '경영'과 '시장'이란 말과 함께 설명되고 있다. 미국은 아시아 특히 한국을 교육수출의 가장 큰 시장이라고 여기고 있다. '교육시장'의 개방은 국제 무역의 협정 FTA의 핫이슈로 거론되고 있다.[6]

이처럼 다른 모든 직업들도 교육과 동일한 비즈니스 개념 안에서 이

註 6) 한국의 교육시장 개방을 위한 미국의 압력이 실제적으로 한국의 교육의 질을 높여서 실제적으로 앞으로 미국 교육수출에 큰 타격을 초래한다고 보고된 미국내의 보고서에 관한 워싱턴 특파원의 취재 내용이다. http://blog.naver.com/huneyk/70052197242

해되고 설명된다. 의사도 간호사도 비즈니스 구조안에서 의료서비스를 행한다. 의사와 간호사는 병원의 의료 시스템안에 존재하며, 환자의 의료 서비스 제공의 결정은 환자의 비용의 부담의 유무에 따른다. 억울한 사람들의 법적 도움을 제공하는 직업인 변호사도 동일한 비즈니스 구조 안에서 의뢰인들에게 법률적 서비스를 행한다. 특별히 이 영역에서 이제 사람들은 유전무죄 무전유죄라는 말을 실감하고 있다. 심지어 음악, 문학, 미술, 영화 등의 모든 예술의 영역도 이제는 비즈니스 구조 안에 존재한다. 예술가들은 배고프다는 말은 옛말이다. 비즈니스 안에서 그들의 예술행위가 담겨지고, 평가되고, 거래가 형성되고 있으며, 사람들의 예술 문화의 향유도 이렇게 비즈니스화 되어 거래된다. 예술은 이제 경영이라는 말을 함께 '예술경영' 7)

이라 쓴다. 현대의 엔터테인먼트는 거대한 비즈니스 산업이다. 우리 사회의 모든 영역은 이제 비즈니스 구조 안에 있다. 오늘날 '비즈니스'라는 개념은 단지 '사업', 혹은 '기업 활동' 을 일컫는 말만이 아니다. 우리들의 모든 직업과 영역들을 이해하고 설명하는 논리다.

4. 사람들의 라이프 스타일 Culture

비즈니스는 우리들의 세계관과 삶의 방식을 형성하고 지배하고 있다. 예수회의 사제이며, 세인트루이스 대학에서 철학을 가르치고 있는 존 캐버너는 "소비사회를 사는 그리스도인"이라는 그의 책에서 오늘의 비즈니스 세상에 대해 다음과 같이 이야기 한다. "소비주의는 실재의 체계인 동시에 종교의 역할을 하기 때문에 우리의 개인적, 사회적 삶의 모든 영

註 7) 용호성, 우리나라 예술 경영의 현황과 과제, http://blog.naver.com/rainbowzzu.do

역을 잠식해버렸다. 소비주의와 상품이 중심이 되는 삶의 형식은 우리의 다양한 경험이 그렇듯이, 그 형식 속에서, 그 형식을 통해, 그 형식과 더불어 살아가는 통합적인 단일체로 이해해야 한다. 소비주의가 어떤 식으로 우리 삶의 구석구석을 차지하고 있는지 이해하고 싶다면 그것을 하나의 총체적인 세계관으로 보아야 한다. 소비주의는 그저 쇼핑하는 방식에 영향을 주는 게 아니다. 소비주의는 우리가 생각하고 느끼는 방식, 사랑하고 기도하는 방식, 적을 평가하는 방식, 배우자나 자녀들과 관계를 맺는 방식에 영향을 미친다."[8]

비즈니스는 사람들에게 동일한 세계관을 형성하게 만들고, 동일한 행동 방식(Life Style)을 갖게 한다. 비즈니스는 우리가 직면하고, 생각하고, 결정하고, 행동하며, 관계를 맺으며, 크고 작은 일들 속에서 일희일비 하게하며 우리들의 전 삶의 과정을 지배하고 있다. 비즈니스는 오늘 이 시대의 언어요, 코드며, 문화다.

5. 로마제국 같은 비즈니스 세계 Empire

로마제국은 길과 도시로 설명된다. "모든 길은 로마로 통 한다"는 말처럼 로마제국의 영토에는 도시와 도시를 연결하는 이름하여 '로마대로'(Roman Road)가 만들어져 로마제국을 서로 연결하였다. 그 길을 통해 군사적인 이동(Campaign)은 물론이요. 물류와 상인들과 문화가 서로 교류하였다. 당연히 제국 안에 있는 다양한 정복지의 모든 문화들은 길을 따라 도시로 모여들고, 도시들은 다문화의 상징이 되었고, 도시에

註 8) John Kavanaugh, 소비 사회를 사는 그리스도인, 2011, 서울: IVP. p.100

서 다양한 민족들과 문화는 서로 전달되고, 교류하고, 혼합되고 또 발전하게 되었다. 그런 의미에서 도시 로마는 제국의 심장이었으며, 길은 제국의 동맥이었다.

오늘날의 비즈니스 세계는 마치 1세기 당시의 로마제국과 비슷하다. 현대의 비즈니스는 로마 제국의 길과 같다. 그 길, 즉 비즈니스는 자연스럽게 전 세계를 하나로 연결하고 또한 모든 대륙과 국가에 거대도시들을 형성하고 있다. 또한 비즈니스는 이런 거대도시들 속에 함께 다문화 사회와 세상을 만들어내고 있다. 오늘날 모든 영역에서 세계화를 주도하고 있는 비즈니스는 이렇게 세계를 거대한 하나의 제국으로 만들어 내고 있다. 세계 모든 사람들을 비즈니스 안에서 동일한 세계관을 갖게하고, 동일한 가치척도와 동일한 언어를 사용하며, 동일한 문화코드와 생활 방식을 가지게 하고 있다. 오늘의 비즈니스는 세상을 하나의 제국으로 만들고, 이 시대의 보편문화로 자리를 잡았다.

우리는 이러한 세상, 비즈니스 현장(Context) 한가운데에서 우리의 선교(Mission)를 생각하고, 그 방법(Strategy)과 메시지(Gospel)에 대해 논의해야 한다. 다음은 우리의 선교를 이야기 해보자. 바로 Business As Mission이다.

II. BAM: Business As Mission

성경에는 비즈니스, 즉 일과 직업을 통하여 하나님의 역사에 참여한 구약의 요셉, 다윗, 느헤미야, 신약의 바울을 비롯하여 브리스길라와 아굴라와 같은 인물들을 비롯하여 헤아릴 수 없는 많은 이들이 소개되고 있고, 그 가치들이 설명되고 있다. 뿐만 아니라 초대교회 역사에서도 네스토리안들의 선교역사에도, 또 근대 세계선교 역사에서도 모라비안들의 선교역사와 같은 구체적인 비즈니스, 즉 우리의 일과 직업을 통하여 선교하였던 역사의 흔적들이 많이 존재하고 있다.

1. 비즈니스 선교(Business Mission)

비즈니스는 지금까지 세계선교의 중요한 전략으로 사용되고 있다. 켄 엘드레드는 비즈니스 선교를 '창의적 접근 지역을 여는 마지막 대안' 이라고 말한다. 그리고 그의 책에서 비즈니스 선교를 이렇게 정의한다. "이윤을 추구하는 사업체를 매개로 하나님이 그 나라와 국민들을 변화시키도록 하는 활동을 말한다. 비즈니스 그 자체가 하나의 선교의 수단이 되어 현지인들을 영적으로 경제적으로 도와주는 것이다...형태는 다양해도 수익성과 안정성, 현지인들을 위한 일자리와 부의 창출, 현지교회의 부흥, 이 세 가지 목표는 반드시 충족되어야 한다."9)

그의 정의에 따르면 세 가지 조건이 충족되어야 선교적 비즈니스라고 말할 수 있을 것이다. 첫째, 사업을 통한 이익창출, 둘째, 현지인들의 경

註 9) 켄 엘드레드. 비즈니스 미션 : 창의적 접근 지역을 여는 마지막 대안. p. 63

제적 축복, 셋째, 현지교회의 영적 부흥이다. 지금까지 계속되어 온 비즈니스 선교를 우리는 다음과 같이 크게 두 가지[10]로 구분하여 설명할 수 있을 것이다.

1) 선교를 위한 비즈니스: BFM(Business for Mission)

이것은 비즈니스를 선교의 수단으로 여기는 전통적 비즈니스 선교라고 말할 수 있다. 한마디로 '선교를 위한 비즈니스'이다. BFM은 그동안 선교현장에서 선교사역을 돕는 아주 효과적인 전략으로 평가되었다. 선교사가 현장에서 생활을 위한 필요를 채우고, 또한 선교사역을 위한 재원을 마련하는 일에 크게 기여하고 있다. 특별히 닫힌 지역에서는 실제적으로 선교사의 비자를 해결하는 수단으로 유용하게 사용되고 있는 것도 사실이다. 그러나 BFM의 관점에서는 일과 비즈니스는 종속적 관계 속에서 선교를 위한 '선교보다 조금 열등한 무엇'이 된다. 우리의 일과 직업이란 다만 선교를 위한 하나의 보조적인 방편이며, 선교의 수단으로 존재하게 되는 것이다. 이것은 우리의 성속(聖俗)이원론적 세계관이 영향을 미친 결과로서, 그동안 사용된 선교전략이었음을 발견하게 된다.

2) 선교로서의 비즈니스: BAM(Business As Mission)

이것은 비즈니스를 선교자체로 여기는 총체적 비즈니스 선교라고 말할 수 있다. 한마디로 '선교로서의 비즈니스'다. BAM은 복음전도만이 아니라 비즈니스 행위도 하나의 선교행위이며, 우리의 일과 직업이 바로 선교 그 자체라는 것이다. 성속(聖俗)이원론의 영향에 의하여 우리는 그

註 10) 신갈렙, 하늘의 기업가 비즈너리, pp.48~59를 참고하라. 그는 비즈니스 선교의 유형들을 구분하면서 BFM, BAM과 더불어 BNM(Business and Mission), BIM(Business in Mission) 이렇게 4가지로 구분한다.

동안 신앙과 삶을 통합적으로 이해하고 적용하는 일에 실패하였다[11]. BAM은 선교지에서만 아니라 우리의 일상의 삶속에서, 거룩한 세계와 세속세계를 분리하였던 우리의 세계관을, 보다 총체적이며 통합적으로 이해하고, 우리의 전인적인 삶을 통하여 선교하는 '총체적 선교', '통합 선교' 라고 말할 수 있다.

2. 성경적 관점으로서의 BAM

1) 사명으로서의 비즈니스: Business As Mission

일은 사명이다. 성경적 관점에서 우리들의 일은 거룩하고 존엄하다. 일은 창조주의 인간 창조의 목적이다. 우리 인간에게 부여하신 하나님의 창조명령, 바로 그 자체다.

"하나님이 이르시되 우리의 형상을 따라 우리의 모양대로 우리가 사람을 만들고 그들로 바다의 물고기와 하늘의 새와 가축과 온 땅에 기는 모든 것을 다스리게 하자 하시고 하 나님이 그들에게 복을 주시며 하나님이 그들에게 이르시되 생육하고 번성하여 땅에 충만 하라. 땅을 정복하라, 바다의 물고기와 하늘의 새와 땅에 움직이는 모든 생물을 다스리라 하시니라." (창1:26-28)

창조주 하나님은 모든 피조물 창조의 끝에 인간을 창조하셨다. 그 목적이 본문에 나타난다. 그것은 "모든 것을 다스리게 하자", 즉 하나님께서 창조하신 피조물들을 인간에게 맡겨서 다스리게 하기 위함이었다. 하

註 11) Timothy Keller, 일과 영성, pp.226~245를 참고하라.

나님의 청지기, 대리 통치자로서 모든 피조세계를 정복하고 다스리는 것
이다. 우리들에게 주어진 창조명령인 '정복'과 '통치'는 하나님의 성품
과 주권을 투영하고 반영하는 우리의 사명(Mission)이다. 그러므로 하나
님이 명령하신, 바로 그 '정복'과 '통치' 행위로서의 우리의 모든 일은 하
나님의 목적이며, 축복이며 거룩한 사명이다.[12]

2) 예배로서의 비즈니스 Business As Worship

노동은 예배다.[13] 하나님의 인간창조의 목적을 따라 하나님은 아담을
에덴동산에 거하게 하시고 그 에덴에서 그에게 일하라 하신 내용들이 있
다. 그것은 바로 정복하고 다스리는 창조사명의 구체적인 실천인 것이다.
그것은 하나님의 창조세계의 청지기들로서 인간의 사명이요. 사역이었다.

"여호와 하나님이 그 사람을 이끌어 에덴동산에 두어 그것을 경작하
며 지키게 하시고"(창2:15)

"그것을 경작하며 지키게 하시고." 여기에서 '경작'과 '보호'는 인간
의 '정복'과 '통치'의 또 다른 표현으로 이해될 수 있다. 여기 등장하는
'지키다'는 히브리어로 'SHOMER'이며, '경작하다'는 단어는
'AVODAH'이다. 특별히 '경작(AVODAH)'은 '노동하다', 혹은 '섬기
다', '예배하다'[14] 라는 말이다.

註 12) ibid.,pp.68~70.
　　13) 매츠튜네헥 외, blusiness as mission pp. 48-49.
　　14) 여호수아의 "여호와만 섬기겠노라"던 고백 속에 사용되었고, 수24장에 여러번 반복된
　　　　'섬기다' 바로 그 단어다.

창세기에서 에덴의 노동은 '예배' 라는 말을 함의하고 있다. 우리가 생각하는 '거룩한 예배' 만큼이나 노동도 '거룩한 노동' 인 것이다. 이것은 타락이전에 에덴에 거하는 인간에게 주신 축복이며, 명령이다. 남자 아담만 아니라 여자인 하와도 노동이라는 거룩한 창조명령에 아담을 돕는 배필로서 동일한 축복과 의무를 가지고 창조된 것이다. 그러므로 남녀 모두이 거룩한 노동의 명령으로부터 자유 할 수 있는 자는 아무도 없다. 우리의 노동은 하나님의 창조명령이며, 바로 하나님을 섬기는 거룩한 예배행위인 것이다. 아담과 하와는 하나님이 맡기신 일터 에덴에서 그 아름다운 자연을 보호하며, 그 땅을 일구어 경작하며, 아담과 하와는 하나님의 일을 하고 또 하나님을 기뻐하며 순종하며 예배하고 있었던 것이다.

우리는 일함으로 하나님의 창조세계를 더욱 아름답고 풍요롭게 하고, 우리는 일함으로 하나님의 아름다우심을 드러내고, 우리는 일함으로 하나님을 예배하고, 우리는 일함으로 하나님께 영광을 돌리는 것이다. 그러므로 우리는 일함으로 곧 선교하는 것이다.

3. 총체적 선교로서의 BAM

오늘날 선교현장에서부터 시작된 BAM은 창의적 접근 전략으로, 또 총체적 선교의 방법으로 주목받고 있다. 그렇다. BAM은 총체적 선교 전략이다. YWAM에서[15] 언급한 BAM 원리와 진술을 살펴보자. "BAM은 하나님 나라 가치와 목적과 관점과 영향력을 가진, 괄목할 만한 지속적인 한 비즈니스를 통하여 한 민족, 또는 공동체를 하나님의 영광을 위하

註 15) Youth With A Mission worldwide,는 1960년 설립된 초교파 국제선교단체인 예수 전도 단 이다.

여 영적으로, 경제적으로, 또 사회적으로 변화시키기 위한 특별한 목적을 위한 선교전략이다."라고 하였다.

BAM 비즈니스는 기본적인 세 가지가 반드시 요구된다.

첫째, 선한 영향력이다. 다시 말하면 그 기업과 비즈니스가 가진 하나님 나라의 영향력이다. 그 기업이 가진 비즈니스를 수행하는 과정에서 하나님의 의를 드러내는 행동과 결정, 윤리 도덕성을 의미하는 말이다. 이것은 가장 중요한 원칙의 하나로 요구된다. 반드시 '하나님 나라의 가치와 목적과 관점과 영향력을 가진' 비즈니스여야 한다. 그래야만 하나님께서 축복하실 만하며, 또한 선교 목적을 성취하기 위하여 선한 영향력을 가지게 되는 것이다. 결과적으로 그 기업이 가진 하나님 나라의 가치가 영향력을 가지게 될 때에, 그 사회의 부정과 불의에 도전하고, 사회악들을 제거하고, 하나님의 공의가 회복된 사회가 구현되어 질 것이다. 그러므로 반드시 BAM 비즈니스는 세상적 기업과 차별화된 윤리와 도덕성이 확실해야 한다.

둘째, 지속 가능성이다. 기업은 반드시 수익창출이 일어나야 지속하며 소득을 배분한다. 그러므로 기업의 이윤추구는 모든 기업의 가장 중요한 목표중의 하나다. 그러나 사실 수익창출은 기업의 가장 기본적인 지속조건인 것이다. 이윤을 추구하는 것은 결코 부정한 것이 아니다. 뿐만 아니라 BAM은 단지 돈을 벌기위해 비즈니스를 하는 것이 아니다. 도리어 그 비즈니스가 지속되어야 지속적으로 그 땅을 축복할 수 있게 된다. 궁극적으로 비즈니스의 이윤추구는 선교현장을 위하여 사용되는 것이다. 기업의 수익창출을 통하여 지속성을 가진 기업 세워질 때에 현장에는 일자리가 창출되고, 가난과 궁핍함으로 고통 받던 가정과 개인들이 회복되고, 경제적으로 그 나라와 민족을 회복하는 것이다. 그러므로 반드시 '괄목할만한 지속적인 한 비즈니스' 여야 한다.

셋째, 선교적 의도성, 복음과 하나님나라의 영향력이 낮은 지역과 영역에로 의도적으로 나아가는 모습이 필요하다. 그 결과는 하나님의 나라의 회복이다. BAM 기업을 통하여 총체적으로 사회적, 경제적, 환경적, 영적으로 회복과 변화가 일어나야 한다. 무엇보다 BAM 기업에는 신앙과 행함이 통합된 기업가 한 사람이 참 중요하다. 그 비즈니스 현장의 비그리스도인들이 비즈니스의 과정에서 삶과 신앙이 통합된 영향력 있는 한사람의 삶을 통하여 그리스도를 발견하고 복음을 알게 되고, 주님께로 돌아오게 될 것이다. 그리고 현지 토착교회가 세워지고 영적부흥이 일어나게 되고 하나님께 영광을 돌리며 예배하는 일이 있게 될 것이다. 선교는 성경적이며, 전인적이고, 총체적이어야 한다. 단순히 영적구원에 있지 않다. 선교는 하나님의 창조세계의 회복과 사회적, 경제적, 영적 회복과 변화를 목적하는 것이다. BAM비즈니스는 분명한 선교적인 목적과 비전을 가지고 있어야 한다.

BAM을 실현하는 주체로서 기업중심의 정의, 뿐만 아니라 이제 그 일을 실행하는 그리스도의 제자로서 모든 민족을 위한 하나님의 비전에 자신을 헌신한 BAMer, 사람중심으로 관점을 전환하고 재정의해 볼 수 있다.

BAMer에게도 세 가지 기본적 조건을 갖추어야 한다. 위에서 언급된 것처럼, 선한 영향력, 지속 가능성, 그리고 선교적 의도성이다. 선한 영향력은 하나님의 나라의 백성으로서 그의 삶이 그분의 주재 권을 인정하는 삶을 살며, 그리스도의 제자로서 그 길을 살아가는 삶을 말한다. 지속 가능성은 지속적으로 영향력을 미칠수 있는 조건으로서 반드시 개인의 전문성과 공헌, 그리고 실력과 지속적인 성장이 뒤따라야 한다. 선교적 의도성은 복음이 없는 민족과 지역과 영역으로 기꺼이 자신을 드리는 삶이다. 자신이 가진 현재의 기득권을 버리고 그리스도의 성육신적 삶을 본받아 낮은 곳, 더 낮은 곳으로 적극적 하향성의 삶을 추구하는 것을 의미한다. 그 결과 우리는 한사람 BAMer의 삶을 통하여, 그가 선 곳에서, 기업가로서 또는 비즈니스 세계속에 살아가는 그리스도의 제자로서 그의 삶의 자리에 하나님의 나라가 임하는 것을 보게 될 것이다.

나가는 말

"거류민이 너희 땅에 거류하여 함께 있거든 너희는 그를 학대하지 말고 너희와 함께 있는 거류민을 너희 중에서 낳은 자 같이 여기며 자기 같이 사랑하라...나는 너희의 하나님 여호와이니라." 16)

하나님은 우리로 이주민들을 우리 자신과 같이 사랑하라고 명령하셨다. 또한 모든 민족은 우리의 선교의 대상이며 목표이다. 이제 땅 끝은

註 16) 레19:33~34, cf.출22:21

17) 요4: 10~15절, "예수께서 대답하여 이르시되 네가 만일 하나님의 선물과 또 네게 물 좀 달라 하는 이가 누구인 줄 알았더라면 네가 그에게 구하였을 것이요 그가 생수를 네게 주었으리라. 여자가 이르되 주여 물 길을 그릇도 없고 이 우물은 깊은데 어디서 당신이 그 생수를 얻겠사옵나이까. 우리 조상 야곱이 이 우물을 우리에게 주셨고 또 여기서 자기와 자기 아들들과 짐승이 다 마셨는데 당신이 야곱보다 더 크니이까. 예수께서 대답하여 이르시되 이 물을 마시는 자마다 다시 목마르려니와 내가 주는 물을 마시는 자는 영원히 목마르지 아니하리니 내가 주는 물은 그 속에서 영생하도록 솟아나는 샘물이 되리라. 여자가 이르되 주여 그런 물을 내게 주사 목마르지도 않고 또 여기 물 길으러 오지도 않게 하옵소서

다민족 다문화 사회로 진입한 대한민국의 우리 집 대문 밖에서부터 시작된다. 오늘날 우리는 우리들의 삶의 자리인 비즈니스 세계 속에 살면서 보다 '더 나은' 삶을 찾아 이주해 온 이주민들과의 만남은 우리들의 자연스러운 일상이 되었다. 이제 우리의 과제는 오늘도 생존의 문제로 물을 길러 우물을 찾아오는 이주민들에게 저들의 필요를 나누며, 또 어떻게 영원히 목마르지 아니하는 '더 나은 생수(生水)'로17) 저들을 사랑할 것인가? 라는 문제만 남았다. 우리는 이제 창의적 접근지역의 복음의 닫힌 문을 여는 최고의 대안으로 여겨지는 BAM 선교전략을 한국 내 이주민을 위한 타문화 사역에서 적극 적용해 보기를 권한다. 할애된 지면의 분량의 제한으로 여기서 마치지만 강의를 통해서 더 구체적인 제안들을 나눌 수 있을 것이라 기대한다. 선교로서의 비즈니스, BAM은 삶속에서 복음을 드러내며, 저들의 경제적, 사회적, 환경적, 영적 회복을 위한 저들을 사랑하는 최고의 선교전략이다.

〈참고 문헌 〉

John Kavanaugh, 소비 사회를 사는 그리스도인, 서울: IVP, 2011.

Ken Eldred, 비즈니스 미션, 서울: 예수전도단, 2006.

Mats Tunehag, Business As Mission, 서울: 예영커뮤니케이션, 2010.

Richard Bauckham, 세계화에 맞서는 기독교적 증언, 서울: 새물결플러스. 2010.

Timothy Keller, 일과 영성, 서울: 두란노, 2014.

신갈렙, 하늘의 기업가: 비즈너리, 서울: 규장 2010.

IBA, 제7회 IBA 서울포럼자료집, 서울: IBA, 2013.

IBA, 제8회 IBA 서울포럼자료집, 서울: IBA, 2014.

– 논문, 신문, 웹

김연권, 동경무역관 보고서-일본 장례비즈니스 시장규모, KOTRA 2007.

김종혁, 「미국 '복음주의 교회' 전성시대: 신도 수만명에 기업식 운영···」, 『중앙일보』, 2005. 5. 25, 17면.

법무부, 2015.3월 '출입국, 외국인 정책 통계월보' 참고, 2015.

용호성, 우리나라 예술 경영의 현황과 과제, http://blog.naver.com/rainbowzzu.do

이영희, 「영(英)교회 홍보 "상업광고 뺨치네": "종교도 비지니스"」 『문화일보』, 2005. 9. 16, 29면.

정미경, 「미(美) 기업 뺨치는 교회 늘고 있다」, 『동아일보』, 2005. 5. 16, A18면.

조 샘, IBA 포럼의 배경과 의의: BAM, 디아스포라, 미래의 미션. IBA, 2012.

KWMA연구개발원, 2014년 12월말 파송선교사 현황(통계), 2014.

제 15장

귀환 이주자를 위한 비즈니스 교육
프로그램을 통한 영육간의 시너지 창출

註 1) ㈜ 카리스테크 (대표이사) www.caristek.co.kr 2002년 백만불 탑 수상 2015년 총신
   대학교 선교 대학원 Th.M (다문화 시대를 위한 한국교회 인식전환을 통한 교회성장
   방안 연구), 2014년 1월 스카이 아메리칸 스쿨 이사장 www.skyask.org

15. 귀환 이주자를 위한 비즈니스 교육 프로그램을 통한 영육간의 시너지 창출

1. 들어가는 말.

국내 거주 이주자 수는 매년마다 지속적인 증가로 인하여 이주자 통합정책에 대한 중요성이 확대되고 있으나 현재 한국의 이주자 통합정책은 결혼이민자와 그 가족만을 대상으로 편중되어 있다. 하지만 한국정부는 이러한 결혼이민자 중심의 통합정책에서 벗어나 한국 내 이주인구의 과반수를 구성하고 있는 단기이주근로자의 통합정책도 함께 고려해야 할 필요가 있다. 2005년 '이주노동자 귀환정착지원 프로그램 개발 컨소시엄' 의 현지실태 조사에 따르면, 한국에서 일한 후 본국에 귀국한 이주노동자의 85%는 재이주를 꿈꾸고 있으며 이들 가운데 절반가량은 다시 한국에 일하러 오고 싶다고 한다. 그 이유는 본국과 한국간의 임금 격차가 크기 때문에 귀환 이주근로자들은 한국에 오려고 하기 때문이다. 그러나 일부 귀환 이주 근로자들은 한국에서 번 돈으로 귀국하여 어려움 끝에 자수성가한 사업가들도 있다. 이들은 피땀 흘려 번 돈을 헛되이 쓰지 않도록 치밀하게 시장조사를 하고 한국에 있을 때부터 일찌감치 귀국 이후를 준비하여 성공의 길을 일구었다.[2] 이러한 성공 사례들이 앞으로 더 많이 나올 수 있도록 귀환 이주근로자를 위한 비즈니스 지원을 통한 영육간의 시너지 창출을 제안하고자 한다.

2. 귀환 이주자의 현황과 문제점들 분석

註 2) http://mworker.or.kr/xe/56326.

2015년 이주자의 입국은 〈표-1〉에서 보면 약174만 명으로 집계되고 있으며 그들의 입국 형태는 근로자, 결혼이민자, 유학생, 외국국적동포, 기업투자, 취재, 주재원 등 다양한 요인을 가지고 한국으로 이주해 생활을 하고 있다. 이들 가운데 다루고자 하는 부분은 이주 근로자이다.

〈표-1〉에서 보듯이 2015년 현재 이주 근로자는 이주자의 34.9%로써 608,116명으로 집계되고 있다. 이들의 체류 기간은 정부의 5년 미만 단기 취업 정책이 우선적으로 작용하고 있다. 대부분 빚을 얻어 입국하는 이주노동자들은 5년 미만으로 묶인 체류기간이 부족하다고 하소연 하고 있다.

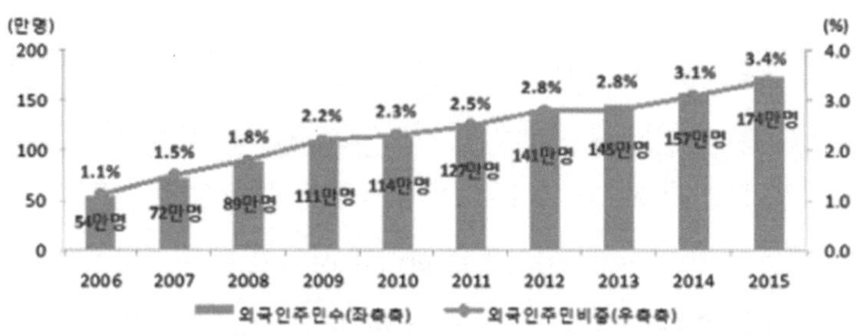

국적 미 취득자(1,376,162명 , 79.0%)					국적취득자(158,064명, 9.1%)		자녀 (결혼이민자 및 국적취득자의 미성년 자녀)
외국인 근로자	결혼 이민자	유학생	외국국적 동포 (거소신고자)	기 타 (기업투자, 취재 등)	혼인귀화	기 타 (일반귀화, 입양 등)	
608,116명 (34.9%)	147,382명 (8.5%)	84,329명 (4.8%)	266,414명 (16.4%)	249,921명 (14.3%)	92,316명 (5.3%)	65,748명 (3.8%)	207,693명 (11.9%)

〈표-1〉 2015년 외국 이주자 통계 (이데일리에서 발췌)

이주노동자들의 하소연에 대한 이유가 분명히 있다. 대부분 빚을 얻어 입국하는 이주노동자들은 5년 미만으로 묶인 체류기간이 짧기 때문이다. 5년 미만의 짧은 체류기간으로 인하여 이주 근로자들은 본국 가족의 생계를 떠맡고 있기 때문에 한국에 온 이주노동자들은 귀환 이후를 준비할 저축은 전혀 하지 못하고 있어서 귀환 이후에 많은 문제점들을 가지고 있다. 그래서 이주노동자들은 이러한 문제점들로 인하여 많은 자들이 불법체류자3)들로 전락을 하고 있거나 귀국 이후에도 다시 한국 이주 근로자로 오기 위하여 전혀 다른 일들을 하지 않고 여전히 한국으로 오려는 꿈을 버리지 못하고 있는 실정이다. 최근 들어 한국 정부도 이와 같은 사실들을 인식하기 시작을 하였으며 최근 산업인력관리공단4)에서 이주노동자에게 직업교육을 일부 실시하고 있지만, 아직 초보적인데다 이주노동자의 본국 사정과 욕구 수준에는 부합하지 못하는 측면이 많다. 이와 같은 문제점들을 해결하기 위한 노력들이 필요하다. 외국인근로자의 귀환은 단순한 문제가 아니다 입국 시 적용된 제도의 특성, 국내 취업 과정에서의 근로여건과 한국 내 적응 취업기간 중 번 소득의 활용, 귀환 준비, 귀환 후 기대되는 삶의 모습 등 여러 측면이 결합되어 귀환 여부가 결정되기 때문이다.5) 그러므로 이제 한국정부 뿐만 아니라 한국 교회도 이러한 문제점들을 인식하고 그들에게 다가 가야 한다.

註 3) 불법 체류자에 속하는 사람들은 밀입국자뿐만 아니라 비자기간이 만료된 자, 체류허가가 취소된 자 등등이 포함된다. 보통 전자보다는 후자가 훨씬 많다. 체류허가가 취소되는 이유는 유학생의 제적, 결혼이민자의 이혼 등 본인의 귀책사유에 의한 이혼, 범죄 등으로 인한 체류허가 취소 등등의 사유가 있을 수 있다. 음주운전 등 비교적 가벼운(?) 사고를 쳐서 당장 구속이나 추방은 아니더라도 더 이상의 체류기간 연장이 불가능 할 때 나가있는 체류기간이 끝나도 출국하지 않고 버티고 있는 자들이다. 그리고 관광비자 등 단기 비자를 받고 작정하고 한국에 들어와서 장기 불법체류하며 불법체류 하는 자 등이 있다.
　4) 외국인근로자들을 위한 성공적 귀한 프로그램」의 일환으로 실시된 이번 교육은 체류기간 만료 후 1년 이내에 고국으로 돌아가는 외국인근로자들에 대해 소규모 창업을 지원하고 현지 한국기업 취업을 돕기 위해 창업마케팅, PC활용, PC정비 등 기능, 창업 교육과정을 중심으로 운영.
　5) 박능후외2인, "외국인 근로자의 체류 및 귀국지원에 관한 연구", 노동부 경기대학교 산학 협력단. 2007.

3. 국내 외국인 귀환자들 위한 프로그램

국내에 귀환프로그램이 알려진 것은 1996년 MFA(Migrant Forum in Asia)가 한국의 외국인이주노동자대책협의회(현 외국인 · 이주노동운동협의회)에 홍콩의AMC(Asia Migrant Worker Center)의 귀환프로그램 사례를 소개한 것이 그 시작이 되었다. 2004년 7월에 18여개 이주노동자 단체가 함께 "이주노동자의 자발적 귀환과 재통합을 위한 컨소시엄"을 구성하게 되었다. 이후 아름다운 재단의 지원으로 귀환 관련 자료집을 만들게 되었고, 2006년부터는 사회복지 공동모금회의지원으로 구체적인 자료집 제작과 함께 귀환사업을 위한 이론 교육과 실질적인 기술 교육으로 확대하게 되었다. 현재 외국인노동자 귀환지원프로그램은 외국인이주노동운동협의회(이하 외노협)의 43개 단체 중 일부인 13개 단체가 시범사업으로 진행하고 있다. 이러한 성과는 다음과 같다.

첫째, 이주자들에게 보다 더 구체적인 삶의 목표를 제공, 둘째, 이주지원 단체에 보다 더 구체적인 비전을 제시, 셋째, 현지 이주노동자 활동가를 확보하여 귀환에 대한 사전 교육은 물론 국제적인 네트워크 형성 등 다양한 사회적 효과를 성취 하였다. 이들의 주요 활동은 귀환컨소시엄은 현재 3개 분야의 주요 사업으로 진행되고 있는데, 이들 주요사업은 네트워크 사업[6]과, 교육사업[7], 그리고 안내서 발간[8] 등이다. 현재 이 사업은 '사회복지 공동모금회'에서 기금 지원을 받아 운영하고 있는데, 재

註 6) 네트워크 사업은 국내외 정부유관기관 및 단체, 해외 NGO 들과의 협력을 통해 사업 추진을 위한 인프라를 구축하는 것이다.
　　7) 교육 사업은 기능교육, 의식교육, 입국(이주) 예정자 및 가족 교육을 한다.
　　8) 안내서 발간은 귀환 및 재통합 컨소시엄에서 진행하는 사업에 대해 쉽게 이해하고, 참가 필요성 유발을 위한 안내서 제작을 말한다.
　　9) ibid. 24-7.
　　10) 귀국사업 지원안내, http://www.monkor.net.

정적인 한계가 곧 사업의 한계로 연결되고 있다. 이와 같은 한계를 극복하기 위해서 한국 정부도 다양한 노력을 기울이고 있다.[9] 2007년 노동부와 경기대학교 산학 협력단의 연구에서 다음과 같은 정책이 제시되었다. 첫째, 외국인노동자 귀환지원 프로그램"에 대한 궁극적인 목표와 방향성이 제시되어야 한다. 둘째, 귀환프로그램의 성공적이고 효과적인 운영을 위해 국가적인 특성을 고려하여 귀환프로그램을 적용해야 한다. 셋째, 현지인 리더를 양성해야 한다. 현재 한국 산업인력공단이 귀국자를 위한 서비스를 진행을 하고 있는데 귀국지원서비스는 의식교육(귀국 준비교육) -〉 체류 중 각종 취업?창업교육 -〉 체류기간만료 시 각종 보험 및 귀국절차 안내 -〉 체류 기간 만료자 대상 현지진출 한국기업 취업알선 등을 하고 있으며 해외에서도 훈련이 이루어지고 있다. 그 예를 소개하면 외국인 근로자의 귀환 직업 훈련을 담당하고 있는 한국 산업인력공단이 자카르타 현지에서 훈련 기관을 운영하고 있다.[10]

『2015년 외국인근로자 직업훈련기관 공개 모집』

Return Job 스쿨 공모

외국인고용허가제를 통하여 한국에서 취업생활을 마치고 귀국한 외국인근로자를 대상으로 국가별 실정에 맞는 맞춤훈련을 실시하여 현지에 진출한 한국기업에 취업을 지원하기 위한 귀환외국인근로자 위탁훈련기관을 아래와 같이 공개모집 합니다.

－ 아　　　　　래 －

○접수기간: 2015. 4. 13(월) ~ 5. 8(금)

○제출장소:자카르타소재 한국산업인력공단 EPS센터

(021-7918-6012,6014)

> ○제출서류:첨부 공고문 및 공단홈페이지 참조)
>
> 기타 자세한 사항은 우리공단 고용체류지원팀(82-52-714-8573)
>
> 또는 한국산업인력공단EPS센터에 문의 또는 공단홈페이지
>
> (www.hrdkorea.or.kr)를 참고하시기 바랍니다.[11]

한국 산업 인력 관리 공단 외에도 다양한 단체들이 외국 근로자를 위한 직업 훈련을 실시하고 있는데 소개를 하고자 한다.

1) 양천구 외국인 근로자 지원센터

양천외국인근로자센터(이하 센터)는 2010년부터 외국인 근로자 대상으로 직업능력개발 프로그램을 운영하고 있다. 올해 비전문취업(E-9) 또는 방문취업(H-2) 비자를 가진 외국인 근로자를 대상으로 바리스타 양성교실, 컴퓨터정비교실, 미디어교실, 한국요리창업지원교실, 운전면허이론교실 등에 10명 내외 정원으로 개설했다. 지난해 2,817명의 외국인 근로자가 참여하며 호응을 얻은 바 있다.[12]

2) 화성시 외국인 귀환 교육

아시아 투데이 2010년 12월6일자 기사를 보면 "화성시외국인복지센터(센터 장 김영민)는 외국인근로자들의 귀국 후 안정적인 모국정착을 위한 '귀환기술교육 PC정비과정' 수료식을 가졌다고 6일 밝혔다. 귀환기

註 11). http://www.kff.or.id.
   12) http://www.ycnews.kr/ 2013년3월18일자기사 검색.

술교육은 본국 귀환을 앞둔 외국인근로자를 대상으로 귀국 후 원활한 취업과 창업을 통해 경제적 자립을 갖출 수 있도록 화성시가 지원하는 위탁교육으로 상반기에 이어 지난 10월부터 매주 일요일 5시간씩 총 8주에 걸쳐 진행됐으며, 이날 진행된 수료식에서는 출석률 70%이상의 교육생 19명이 수료증을 받았다."[13]

4. 외국의 자발적 귀환 프로그램

1) 영국

영국은 서구 국가 중 가장 많은 난민 신청을 받은 나라이다. 이 속에서 비정규 이주자가 증가함에 따라 영국 내 인종 간 갈등이 주요한 사회문제로 대두하게 되었다. 이에 강제퇴거에 대한 지속가능하고 인도적인 대안으로서 "자발적 본국귀환 지원과 재통합 프로그램 (Voluntary Assisted Return and Reintegraton Programme, 이하 VARRP)"을 실시하고 있다. VARRP의 목적은 영국에 있는 망명자들 중 본국으로 돌아가기를 희망하나 방법이 없어 곤란을 겪는 사람들에게 자발적, 합법적이고 인도적인 귀환을 돕는 것을 목적으로 하고 있다. 지원 내용은 교육, 훈련, 그리고 귀한 국에서 의 소규모 창업이다.[14]

註 13) 화성시외국인근로자 '귀환기술교육' 수료식 , http://www.asiatoday.co.kr/ 2010
    년12월6일자 검색.
  14) ibid.33-4. (재인용) 고현웅?박화서(2004)의 "주요국가 이민정책 비교연구"의 내용
    과 고현웅(2005)의 "자발적 귀환 프로그램 사례연구"의 내용을 발췌하였음

2) 이탈리아

이탈리아는 1980년대 전통적인 이주 송출국에서 수입국으로 변화하면서 이주가 국가적인 문제로 대두하게 되었다. 자발적 귀환과 관련하여 2002년 보시-피니 법(Bossi-Fini Law)으로 불리는 이민과 망명법 개정안 (Amendment of Law on Immigration and Asylum)을 통과시켜, 자발적 본국 귀환지원 조항을 포함하고 있다. 이렇게 해서 설립된 비호신청자 및 난민중앙서비스(Central Service for Asylum seekers and Refugees)는 IOM이 나 다른 국내 기관을 통해 귀환프로젝트를 시행을 할 수 있도록 규정하고 있다. 주요 지원 내용은 귀환시 노동자의 연금, 사회보장 급여에 대한 권리 보장을 통해 불법 이주노동자의 귀환을 장려하는 것이다.[15]

3) 독일

독일정부는 다른 유럽국가에 비하여 자발적 귀환의 긴 역사를 가지고 있다. 주(Lander)의 협력을 얻어 제3국에 정착하거나 자발적으로 출신 국으로의 귀환을 희망하는 난민을 위하여 1979년에 난민신청자 귀환이주 프로그램 (Return and Emigration of Asylum Seekers (REAG) Programme)을 IOM 과 함께 실시하였다. 동 프로그램을 통해 현재까지 54만 6천명이 이 프로그램의 도움을 받아 110개국이 넘는 나라로 귀환 하였다.[16]

註 15) ibid. 36.
　16) ibid 37.
　17) ibid 42.

4) 네덜란드

네덜란드의 대표적 귀환지원 사업은 GTAA (Gefaciliteerde Terugkeer Afgewezen Asielzoekers)이다. 1997년 8월 22일에 에티오피아, 앙골라 정부와 체결한 '망명신청 거부자에 대한 지원'에 관한 시범사업으로 "이원궤도" 정책 ("dual-track" policy)18) 을 사용하였다. 앙골라와 에티오피아 정부 측에서는 망명신청 반려자에 대한 합법적이고 안전한 여행관련 문건을 발급해주기로 약속하였고, 네덜란드 정부 측에서는 망명신청이 반려되어 귀환한 뒤에도 신청국에 재입국이 가능하도록 귀환자의 부담을 덜어주었다.17)

5. 귀환 이주자를 위한 한국교회의 프로그램

앞서 살펴본 바와 같이 귀환 이주자들을 위한 각국 정부의 정책과 각 지원 단체들이 활동을 하고 있음을 보았다. 이제 한국 교회도 이와 같은 일에 동참을 해야 할 시기가 되었다. 그 이유를 열거해 보면 이 시대 마지막 선교전략이라고 일컬어지는 '미전도 종족입양운동'. 복음을 들어보지 못했거나 자력으로 복음을 전도할 교회가 형성되어 있지 않는 종족을 집중 전도하는 선교전략을 말한다. 지금 한국은 최소한 30개 이상의 미전도 종족을 복음화 할 수 있는 기회가 형성되었다. 전인적 선교 측면에서 관심을 끌고 있는 불법체류자와 산업기술연수생은 60만여명. 국적도 다양해 중국 필리핀 등 아시아뿐만 아니라 최근에는 페루 에티오피아 등 지구 반대편 남미와 아프리카 출신까지 다양하다. 주목할 것은 대부분의 외국인들이 이슬람이나 공산권 등 선교제한 지역에서 왔다는 것이다. 외국인근로자들은 바로 이 땅에 있는 미전도종족인 것이다. 또 이들의 학력은 상당수가 대졸 이상으로 알려져 있다. 당장 이들이 현지에 나가 선교지도자로 활동하지 못한다고 해도 장차 귀환해 본국에서 활동할 경우 미치는 파급 효과가 적지 않다는 것은 쉽게 추론해 볼 수 있다. 선교훈련의 차원에서도 외국인근로자선교는 새롭게 조명되고 있다.[18] 한국 교회에서도 다양한 프로그램들이 운영되고 있다.

1) 캄보디아 귀환자 선교대회

2014년 11월에는 캄보디아 선교 연합회 주관으로 캄보디아에서 귀환자 선교대회를 개최했다. 한국에서 일하고 고향으로 돌아가는 현지인을 위해 개최한 선교대회이다. 본국으로 돌아간 이들의 부모들을 초청해서 선교대회를 진행했는데, 자신의 자녀들을 돌봐주는 선교사들이 왔다는 것만으로도 마음을 열고 복음을 쉽게 받아들였다. 참석한 가족들 모두가 예수님을 영접했고, 선교대회가 끝난 이후에도 매주 교회에 출석하고, 성경을 읽고 있다. 귀환자가 본국으로 돌아간 이후의 정착률이 높지 않은 것을 생각하여 귀환자의 가족들을 먼저 전도하면 더 좋을 것이라 생각했다.[19]

2) 단기 선교를 통한 귀환 가정 방문

경기도 광교에 위치한 더 사랑의 교회는 2014년 7월에 귀환자 가정을

---

18) 외국인근로자선교 기획(1)왜 해야 하나? http://www.kidok.com/ 1997년 4월2일자 기사 검색.
19) 우리 곁에 다가온 땅 끝 / 이주민 선교 편.(윤대진) http://jusworship.com/

총 19명이 사랑의 편지를 배달하기 위하여 캄보디아를 방문하여 단기 선교를 하였다. 단기 선교 기간 동안 9명의 귀환자와 귀환전의 가족들에게 방문하여 사랑의 편지를 배달하고 복음을 전하였는데 그 효과는 귀환자와 귀환전의 가족들에게 좋은 결과를 가지고 돌아왔다. 이 단기 선교 기간을 통하여 한명의 친구가 세례를 받지 못하고 캄보디아로 귀국을 하였는데 귀환자 가정 방문 선교를 통하여 현지에서 세례를 받게 되었고 이를 계기로 귀환자나 단기 선교 팀들은 좋은 관계를 계속적으로 이어 나갈 수 있는 계기가 되었다. 이런 과정을 통해 관계가 형성되면, 해외 선교사와의 협력을 통한 새로운 선교 패러다임을 만든다. '사랑의 배달부 프로젝트' 시행 시 이주노동자들의 가정을 방문할 때면 현지 선교사와 동행한다. 방문 후에도 한국에서 지속적으로 이주노동자들의 소식을 선교사에게 전송함으로써 선교사는 귀환 이주자 가정에 지속적으로 방문할 기회를 제공받게 된다.[20]

3) 리더쉽 훈련

윤대진 목사는 JPAGE와 인터뷰에서 다음과 같이 리더쉽 훈련의 중요성을 말했다. "이주민 사역의 핵심을 꼽자면, 지도자 양성이라고 생각한다. 국내에 이주민 사역센터가 500여개가 있다. 많은 교회들이 사역을 하고 있지만 80%가 문화사역이며, 제자양육과 복음사역 은 20% 밖에 안 된다는 수치를 보았다. 사역자, 지도자의 부족을 원인으로 생각했고, 지도자양성이 대안이라고 생각했다. 이를 위해 현재 신학연구원을 설립했다. 이주민들이 전문적으로 공부하는 것을 목표로 하고 있다." 리더쉽

註 20) 이주민의 선교 현황과 과제, http://www.kd77.kr/

훈련은 귀환 이주자들에게 영적으로 꼭 필요하며 앞으로도 좀더 체계적
인 학교가 필요하다.[21]

6. 결론

지금 한국은 약 174만명이 다양한 형태로 이주를 하여 살고 있다. 이
들 가운데 우리가 관심을 기울여야 할 대상자가 근로자, 유학생, 결혼이
주자들인데 여기서는 귀환 이주자 중에서 근로자를 중심으로 진행되고
있는 한국정부와 교회 프로그램들을 살펴보았다. 이러한 프로그램들이
지속적으로 발전되기 위해서는 단기적인 측면보다는 장기적인 측면에서
접근을 해야 한다. 이와 같은 문제는 한국 정부도 고민을 해야 하며 한국
교회 역시 고민을 해야 한다. 모든 프로그램이 지속적으로 발전을 하기
위해서는 재정적인 자립의 문제가 필요하다. 서두에서 논한 바와 같이
많은 귀환자들이 다시 한국으로 오기 위해서 아무 일도 하지 않고 또 다
시 시험을 치루고 오래시간 동안 대기하는 일들이 빈번하게 일어나고 있
다. 그들이 다시 한국 땅으로 오려고 하는 이유 역시 한국에서 받은 높은
임금의 매력을 여전히 놓지 못하고 있기 때문이다. 앞서 본 바와 같이 한
국 교회는 귀환 이주자를 위하여 귀환자 선교대회개회, 리더쉽 훈련, 사
랑의 편지배달 단기선교를 통하여 영적인 부분을 감당하여 왔다. 이제
한국 교회는 귀환 이주자를 위한 육적인 것도 고민을 해야 할 시기이다.
왜냐하면 한국 교회 안에서 신앙생활을 통하여 영적으로 성장한 이들을
외면해서는 안 된다. 이들이 육적으로도 본국 땅에서 스스로 자립을 해
야 한다. 귀환 이주자이 효과적으로 본국 땅에서 자립을 위한 방법으로

註 21) ibid.

비즈니스를 창업하도록 돕는 것을 제안한다. 그렇다고 창업에 대한 경비를 지원하는 것은 절대 아니다. 귀환을 준비하는 이주자들이 창업을 위한 자금을 스스로 준비하도록 저축에 대한 교육을 시켜야 한다. 한국 교회가 감당해야 할 부분은 비즈니스를 창업을 위한 조언자, 협력자의 역할이 되었으면 한다. 이와 같은 일들을 감당하기 위해서 한국 교회는 좋은 조건들을 많이 가지고 있다. 왜냐하면 한국 교회 안에 다양한 기업과 인재들이 있기 때문이다. 이들을 통한 비즈니스 지원을 통해 영육간의 시너지는 다음과 같은 것들이 예상된다.

첫째, 크리스천 기업들이 귀환 이주자들에게 대리점을 오픈하여 현지에서 안정적으로 생활을 하도록 도움을 줄 뿐만 아니라 크리스천 기업 역시 해외 진출의 교두보를 마련할 수 있을 뿐만 아니라 귀환 이주자들이 좋은 크리스천 기업과 연계됨으로 지속적으로 신앙생활을 할 수 있도록 도움을 줄 수 있다.

둘째. 귀환 이주자들과 많은 비즈니스 경험을 가진 시니어와 협력하여 멘토링이 이루어진다면 경험이 부족한 귀환 이주자들이 자립하는 데 많은 도움을 줄뿐만 아니라 영적인 멘토의 역할도 동시에 감당 할 수 있다고 본다.

셋째, 영, 육간에 성장한 귀환 이주자들을 크리스천 기업의 해외 직원으로 채용도 경제적으로 귀환 이주자들에게 많은 도움을 줄 수 있다.

마지막으로 비즈니스 지원을 통하여 얻을 수 있는 가장 큰 시너지 창출은 영, 육간에 지속적인 네트워크가 형성되어 많은 열방을 효과적으로 선교를 할 수 있다고 본다.

제 16장

결혼이주여성의 학력취득을 통한
조기정착 사례 연구

사천다문화통합지원센터의 사역을 중심으로

[1) 이정기목사, 총신대학교 신학대학원 졸, 2004 사천다문화통합지원센터 설립, 2008 년 행정안전부장관 표창, 2013 방글라데시 국제NGO 지부설립, 2015 외교부 공공외 교관 프로젝트 진행, 해외 영상편지배달 18차례 206가정 방문

16. 결혼이주여성의 학력취득을 통한 조기정착 사례 연구

통전적 다문화사역

다문화사역은 통전적이어야 한다. 원래 통전적(wholistic)이란 말은 어원적으로는 전체적(whole)이라는 말이다. 다문화의 한 축인 결혼이주여성들도 과거와는 다른 새로운 규범과 가치, 기술, 지식 등을 학습해야 하는 재사회화 과정에 있기 때문에 어느 한 영역의 도움만을 필요로 하는 것은 아니다. 따라서 모든 영역에서 필요(Needs)를 가지고 있는 그들을 향한 채움도 총체적이어야 한다. 존 스토트도 "선교란 하나님께서 자기 백성을 세계 속에 보내어 행하게 하신 자기희생적 봉사를 가리킨다. 자기희생적 봉사 속에는 복음화와 사회, 정치적 활동이 포함 된다."라며 전체적인 지원 활동을 언급했다.[2] 그렇게 놓고 보면 삶을 총체적으로 변화시키고자 하는 통전적 선교전략은 다문화사역과 잘 어울리는 선교 패러다임이다. 하지만 결혼이주여성들을 대상으로 한 복음전도와 사회참여는 그들의 영혼과 육체, 개인과 사회, 전도와 봉사, 복음화와 인간화를 놓고 어느 한쪽으로도 치우치지 않고 균형을 유지하는 것이 매우 중요하다. 왜냐하면 그들은 모든 영역에서 필요를 가지고 있기 때문이다.

하지만 다문화 사역자들이 그 필요를 충분히 채워주지는 못하고 있는 실정으로 이주민들의 필요(Needs)를 채워주는 것이 더 절실해 보인다.

균형의 문제와 더불어 또 다른 문제는 우리가 그들의 필요(Needs)에 대해서 잘 모른다는데 있다. 정부 역시 이주민들에 대한 많은 예산을 책정하고 집행하고 있지만 정작 그들의 구체적인 필요에 대해서는 잘 파악

註 2) John R. W. Stott, Christian Mission in the Modern World (Illinois: Inter Varsity Press, 1975), 58.

하지 못한 듯하다. 그래서인지 다문화정책 초기부터 지금까지 정부는 한국어교육이나 한국문화이해 교육 등 조기정착 프로그램에 집중하고 있다. 연간 2000억[3] 가까운 예산을 집행함에도 불구하고 여전히 조기정착 사업이라는 큰 틀에서는 못 벗어난 것 같다. 그러다보니 결혼이주여성들의 교육 참여율은 매년 급격히 떨어지고 있다.[4] 결혼이주여성들을 대표적으로 지원하는 다문화가족지원센터 이용률이 2011년 기준으로 평균 36.1%에 불과하고, 심지어 이용률이 6.8%에 그친 곳도 있다는 보도는 다문화 프로그램이 그들의 필요에 대한 정확한 분석과 로드맵이 없었다는 반증일 것이다. 기독교 다문화사역 기관 역시 예배나 성경공부 중심에서 한국어교육, 인권상담이나 법률지원, 문화체험활동 정도여서 여전히 제자리걸음인 듯하다.

이런 상황에서 필자는 그들의 구체적인 필요를 파악하기 위해 그들의 삶을 관찰하기 시작했다. 영상편지 배달 프로젝트를 통해 결혼이주여성들의 해외 가족을 만나고 온 것도 그들의 필요를 이해하는데 큰 도움이 되었고, 국내 가족과의 긴밀한 관계 역시 그들의 필요를 파악하는데 큰 도움이 되었다. 그렇게 해서 파악된 필요를 바탕으로 1단계 한국어교육, 2단계 고졸학력취득, 3단계 전문직업교육(대학진학), 4단계 평생교육으로 이어지는 진입과 성장 그리고 귀환으로 이어지는 로드맵을 만들었다. 그리고 각 단계별 프로그램은 저비용고효율이어야 하고 지속가능해야 한다는 기본 운영 원칙도 세웠다.

이 글은 특별히 2단계 학력취득과 3단계 전문직업교육(대학진학) 부분이 결혼이주여성들의 재사회화 과정에서 어떻게 적용되어졌는지를 구

註 3) 김희주, "다문화가정 예산 제대로 쓰이고 있는가," 한국정책신문, (2014. 12. 9)
  4) 이샘물, "다문화가정도 안 반기는 지원센터… 더 늘리겠다는 여성부," 동아일보, (2013. 1. 7)

체적인 사례를 통해 살펴보고자 한다.

해외 학력인증 절차

대부분의 결혼이주여성들은 경제적 어려움을 극복하기 위해서 취업을 희망한다. 하지만 그들의 취업률은 30%에 불과하고, 취업이 된다하더라도 6개월 미만의 단기 근로자로 일하고 있는 실정이다 보니 안정된 일자리 구하기가 힘들다. 또한 많은 결혼이주여성들이 평생직장으로 삼을만한 전문직들은 고졸 이상의 학력을 요구한다. 물론 결혼이주여성들이 선호할만한 전문 직업 중에 양식조리기능사, 한식조리기능사, 미용사, 제과ㆍ제빵기능사, 양장기능사(양장봉제ㆍ양장패턴) 등은 응시자격에 특별한 학력을 요구하지 않는다. 하지만 이중 언어강사, 통ㆍ번역전문가, 원어민강사, 한국어교원(3급 이상), 간호조무사, 보육교사, 사회복지사 등은 모두 고졸 이상의 학력을 요구한다.

따라서 결혼이주여성들이 해외에서 고등학교를 졸업했다면 국내에서 자신의 해외 학력을 인증 받아야 하는데 그러기 위해서는 외국학교의 전 학년 재학사실증명서 또는 전학기 성적증명서 원본과 같은 학력인증 관련서류를 갖춰야 한다. 이때 아포스티유 협약5) 가입국 출신자는 협약에 의한 출신 국가 외교부가 발행하는 아포스티유 확인서를 부착한 원본을 준비하면 된다. 하지만 아포스티유 협약 미가입 국가 출신자일 경우는 재외공관공증법 제30조에 의거 재외공관(해당국 주재 한국대사관 또는 영사관)에서 발행한 경유증명을 받은 원본을 준비해야 한다. 물론 영문

註 5) 협약 가입국들 사이에서 공문서의 상호간 인증을 보다 용이하게 하기 위해, 외국 공관의 영사확인 등 복잡한 인증절차를 폐지하는 대신 공문서 발행국가가 이를 확인(Legalization)하는 내용을 골자로 하는 다자간 협약을 말함. 2013년 6월 3일 현재 미ㆍ영ㆍ불ㆍ독ㆍ러 등 105개국이 가입했고, 우리나라는 2007년 7월 14일 발효되었다.

및 기타 외국어로 된 일체의 서류는 반드시 한글로 번역하여 공증도 받아야 한다.

그런데 문제는 일본, 몽골, 홍콩, 러시아, 우즈베키스탄, 카자흐스탄, 키르기즈스탄, 러시아 등과 같은 몇 개 국가는 아포스티유 협약에 가입되어 있어 결혼이주여성들이 학력 증명서류를 가지고 올 때 시간에서나 비용 면에서 혜택을 받을 수 있지만, 베트남이나 중국, 필리핀, 캄보디아 등 대부분의 동남아 출신 결혼이주여성들은 혜택을 받을 수 없다는 것이다. 따라서 이들 이주여성들은 불편을 감수하고서라도 재외공관 공증법 제 30조에 의거해서 일반적인 절차를 따를 수밖에 없다.

영사확인을 통한 일반적 절차는 공문서에 대한 결혼이주여성의 출신국 외교부 본부(예: 중국 외교부)에서 '영사확인' 을 받고 그 문서를 사용하게 될 문서접수국의 주재 외교기관(예: 주중한국대사관, 총영사관)에서 '영사확인' 을 받으면 된다. 다행이도 중국의 학력 인증 절차는 중국 교육부 학력인증센터와 학위인증센터로부터 정식 위탁을 받아 일부 업무를 대행하고 있는 서울공자아카데미[6]를 활용하여 일정액의 수수료를 지불하고 관련 업무를 대행 받을 수 있어 시간과 비용을 절약할 수 있다. 그러나 중국 이외의 국가에 대한 학력인증 절차는 다소 복잡하다. 먼저 본인 혹은 가족이 필요한 졸업증명서와 성적증명서를 갖춘 후 영문번역과 변호사 공증, 그리고 출신국 외교부를 거친 후 출신국 주재 한국대사관 영사 확인을 거쳐 국내로 가지고 온 후 다시 한국어로 번역하고 공증도 받아 요구하는 기관에 제출하는 과정을 거쳐야 한다. 여기에 주의할 점도 있다. 결혼이주여성이 학력인증 절차를 밟기 전에 먼저 자신의 학교가 인가된 학교인지 아닌지에 대한 확인이 필요하다. 왜냐하면 필리핀

註 6) 중국 학력학위 인증센터, (http://www.cis.or.kr)

이나 중국에서는 무등록, 무인가 학교들이 많기 때문이다. 또한 현재 학교가 폐교된 경우에도 학력인증 신청이 어려우니 현지에서 확인도 해야 한다. 아무튼 자신의 학력을 인증받기위해서는 많은 비용과 시간이 소요된다는 문제점이 있어 결국 결혼이주여성들이 초기 국내 입국 전에 모든 서류들을 갖추어서 가지고 들어오는 것이 지금으로써는 시간과 비용을 줄일 수 있는 가장 현명한 방법이다.

검정고시제도 이해

이처럼 많은 비용과 복잡한 학력인증 절차 때문에 학력 인증을 포기하고 아예 초등학교 과정부터 다시 시작하겠다는 마음으로 검정고시[7]를 준비하는 결혼이주여성들이 적지 않다. 검정고시는 초등학교 졸업자격 검정고시, 중학교 졸업자격 검정고시, 고등학교 졸업학력 검정고시 등 세 종류로 구분되는데 매년 4월과 8월 년 2회 시행되고 있다. 전체 합격은 전 과목 평균 60점 이상 득점하여야 하며, 60점 이상 득점한 과목에 대하여는 과목별 부분 합격을 인정하고 재 응시에서는 합격한 과목에 대해서는 시험을 면제해준다.

시험과목은 초등학교 졸업검정고시는 총 6과목으로 필수 과목인 국어, 사회, 수학, 과학 4과목과 도덕, 체육, 음악, 미술, 실과, 영어 중에 2과목을 선택해야 한다. 중졸검정고시도 총 6과목중 국어, 사회, 수학, 과학, 영어 등 5개의 필수과목과 도덕, 기술·가정, 체육, 음악, 미술 중 1과목을 선택해야한다. 고졸검정고시는 총 7과목으로 국어, 사회, 한국사, 수학, 과학, 영어 등 6과목과 도덕, 기술·가정, 체육, 음악, 미술 중

註 7) 검정고시는 정규 초·중·고등학교 진학 기회를 놓친 사람들에게 시험을 통해 학력을 인정해주는 제도로 1950년 문교부령으로 제도화된 이후 현재까지 시행

1과목을 선택해야 한다.

출제범위는 문제은행식 출제 방식 도입에 따라 기출문제 영역을 포함하여 30~50% 출제되며, 과목에 따라 비율은 달라질 수 있다. 2007 개정 교육과정에 의한 "국민공통 기본 교과목"에서 골고루 출제되며 교과서를 중심으로 중요하고 기본적인 내용이 출제된다. 문제형식은 객관식 4지 택1형이고, 출제 문항 수는 매 과목당 25문항 (단, 수학은 20문항)이다.

출제수준은 초등학교 졸업 검정고시는 초등학교 졸업 정도의 기초적인 능력과 바른 생활 태도를 알아 볼 수 있는 수준이고, 중졸과 고졸은 각각 중학교와 고등학교 졸업 정도의 기초적인 능력을 알아볼 수 있는 수준에서 문제가 출제되는데, 쉬운 것 40%, 보통인 것 50%, 어려운 것 10% 정도로 출제된다.

제출서류는 응시원서 1부, 상반신 사진 2매, 본인의 해당 최종학력증명서 1부. 졸업증명서, 외국인등록증 또는 신분증이다. 초졸 및 중졸검정고시 합격자는 검정고시 합격 및 과목합격 증명을 전산으로 확인할 수 있어 최종학력증명서 제출은 생략한다.

여기서 문제는 해외학력인증 관련 제출 서류이다. 앞서 언급한대로 해외에서 초등학교, 중학교에 해당하는 학교교육과정을 수료한 경우 학교 급이 표시된 졸업증명서 원본을 제출해야 한다. 또한 아포스티유 협약 가입 국가 출신자는 협약에 의한 당해 국가 외교부가 발행하는 아포스티유 확인서를 부착한 원본을 제출하면 되고, 아포스티유 미가입국가 출신자는 재외공관공증법 제30조에 의거 해당국 주재 한국 대사관 또는 영사관에서 발행한 경유증명을 받은 원본을 제출해야 한다. 물론 영문 및 기타 외국어로 된 일체의 서류는 한글로 번역하여 공증 받아서 제출해야 한다.

응시원서 교부 및 접수는 보통 시험일로부터 약 2개월 전에 이루어지니 검정고시 시험에 응시하고자 하는 결혼이주여성들은 각 시·도교육청의 검정고시 공고문을 꼼꼼히 확인하는 것이 중요하다. 최근에는 온라인으로도 검정고시 응시원서 접수가 가능하지만 가능하면 해당기관을 방문하여 접수하는 것이 미비 서류에 대한 확인이 용이하다. 접수기관도 검정고시 공고문에서 확인 가능하니 결혼이주여성들은 미리 접수 일자를 확인하고 제출서류를 준비해야 한다.

고졸검정고시 합격 및 전문직 진출

사천다문화센터에서의 검정고시 반 운영기간은 보통 3월초에 입학식을 가지고 다음해 4월까지 또는 7월부터 다음해 8월까지 14개월로 진행한다. 이유는 해외학력인증을 받기보다는 고졸검정고시를 준비하면서 초졸, 중졸검정고시까지 함께 진행하기 때문이다. 고졸 시간표는 센터가 월요일 휴무인 까닭에 화요일부터 금요일까지 주 4일 16시간을 수업한다. 수업시간은 9시 30분부터 시작해서 40분씩 4교시 수업을 진행하고 12시 40분에 마친다.

〈표1〉 고졸 검정고시반 수업시간표

구분	화요일	수요일	목요일	금요일
1교시 (9:30~10:10)	사회	국어	영어1	기출문제풀이
2교시 (10:20~11:00)	사회	국어	영어1	기출문제풀이
3교시 (11:10~11:50)	한국사	과학	기술.가정	수학
4교시 (12:00~12:40)	한국사	과학	기술.가정	수학

그렇게 하여 2010년부터 결혼이주여성들을 대상으로 고졸 검정고시 반을 운영하여 결혼이주여성으로서는 국내 최초의 고졸 합격자를 배출했다. 2011년에도 결혼이주여성 4명이 고졸학력 검정고시에 응시해 합격했으며, 2012년에는 6명이 고등학교 졸업 학력 검정고시에 합격했다. 지금까지 합격 인원은 총 10명. 이 가운데 9명은 1년 만에 초·중·고교 12년 전 과정을 검정고시로 합격했다.

이렇게 학력인증을 받거나 검정고시를 통해 학력을 취득한 결혼이주여성들은 대학진학이나 전문직으로의 진출을 꿈꾼다. 그중에서도 1년 만에 초중고 12년 전 과정에 합격한 후 간호조무사 직업교육을 받고 현재 병원에서 간호조무사로 근무하고 있는 조춘화씨의 사례와 꿈에 그리던 대학을 진학 한 후 승승장구하고 있는 임이의 씨의 사례를 소개하고자 한다.

조춘화 (중국 동포 출신, 2011년 고졸 합격)[8]

초중고 검정고시 · 간호조무사 합격 이주여성 화제

중국동포 출신 조춘화 씨, 사천다문화지원센터 도움 힘입어 2년 만에 쾌거

초 · 중 · 고등학교 졸업 검정고시를 1년 만에 취득한 사천에 거주하는 결혼이주여성이 간호조무사 시험에 또 합격해 화제다. 중국동포 출신의 조춘화(38) 씨는 12년 전 중국에서 남편과의 결혼을 위해 한국에 첫 발을 내디딘 후 지난 2010년부터 사천에서 살게 됐다. 그는 전국 최초로 간호조무사가 된 로첼 A 마나다(35 · 필리핀) 씨를 보며 간호조무사의 꿈을

품게 됐다고 한다. 로첼 씨가 조 씨의 롤 모델인 셈이다. 하지만, '간호조무사'의 길은 쉽지 않았다. 간호조무사 시험에 응시하려면 고교 졸업증명이 필요했는데, 중국에서 고교 졸업증명서를 가져오기란 사실상 불가능했기 때문이다. 이에 조 씨는 국내에서 학력을 인정받기로 결심하고, 곧바로 도전장을 던졌다. 그녀의 뜨거운 공부에 대한 열정 때문인지 2010년 5월부터 초·중·고등학교 졸업 검정고시를 잇달아 합격했다. 내국인도 쉽지 않은 12년 과정의 학력을 단 1년 만에 취득하는 이변의 주인공으로 등장한 것이다. 특히, 조 씨는 본격적으로 간호조무사 공부를 시작한 지 1년 만에 또다시 합격하는 등 엄청난 기록을 세웠다. 이는 사천다문화통합지원센터의 지원이 있었기에 가능했던 일이다. 실제, 사천다문화통합지원센터는 지난 2004년 설립 이후 지역 병원과 연계한 위탁교육을 진행하는 등 결혼이주여성들의 직업훈련을 다방면으로 돕고 있다.

임이의 (중국 한족 출신, 2011년 고졸 합격)[9]

졸업장 없어 서러웠던 이주여성들, 등록만 하면 합격!

사천다문화통합지원센터, 검정고시 합격률 100%…관심과 채찍이 성공비결

"의료관광 코디네이터로써 제 활약을 기대해주세요." 사회생활을 하면서 대학 다니는 친구들이 부러웠다는 임이의(중국출신·31)씨는 "한국에서 그 꿈을 이루게 될 줄은 상상도 하지 못했다. 검정고시를 통해 앞으로 무엇이든 이룰 수 있다는 자신감을 얻었다."며 유창한 한국어로 말문을 열었다. 6년 전 한국에 왔다는 임 씨는 센터에서 ㄱ, ㄴ, ㄷ부터 시작

註 9) 박하나, "졸업장 없어 서러웠던 이주여성들, 등록만 하면 합격", 공감코리아, (2012. 11. 29)

해 검정고시 합격, 운전면허 취득, 대학 합격까지 이룬 보기 드문 케이스이다. 그는 "중국의 고등학교 졸업장이 있었지만 한국에서 인정이 되지 않았다. 취업을 하려고 해도 번번이 퇴짜를 맞곤 했다."며 "높은 취업문턱에 학업의 필요성을 절실히 느꼈다."고 말했다. 함께 수업을 들었던 이주여성들은 그녀를 향해 '공부벌레'라며 엄지손가락을 치켜세웠다. 30분 수업을 들으면 1시간은 한국어 단어 공부에 매달릴 정도로 하루도 빠짐없이 철저히 예습·복습을 했다. 임 씨는 "국사와 과학은 단어 자체가 어려워서 진도가 전혀 나가지 않았다. 15명이 함께 수업을 들었지만 두 달도 되지 않아 반 이상이 중도 포기했다."며 "힘들 때마다 센터장님께서 다독여준 덕분에 무사히 마칠 수 있었다."고 말했다. 악바리 기질을 발휘한 임 씨는 초·중·고교 12년 과정을 단 1년 만에 합격하는 저력을 발휘했다. "인생을 통틀어 저를 무한히 신뢰하고 관심과 애정을 쏟아준 곳이 다문화센터였다."는 그는 "한 단계 성공할 때마다 만족하고 포기할 수도 있었는데 끊임없이 채찍질을 해준 덕분"이라며 겸손해했다. 임 씨는 이제 풋풋한 대학생의 모습으로 낮에는 의료관광중국어학과를 전공하는 학생으로, 밤에는 간호조무사 학원을 다닌다. 주말에는 밀린 과제물과 집안일, 아이들을 돌보는 통에 눈코 뜰 새 없이 바쁜 나날이지만 마음만은 누구보다 부자이다.

　　이처럼 고졸검정고시 합격자 명단에 당당히 이름을 올린 여성들은 본격적으로 전문직업교육을 거쳐 코리안 드림을 향한 그들의 도전은 갈수록 그 열기를 더하게 된다.

학력취득이 주는 효과

일단 결혼이주여성들이 학력을 취득하게 되면서 직업 등의 외적 조건을 개선하는 데에 있어 큰 효과를 본다. 뿐만 아니라 추가적인 효과가 몇 가지 있는데, 첫째는 고졸학력 취득이 자아존중 감 향상에 긍정적인 작용을 한다.[10] 아직은 한국사회가 학력을 중시하기 때문에, 결혼이주여성의 취업에 있어 학력은 중요한 고려사항이 된다. 특히나 평소 자신이 가진 낮은 학력에 대한 불만이 컸던 결혼이주여성일수록 더 높은 자아존중감의 향상을 경험한다. 둘째, 학력취득 후 향상된 자아존중감은 대인 관계의 많은 부분을 긍정적으로 변화시키며, 내국인들에게 자신을 보다 떳떳이 드러낸다. 셋째는 자녀교육지원에 자신감을 갖게 된다. 그동안은 한국의 교육제도에 대한 몰이해로 자녀교육지원이 전혀 불가능했으나, 12년 전 과정의 검정고시를 공부하고 나면 학습에 대한 자녀와의 긍정적인 상호작용이 가능해진다. 그로인해 일반 내국인 어머니처럼 자녀교육지원을 위한 교육정보의 습득 및 학습지도 나아가 글로벌 인재로의 자녀육성 등 폭넓은 지원도 가능해진다.[11] 넷째, 한국어 능력이 눈에 띄게 향상된다. 많은 결혼이주여성들이 원하는 좋은 일자리일수록 의사소통 기술이 요구된다. 따라서 유창한 한국어 능력을 갖추는 것은 필수적이다. 그런데 검정고시를 통해 고졸학력을 취득한 여성들 같은 경우 그들은 어느 순간부터 고급 어휘들을 사용하기 시작한다. 물론 언어에 대한 이해도도 높다. 따라서 기업이 결혼이주여성들을 고용하는데 있어 가장 큰 어려움이라고 지적되었던 한국어의 문제를 넘어서 기술적 이전이나 교육의 제약을 극복할 수 있게 된다면 그들은 쉽게 취업의 기회를 갖게 될

註 10) 정성일, 성인 남성의 학력 취득이 자아존중감에 미치는 영향, (고려대학교, 2014)
   11) 이재분 · 김혜원 · 이해영, 국제결혼 이주여성의 자녀교육지원을 위한 핵심역량 현황 및 인식, (한국교육개발원, 2014)

것이다. 마지막으로 검정고시 합격자는 한국에 귀화 시 받게 되는 귀화 적격 심사에서 필기시험을 면제받는다. 이는 일반귀화나 간이·특별귀화에도 동일하게 적용된다.

성공적인 정착 그 너머

결혼이주여성들에게 있어 가장 큰 관심사는 전문직으로의 진출이다. 그것만이 경제적인 문제를 해결하고, 성공적 코리안 드림을 이룰 수 있는 가장 좋은 길이기 때문이다. 하지만 그들이 한국에서의 성공적인 재사회화를 이루기 위해서는 먼저 선행되어야 할 것들이 몇 가지 있다. 그중에서도 가장 중요한 것이 한국어능력과 고졸학력 취득인데 그 고비를 넘기게 되면 다음 단계인 전문 직업교육을 통해 자신의 꿈에 한 발짝 더 다가갈 수 있게 된다. 필자는 이러한 일련의 과정을 로드맵으로 완성시켜 결혼이주여성들의 초기 진입부터 성장 그리고 귀환에 따른 구체적인 지원의 필요성을 강조했다. 그중에서도 학력취득과 전문직업교육은 결혼이주여성들에게 있어 중요한 생애 전환점으로 작용한다.

하지만 이 단계들을 성공시키기 위해서는 통전적 선교의 패러다임을 이주민사역에 적용시켜야 한다. 왜냐하면 그들의 필요는 총체적이면서도 구체적이기 때문이다. 그리고 좀 더 민감하게 보다 창의적으로 이주민사역에 접근할 필요도 있다. 그런 의미에서 초·중·고 검정고시를 통한 학력취득과 전문 직업교육은 좋은 사례가 될 것이다.

전국에 수많은 이주민 사역자들이 힘을 모아 자칫 무너질 수도 있었던 결혼이주여성들의 코리안 드림을 다시 일으켜 세울 수만 있다면, 그들이 머지않아 그리스도의 군사로 세움 받아 인생 2막을 멋지게 펼치는 감격스러운 모습을 볼 수 있게 될지도 모르겠다.

부록. World Satellite TV시청 설치 사역

daniel kim[1]

현재 한국에 입국한 이주민 199개의 출신 국가들 중에서 미국, 일본, 중국, 러시아, 캄보디아, 인도네시아, 인디아, 방글라데시, 파키스탄, 이스라엘, 이집트, 요르단 등 이주민들의 모국 국가의 방송 시청을 원할 경우, 위성방송을 시청 할 수 있는 설치 사업을 시행하고 있다. 한번 설치하면 부가 비용 없이 계속 시청이 가능하다.

한국에서 위성방송 안테나를 설치하면 현지 국가의 문화와 언어 습득에 유익하다. 사업가, 외국어대학교, 정부기관 등에서도 첨단 위성을 통한 정보 수집에 엄청난 돈과 인력을 투입 한다. 정보 수집이 필요한 교회나 기관도 위성방송을 통한 정보 수집과 수집된 정보를 활용 할 수 있는 시스템을 하루 빨리 구축해야 할 것이다.

해외로 나가는 사역자나 사업가는 현지에 가서 한국 위성방송 장비를 설치할 수 있는 기술을 습득해서 나간다면 본인과 여러 타 선교사들에게 도움을 줄 수 있다. 필자는 30년간 위성방송 시청 사업을 통하여 한국 내에서 수 많은 외국인들을 만나게 되었다. 그들에게 복음을 전하고자 계속 노력하고 있다. 많은 선교기관과 사역자들이 이러한 일들에 협력하면 좋을 것이라 생각된다.

jesus is my savior.
김 다니엘(Global TV 사장)
010-2360-5691, sat8272@hanmail.net

註 1) 현, 지구촌 위성선교회 대표, 일본 선교신학교 및 한영신학대학 졸업, 한국외항선교회 CCMTI 수료, 전, 외항선교회 간사, 일본복음 선교회 설립 멤버 및 간사, 일본(5회) 및 인도 단기선교 훈련 참가 등의 경험을 했다. 현재 해외 위성안테나 설치 사업과 일본 선교를 하고있다.

제8부

이주민 사역관련 행정

제 17장

미등록 이주 근로자 문제와 개선 방안

註 1) 외국인선교교회 담임목사, 재한외국인사회통합지원센타 센타장, 동아대학교 국제전
문대학원 석사(다문화전공) 및 박사과정 수료 연구논문 중.

17. 미등록 이주 근로자 문제와 개선 방안

1. 서론

일반적으로 이주 근로자 또는 외국인 노동자, 이주 노동자(이하 - '이주 근로자')라고 함은 임금을 목적으로 한국에 이주하여 근로하는 외국인이라고 규정할 수 있다. 기업과 정부 그리고 외국인 지원 단체에 따라 외국인 근로자, 이주 근로자, 외국인 노동자, 이주 노동자 등, 제각기 다른 용어가 사용되고 있으나 이러한 개념에서 크게 벗어나지 않는다. '외국인근로자의 고용 등에 관한 법률' 제 2조에서도 '대한민국의 국적을 가지지 아니한 자로서 국내에 소재하고 있는 사업 또는 사업장에서 임금을 목적으로 근로를 제공하고 있거나 제공하고자 하는 자' 라고 규정되어 있다.

이주 근로자들 중에는 전문 기술을 갖추고 웬만한 한국인들보다 훨씬 높은 수준의 임금을 받고 각종 복지 혜택을 누리는 사람들도 있으나, 일반적으로 이주 근로자라고 하면, 일반적으로 저숙련, 비전문 외국인근로자를 가리킨다. 이주 근로자 중에는 산업연수생인데 지정한 사업체를 이탈한 자, 법적 체류 기간 내 출국하지 아니한 자, 관광비자나 비즈니스 비자로 입국하여 그리고 밀입국 외국인도 존재하며, 출입국관리법을 위반했다는 이유로 이들을 '불법체류자' 라고 일컫는다. 그러나 불법체류자라는 용어는 잠재적인 범죄자라는 인상을 주고 열악한 환경에서 장시간 강도 높은 노동을 하면서 한국경제를 뒷받침해온 공로를 인정해야 하는 측면도 있어서, 합법체류자로 등록되어 있지 않다는 의미의 '미등록 이주 근로자'가 보다 적합할 것으로 보인다. 이에, 본문의 고려 대상도 단순 기능직에 종사하는 이들 미등록 이주 근로자이며, 아래에서는 이들과 관련된 문제와 개선방안을 논의할 것이다.

2. 연혁과 문제점

국내 경제가 발전하고 도시화가 빠른 속도로 진행됨에 따라 농촌의 노동력이 감소하고, 내국인의 소득 수준과 학력이 높아지면서 저임금 단순노동 인력이 부족해짐에 따라, 정부는 산업연수생제도, 고용허가제, 방문취업제 등의 적극적인 인력 도입 정책으로 대응했다. 그러나 인력 확보에 치중한 나머지, 이주 근로자의 근무 환경, 인권은 간과되었고, 사업장 이동 제한, 어려운 한국어 시험, 추첨제 등으로 인한 부작용도 발생하면서 많은 수의 이주 근로자들이 사업장을 이탈해 소위 '불법체류자'로 전락했다.[2]

그동안 제도적 개선과 집중적인 단속으로 미등록 이주 근로자의 수가 줄어든 적도 있으나, 입국자가 지속적으로 증가하는 가운데, 관광, 방문 목적 또는 단순노무에 취업할 목적으로 입국한 근로자들이 체류기간 내에 출국하지 않는 사례도 증가함으로써, 2014년에도 초과체류자의 수는 20 만 명 선을 유지하고 있다.[3] 특히 등록 외국인 불법체류자 가운데 E-9[4] 자격의 불법체류자가 55%를 차지하고 있다.

註 2) 이주인권연대 '방문 취업제 국내 및 현지 실태조사 보고서' (2010.1) p.31
　　3) 2014 출입국 · 외국인 정책본부 통계연보 p.74
　　4)고용허가제에 해당하는 외국인 근로자로 출입국 관리법상 단순기능 외국인 근로자 에게 부여되는 비 전문취업(E-9)체류자객

이주 근로자들은 대부분 제 3세계 출신으로 언어적, 문화적 장벽과 함께, 저소득 국가에서 왔다는 편견과 인종적인 차별도 감내해야 하며, 특히 미등록 이주 근로자들은 강제 퇴거에 대한 불안감을 안고 살면서 고용주 또는 한국인의 신고 협박에 시달리고, 노동 착취, 인권 침해, 임금 체불, 산업재해에 노출되기 쉽다.

실제로, 2009-2010년에 외국인 이주노동운동협의회를 비롯한 이주 근로자 지원단체들의 실태조사에서 이주 근로자들의 노동·생활환경은 매우 열악하고, 인권과 안전이 크게 위협받고 있는 것으로 나타난 바 있다.[5] 이주 근로자들의 다수는 작업장의 소음, 진동, 냄새로 스트레스를 받고, 화재, 감전, 추락 위험을 느낀다는 비율도 70%에 육박했으며, 산재를 2번 이상 겪은 근로자의 비율도 80%를 상회하는 것으로 밝혀졌다.[6] 작업장 내 폭행 경험자도 약 16%로 나타났는데, 특히 외국인이기 때문에 이유 없이, 또는 한국어를 알아듣지 못해서 폭행당했다고 응답하는 근로자의 비율이 높다는 점, 여성 이주 근로자들 중 9%는 성희롱을 당했다고 응답했다는 점은 주목할 만하다.[7]

이주 근로자들의 생활수준도 한국에서 가장 소외된 계층에 부합한다. 이들은 수령 임금 가운데 상당한 비율을 본국의 가족에게 송금하고 남은 돈으로 생활하는데, 주거비용을 아끼고 타국 생활의 외로움을 덜기 위해 여러 명이 공장 기숙사, 컨테이너 또는 단칸방에서 함께 생활하는 경우가 많았으며, 이런 주거공간은 사생활 보장이 안 되고 추위와 더위에 노

註 5) 경남이주민센터 '2010 외국이주노동자 노동 생활실태 조사(3)
　 6) 경남이주민센터 '2010 외국이주노동자 노동 생활실태 조사(4)
　 7) 경남이주민센터 '2010 외국이주노동자 노동 생활실태 조사(3)

출되어 있을 뿐 만 아니라, 욕실, 화장실을 비롯한 편의시설도 제대로 갖추지 못한 경우가 많은 것으로 나타났다.[8]

비교적 최근에 공익인권법재단 공감, 한국이주인권센터를 비롯한 여러 인권단체들이 국가인권위원회의 의뢰에 따라 실시한 인권 실태 조사에서도 이주 근로자들의 상황은 크게 달라지지 않은 것으로 나타났고[9], 여전히 상당수가 가혹한 환경에 직면하고 있는 것으로 확인되었다.[10]

이렇게 열악한 여건에서도 본국으로 돌아가지 않고 한국에서 계속 미등록 상태로 생활하는 이유는 무엇보다 한국의 상대적으로 높은 임금이 지목되었으며[11], 본국 임금의 수십배에 달하는 입국 비용을 상환해야 하고 가족을 부양해야 하는 상황도 이들이 장시간 한국에 머물면서 일을 하게 되는 주요 원인으로 드러났다[12] 미등록 상태가 되면 업주와의 계약에 매여 있지 않기 때문에, 나은 조건의 직장으로 옮길 수 있는 자유가 있다고 토로하는 이주 근로자도 있었다.[13]

註 8) 김희숙 "문화적응스트레스가 이주노동자의 우울·불안에 미치는 영향"(한양대학교 석사학위논문, 2006) p.36
9) 국가인권위원회 '농축산업 이주노동자 인권상황 실태조사' (2013), 공익인권법재단 공감의 블로그 '농축산업 이주노동자 실태조사를 마치며' (2013.10.25.) http://withgonggam.tistory.com/1252
9) 연합뉴스 '중국집 이주노동자 노동착취 심각…실태조사 시급' (2015.5.20.) http://www.yonhapnews.co.kr/bulletin/2015/05/20/0200000000AKR2015052 0078500051.HTML?input=1195m
10) 이주 경제 '中 노동시장 '흔들'…동남아 국가 합종연횡 바람' (2010.8.23) http://www.ajnews.co.kr/view.jsp?newsId=20100823000157
11) 경남이주민센터 '2010 외국이주노동자 노동 생활실태 조사(4) http://mworker.or.kr/xe/morgue_06/50321
12) 채수홍 『귀환 베트남 이주노동자의 삶과 동아시아 인적교류』(서울대학교 비교문화연구소 비교문화연구 제12집 2호,(2007)) p.10

3. 개선 방안

불법체류자의 존재로 인해 내국인 근로자의 근로조건이 악화되고 사회갈등이 증폭되고 준법 체류자의 준법동기가 저하된다는 이유로 강력한 단속과 처벌을 요구하는 목소리도 있었으나[14], 정부의 단속 일변도의 행정은 계속되었고 최근에도 심각한 인권침해 문제가 발생하고 있다.[15]

반면, 국제사회의 흐름은 이와 달랐다. 1948년 12월 10일 국제연합 총회에서 채택된 세계인권선언(Universal Declaration of Human Rights), 이를 토대로 1966년 국제연합이 채택한 국제인권규약 (International Covenants on Civil and Political Rights), 그리고 1990년에 유엔총회에서 만장일치로 채택된 '모든 이주노동자와 그 가족의 권리 보호에 관한 국제협약'(이하 - '이주노동자권리 협약') 등은 자국민 근로자와 이주 근로자의 차별을 금하고 이주 근로자들의 인권을 보호하는 내용을 담고 있다. 특히 이주노동자권리협약은 가장 적극적으로 이주 근로자들의 권익을 대변하는 것으로, 합법 체류 이주 근로자와 불법 체류 이주 근로자의 합리적인 차별 대우를 인정하면서도 미등록 근로자는 물론이고 그 자녀의 권리도 인정하는 것이 특징이다. 그러나 다른 인권협약에 비해 비준율이 낮고 비준 국가의 대부분이 아프리카, 동남아, 남미 지역의 일부 인력 송출 국만이 가입했다는 한계가 있으며, 협약의 범위가 광범위하면서도 매우 적극적이어서 이를 채택하는 정부가

註 14) 삼성경제연구소, "외국인 고용허가제의 현황과 개선 방안"『SERI 경제포커스』(제 326호)(2011);
　　　현대경제연구소, "외국인근로자의 근로 실태와 개선을 위한 시사점"『VIP REPORT』(2011)
　15) 충청일보 '우리도 인권 있다, 폭력 단속 중단하라'(2015.4.27.)
　　　http://www.ccdailynews.com/news/articleView.html?idxno=774251

재정적 부담과 함께 입법적, 정책적 변화를 이행해야 하는 문제도 지적되었다.[16] 국내에서도 이주 근로자 지원 단체들이 적극적으로 홍보활동을 펼쳤으나,[17] 한국 정부는 이 협약에 비준을 하지 않았다.

한국의 최상위 법률인 헌법(憲法)의 제6조 제1항은 '헌법에 의하여 체결?공포된 조약과 일반적으로 승인된 국제법규는 국내법과 같은 효력을 가진다.' 고 규정하고 있고, 제6조 제2항은 '외국인은 국제법과 조약이 정하는 바에 의하여 그 지위가 보장된다. 고 규정하고 있다. 헌법재판소에서도 외국인은 국민과 유사한 지위에 있고, 인간의 존엄과 가치, 행복추구권은 대체로 '인간의 권리' 로서 외국인도 주체가 될 수 있다고 보아야 하고, 평등권도 인간의 권리로서 참정권 등에 대한 성질상의 제한 및 상호주의에 따른 제한이 있을 수 있을 뿐이라고 판결한 바 있다.[18] 아울러, 재한외국인 처우기본법, 외국인근로자의 고용 등에 관한 법률, 다문화가족지원법 등을 통해 재한 외국인의 사회통합을 지원하고 있으며, 국민연금법, 국민건강보험법, 고용보험 등에도 외국인 관련 규정이 존재한다. 그러나 이들 법률의 적용 대상은 '합법적인' 체류자로 한정되어 있다.

미등록의 근본적인 원인이 이주 근로자들의 인권과 후생을 외면한 인력 도입 정책에 기인하고 국제사회도 이주 근로자, 난민의 권익을 보호하는 추세이므로, 정부 당국은 인도적, 인권적인 관점에서 미등록 이주 근로자 문제에 접근할 필요가 있다. 이와 관련해 UN이 불법체류의 비

註 16) 이경숙 'UN 이주노동자권리협약의 이해와 비준운동의 과제' (외국인이주노동운동협
        의회) p.11
    17) 이경숙 'UN 이주노동자권리협약의 이해와 비준운동의 과제' (외국인이주노동운동협
        의회)p.10
    18) 헌재 2001. 11. 29. 헌마494, 판례집 제 13권 2집, 714, 715-724, 489;

(非)범죄 화를 권고했는데도 영장 없이 긴급 체포하는 등 불법체류를 중 범죄시하고 토끼몰이식 단속으로 인권 침해 사례가 많이 발생했다는 지적이 있었으며[19], 앞서 지적한 바와 같이 아직 크게 개선이 되지 않은 상황이다. 정부가 초과체류 가능성을 사전에 차단하는 제도적 장치를 완비한 후에 규제하는 것이 적절할 것이다.

이주 근로자 교육 훈련, 안전, 보건 교육이나 내국인 근로자를 대상으로 하는 타문화 이해 교육의 부재도 산업재해, 인권침해의 원인이 될 수 있다. 특히 언어 소통에 한계를 지니고 있는 이주민 근로자들은 이런 문제에 노출되기 쉬운데, 시민들도 이주근로자의 인권은 존중되고 있지 못하다고 인식하고 있고, 인권교육의 필요성도 느끼고 있음에 따라[20], 체계적인 인권 교육과 인식 계몽 정책을 실시할 필요가 있다.

그동안 송출 비리가 미등록 상태를 양산하고 또 이를 장기화하는 대표적인 원인으로 지목되었는데[21], 인력에 대한 한국 정부의 수요는 한정되어 있는 반면, 한국에서 일하려는 사람은 매우 많기 때문에 경쟁이 치열하고 자국에서 빚을 내거나 뇌물을 주고서라도 입국하고, 이 돈을 갚기 위해 장기 체류하는 악순환이 발생한다고 볼 수 있다. 특히 외국인의 입국을 주관하는 브로커들은 송출국과 유입국의 조직폭력배들과 결탁해 범죄를 저지르고 있고 돈을 갚지 못한 상태에서 본국으로 돌아온 이주 근로자들에게 피해를 입힐 수도 있다. 그러므로 정부가 송출국 정부와 적극적인 협력을 통해 이주 근로자들이 터무니없이 많은 액수를 부담하

註 19) 이주인권센터, 『단속과정에서의 미등록외국인 인권보호방안 모색을 위한 토론회 자료집』(2009. 8)
　　20) 아시아뉴스통신 '대전시민 69% 인권교육 필요' (2015.8.15.)
　　　　http://www.anewsa.com/detail.php?number=870156&thread=09r02
　　21) 경남이주민센터 '2010 외국이주노동자 노동 생활실태 조사(4)

고 한국에 입국하는 상황을 방지하고, 이러한 비리가 포착된 국가의 송출을 규제하는 것이 미등록 사태 방지에 효과적이라고 본다.

무엇보다 이주 근로자들이 고용, 체류하는 동안에 문제가 발생했을 때부터 적극적으로 개입해 사업장 이탈과 미등록을 최소화하는 방안이 필요하다. 관할 기관은 이주민 지원 단체들과 협력하면서 외국인 근로자를 대상으로 하는 상담, 문화, 교양 프로그램을 개발해 스트레스로 인한 사업장 이탈의 가능성을 사전에 차단할 필요가 있다. 대부분의 이주 근로자들은 생활근거지가 근무지 주변이라 한국인들과 교류가 거의 없어 한국문화를 접할 기회가 좀처럼 주어지지 않는다. 따라서 이들이 입국하기 전부터 사업장이나 생활 근거지에서 의사소통 문제와 문화적 갈등을 최소화할 수 있는 체계적인 교육 프로그램을 집행할 필요가 있다. 아울러 귀국 후에도 이주 근로자와 지속적인 관계를 형성하고 지원하는 통합 관리 체계를 구축한다면, 해당 근로자의 생활은 물론이고 한국의 국제적인 위상을 높이는데 도움이 될 것이다.

앞서 언급한 바와 같이, 불법체류자가 증가하면 외국인 체류질서가 문란해지고 국내 노동시장이 왜곡될 뿐 아니라 외국인 범죄가 증가하는 등 사회 문제가 발생한다는 것이 정부와 일부 언론의 일관적인 입장이었다.[22] 그러나 처음부터 장기 체류와 합법화라는 불확실한 기대를 안고 입국하는 이주 근로자들은 매우 드물고, 대게는 단기간에 돈을 많이 벌어 본국에 귀국하고자하는 사람들이다.[23] 이와 더불어, 경제 불황과 내

註 22) 외국인정책위원회 제1차 외국인정책기본계획 2011년도 중앙부처 시행계획 p.347
23) 황필규 "미등록이주노동자의 합법화 방안" 『국가인권위원회 '미등록 이주노동자 합법화, 다문화사회 편입방안 제안 토론회』발표 자료 (2009. 11)

국인의 높은 실업률에도 불구하고 중소 제조업체들의 인력난이 심각한 현실[24], 그리고 외국인 노동자의 노동생산성이 내국인 노동자의 90% 수준을 넘어섰다는 연구결과도 고려할 필요가 있다[25].

외국인 범죄와 관련해, 방글라데시, 인도네시아, 네팔 출신 불법 체류자들의 범죄율이 미국, 프랑스 등 선진국 출신 외국인의 범죄율보다 크게 낮은 것으로 나타났다는 점도 주목할만한데.[26] 미등록 근로자들은 신분이 노출되면 강제 출국될 수 있기 때문에 문제가 될 만한 행동을 자제하게 되어 범죄를 저지를 가능성이 오히려 낮고, 신분적인 제약으로 오히려 범죄 피해자가 되기 쉬우며, 피해를 당해도 제대로 대응하기 어려운 상황에 놓여 있다고 봐야 할 것이다.

미등록 이주 근로자들, 특히 장기 체류자들은 숙련된 근로자이기도 하다. 특히 한국에서 오랫동안 살아오면서 체득한 경험과 문화적 적응력은 신규 외국인 근로자들을 인도하고 다문화 사회를 발전시키는데 중요한 역할을 수행할 수도 있다. 특히 세계에서 가장 낮은 수준의 출산율과 내국인들의 3D 업종 기피 현상이 당분간 계속되어 2020년까지 70-140만 명의 노동인력 수급불일치가 있을 것으로 추정되는 상황에서[27] 이들의 존재와 역할을 고려하지 않을 수 없다. 최근에 대법원도 '불법체류 외국인이라 하더라도 노동조합을 설립할 수 있는 근로자에 해당한다. 고

註 24) 경남신문 '중소기업 75% "내국인근로자 못구해 외국인 고용' (2015.8.25.)
　　http://www.knnews.co.kr/news/articleView.php?idxno=1157009
25) 레이버투데이, "외국인 노동자 노동생산성, 내국인 90% 상회"(2011. 08. 12)
　　http://www.labortoday.co.kr/news/view.asp?arId=105793
26) 최영신 "외국인의 불법체류와 외국인 범죄" 『형사정책연구』제 18권 제3호(통권 제71호, 2007) p.16
27) 재인용: 한국은행(2006) 산업구조의 중장기 전망과 시사점 / p.4

판결한 바 있다.[28] 그러므로 이들을 추방하기보다는 오히려 적극적으로 활용하는 방안도 검토할 필요가 있다. 이들을 합법화함으로써 조세 수익이 증가하고 인권침해와 산업재해가 감소하면, 국가 재정이 더욱 건전해지고 사회가 보다 안전해질 가능성도 없지 않기 때문이다.[29]

각종 이주민 지원 단체에서 몇 가지 실태조사 결과를 내놓았으나, 이미 5년 이상 경과했고 그 이후로 이에 상응할만한 규모의 추가 조사결과는 공개되지 않았다. 최근에 부분적인 실태조사가 실시되기는 했으나, 관련 단체들의 추가적인 실태조사가 필요한 시점이라고 본다.

아울러, 현재까지 미등록 이주 근로자 생활에 대한 전국 단위의 통계나 조사 결과가 공개된 바 없고, 문제의 규모와 심각성에 비해 논문 수도 적은데, 미등록 외국인 근로자들은 신분적인 제약과 단속에 대한 두려움으로 신분 노출을 피하고, 거주도 일정하지 않아 이들과 접촉하기가 어렵기 때문일 것이다.

이에, 이주 근로자 지원 단체들은 적극적인 협력을 통해 보다 포괄적이고 세밀한 실태조사를 주기적으로 실시하면서, 특히 미등록 이주 근로자들이 직면한 상황을 파악하고 현실적인 대응방안을 마련해야 한다. 아울러 국적이나 종교에 따른 갈등 양상이나 업종이나 지역에 따른 생활, 근로 환경의 차이를 연구한다면, 향후 대처 방안을 수립하고 보다 내실 있는 다문화 정책을 개발하는데 도움이 될 것이다. 특히, 인권에 예외가

註　28) 경향신문 '대법, 불법 체류자도 노조 설립 가능' (2015.6.25.)
　　　 http://news.khan.co.kr/kh_news/khan_art_view.html?artid=20150625141640
　　　 1&code=940100
　　 29) 황필규 "미등록이주노동자의 합법화 방안" 『국가인권위원회 '미등록 이주노동자 합법화, 다문화사회 편입방안 제안 토론회』 발표 자료 (2009. 11)

있어서는 안 되기 때문에, 이주근로자와 관련한 모든 행정과 규제, 연구, 조사, 대응 전략은 그 무엇보다 인권을 우선시하면서 집행, 실시될 필요가 있다.

제 18장

이주민 관련 생활법률

註 1) 한국외대 법과대학 석ㆍ박사 졸, 호원대학 법 경찰학부 겸임교수, 미래창조과학부 공무원연수원교수, 중앙법률사무교육원 교수, 현, 법무법인 링컨로펌 사무국장

18. 이주민 관련 생활법률

Ⅰ 이주민의 근로관계 문제

1. 외국인근로자의 사업장 배치 원칙

사용자는 취업교육기관(또는 별도 지정된 인도장소)을 방문하여 인수한 외국인 근로자를 사업장에 배치하고 근로를 시작하게 됩니다.

1) 사업장 변동 외국인근로자는 최초의 근로개시를 한 사업장에서 계속 근무하는 것이 원칙입니다. 다만, 사업장의 휴폐업, 임금체불 등으로 인해 정상적인 근로관계 지속이 어렵다고 인정되는 경우에 한해 외국인 근로자의 기본적인 인권 보장을 위해 예외적으로 사업장 이동을 최대 3회까지 허용합니다.

2) 사업장 이동(변경)사유사용자가 정당한 사유로 근로계약을 해지하거나 근로계약 갱신을 거절한 경우 휴·폐업 등 외국인근로자의 책임이 아닌 사유로 그 사업장에서 근로를 계속할 수 없게 된 경우 폭행 등 인권침해, 임금체불, 근로조건 저하 등으로 외국인고용허가의 취소 또는 고용제한 조치가 행해진 경우 상해 등으로 해당 사업자에서 계속 일하기는 어렵지만 다른 사업장에서 일하는 것이 가능한 경우 외국인근로자의 사업 또는 사업장 변경을 방해한자는 형사처벌 대상이 됩니다.

3) 외국인근로자는 사업주와의 고용관계가 종료되면 고용센터에 사업장 변경신청서 제출 후 알선을 받아 구직활동을 해야 합니다. 사업장 변경신청 유효기간은 퇴사 후 1개월 이며, 구직 유효기간은 3개월입니다. 3개월 이내에 사업장을 구하지 못하면 출국해야 하므로 해당 기간

내에 적극적으로 구직활동 해야 합니다.[2]

2. 체불임금의 문제

1) 노동사무소를 통한 체불임금의 해결

: 근로기준법 제36조에 따라 퇴직하면서 연장 지급 등에 관한 별도의 합의가 없는 경우라면 고용주는 퇴직일로부터 14일 이내에 급여를 지급하여야 합니다. 이주자인 경우 퇴사처리가 우선이므로 고용주로 부터 퇴사에 처리를 요구할 수 있으며, 이후 퇴직일로부터 14일 이내에 체불에 대한 지급이 이루어지게 됩니다. 만일 체불임금에 대하여 지급의사가 없는 것으로 보인다면 사업장을 관할하는 노동사무소에 체불 진정서를 제출하여 근로감독관의 조사를 받게 하여 해결 받도록 합니다.

근로감독관의 조사 후 체불임금이 확인된 경우 고용주가 해결해주지 않으면 근로감독관은 고용주를 형사 고발조치를 할 수 있게 되므로 대부분 이 단계에서 해결을 해주곤 합니다.

몽골에서 온 U씨는 의정부에 있는 봉제공장에서 약 한 달 정도 일을 했는데, 모두가 한국 사람이고 외국인는 U씨 혼자였다. 그런데 일한지 15일쯤 될 때부터 한국인 노동자 중에서 가장 오래된 미싱사 아주머니가 U씨가 도둑질을 한 것을 봤다며 도둑으로 몰고, U씨가 못 알아듣는 줄로 알고 뒤에서 U씨의 욕을 시도 때도 없이 했다는 것입니다.

몽골에서 한국으로 온 지 5년이 넘은 U씨는 한국말이 서툴긴 하지만

註 2) 고용센터 이외의 자는 외국인근로자의 선발, 알선 그 밖의 채용에 개입해서는 안 됩니다(외국인 고용 법 제29조)

한국말은 대부분 알아들을 수 있는 수준이다. 이런 사실을 사장님에게 하소연하며 더 이상 일을 하기 힘들어 그만 두겠으니 월급을 계산해 달라고 했지만 사장님은 "고참 미싱사 아주머니가 그럴 사람이 아니다. 왜 없는 사실을 이야기 하느냐?"며 오히려 U씨를 나무랐던 것이다. 그러면서 "한 달밖에 일을 하지 않고 나가는 경우는 한국에서는 없다. 그러니 월급도 줄 수 없다."고 하여 94만원의 월급도 받지 못한 상태다.

사실 U씨는 미등록체류자이기 때문에 임금을 받지 못하더라도 노동부에 이런 사실을 신고하는 것을 꺼려하고 있었다. 미등록체류자일지라도 체류자격에 상관없이 노동부에 임금체불에 대해 신고 할 수 있다는 사실을 몰랐던 것이다.

아무도 자신을 믿어주지 않아 공장에만 가면 스트레스를 받아 도저히 계속해서 일을 할 수 없다며 하소연하는 U씨에게 미등록체류 신분에 있더라고 노동부사무소에 임금체불 신고해서 받을 수 있으니 우선 사장님에게 퇴사를 허락받고 체불진정을 하겠다고 하여 임급 지급을 받도록 하였다.

2) 소송을 통한 체불임금의 해결

(1) 우선 비용도 저렴하고 절차도 간단한 지급명령 절차를 이용할 수 있습니다. 지급명령서라는 소장을 작성하며 법원에 접수한 후 지급명령 결정이 있게 됩니다. 지급명령은 사업주에게 송달된지 14일 이내에 이의신청이 없게 되면 확정되어 판결과 같은 효력이 있습니다.

(2) 그러나 사업주로부터 이의신청이 있는 경우 정식 민사 소송을 위하여 인지비용과 송달료를 추납(추가납부)하여 소송으로 진행할 수 있게 됩니다. 소송은 전체적으로 5-6개월 정도 소요됩니다. 소송에 대하여 절차적 어려움이 있지만 이주민이 당사자로 나선 경우 통역사가 준비되

어 있으므로 크게 어려움이 없을 것으로 봅니다.

(3) 지급명령이 확정되거나 체불임금의 지급을 명하는 판결 선고가 이루어진 경우, 고용주의 체불임금 지급이 없다면 강제집행 절차로서 고용주에 대한 '재산명시신청'(가진 재산목록을 제출하라는 명령임, 채무자 출석 않으면 감치 명령 내려짐), '채무불이행자명부등재신청'(판결 확정 후 6개월 내 변제 없는 경우 금융신용불량자로 등재하는 절차임), '은행 계좌에 대한 압류 및 추심명령신청', 사업장에 대한 유체동산압류경매 신청 등을 통하여 환가절차를 밟게 됩니다.

II 범죄 피해를 입은 미등록체류자

1. 그간 경찰은 불법체류자가 억울한 범죄 피해를 입어 신고를 하러 온 경우에도 출입국관리법 제84조에 따라 불법체류자라는 사실이 확인되면 출입국관리사무소에 통보해야만 했다. 그래서 불법체류자들은 범죄 피해를 입더라도 강제추방이 두려운 나머지 경찰서 방문은커녕 신고마저 기피함에 따라 각종 파생범죄에 지속 노출되는 문제가 있었습니다.

2. 그러나, 2013. 4.경부터는 범죄 피해를 입은 불체 자가 최소한 자유롭게 신고할 수 있도록 법무부와 협의하여 마침내 「통보의무 면제에 관한 지침」(법무부 훈령)을 마련하였습니다. 이로써 불법체류자에 대한 경찰의 유연한 대처는 사회적 약자에 대한 인권 사각지대 해소, 보편적 인권보호 실현이라는 측면에서 위상을 드높일 수 있는 계기가 마련되었습니다.

※ 면제대상 범죄 : 생명·신체·재산 등 개인적 법익에 관한 죄 ◈

☞ 형법 : 살인죄, 상해죄, 과실치사 상, 유기·학대 죄, 체포·감금

죄, 협박죄, 약취·유인 죄, 강간·추행 죄, 권리행사방해죄, 절도죄, 강
도죄, 사기죄, 공갈죄

☞ 특별법 : 폭처법, 성폭력범죄의 처벌 등에 관한 특례법, 교통사고
처리 특례법

Ⅲ 출입국관리법 상식 "이것만은 꼭 알아두세요!"

1. 외국인등록(법제31조)

입국일로부터 91일 이상 한국에서 체류하고자 하는 외국인은 90일 이
전에 주소지 관할 출입국관리사무소에서 외국인등록을 하여야 합니다.

※ 위반 시 법제95조 제7호에 따라 20만원~1,000만원의 범칙금이
부과되며 강제퇴거가능.

2. 체류자격외 활동(법제20조)

외국인이 원래의 체류자격에 해당하는 활동과 병행하여 다른 체류자
격에 해당하는 활동을 하고자 할 때에는 미리 체류자격외활동 허가를 받
아야 합니다. 〈예: 유학생(D-2)의 시간제 취업, 회화강사(E-2)의 방송출
연 등〉

※ 위반 시 법제94조 제5호에 따라 범칙금이 부과되며, 강제 퇴거될
수 있습니다.

※ 취업활동을 할 수 있는 체류자격은 아래와 같습니다.

단기취업(C-4), 교수(E-1), 회화지도(E-2), 연구(E-3), 기술지도(E-
4), 전문 직업(E-5), 예술흥행(E-6), 특정 활동(E-7), 비전문취업(E-9),

선원취업(E-10), 거주(F-2), 재외동포(F-4), 영주(F-5), 결혼이민(F-6), 관광취업(H-1)

3. 불법취업 금지(법제18조)

취업을 할 수 있는 체류자격을 갖지 않은 외국인은 취업활동을 할 수 없으며, 취업활동을 할 수 있는 체류자격을 소지한 외국인이라 하더라고 지정된 근무처가 아닌 곳에서 근무해서는 안 됩니다. 〈예: 외국인투자자의 배우자(F-3)의 회화강의, 비전문취업자(E-9)가 지정된 A 회사에서 근무하지 않고 고용주가 다른 B 회사에서 근무하는 행위 등〉

※ 위반 시 법제94조 제5호에 따라 범칙금이 부과되며, 강제 퇴거될 수 있습니다.

4. 근무처 변경 · 추가(법제21조)

외국인이 자신의 체류자격 범위 내에서 근무처를 변경하거나 추가하고자 할 때에는 사전에 근무처 변경 또는 추가 허가를 받아야 합니다.

〈예 : A 대학 교수(E-1)가 B 대학으로 근무처를 옮기고자 할 경우, 외국인 투자자(D-8)가 등록된 외국인투자기업 외에 신규 업체를 설립하여 운영하고자 할 경우 등〉

주의 : 비전문취업자(E-9)의 경우, 고용허가서를 발급받았더라도 고용개시 이전에 법무부 장관의 최종허가를 득하여야 합니다.

※ 위반 시 법제95조 제5호에 따라 범칙금이 부과되며, 강제 퇴거될 수 있습니다.

5. 체류기간 연장(법제25조)

외국인이 체류기간 만료일을 초과하여 계속 체류하고자 할 때에는 그 기간이 만료되기 전에 체류기간 연장허가를 받아야 합니다.

※ 위반 시 법제94조 제8호에 따라 범칙금이 부과되며, 강제 퇴거될 수 있습니다.

6. 자격부여(법제23조)

국내에서 출생하거나, 신분변동으로 인해 체류자격이 없는 자는 사유 발생일로부터 30일 이내에 체류자격을 받아야 합니다.(예 : 외국인이 국내에서 자녀를 출산하였을 경우, 국민이 국내 체류 중 외국 국적을 취득하여 한국 국적을 상실한 경우 등)

※ 위반 시 법제94조 제8호에 따라 범칙금이 부과되며, 강제 퇴거될 수 있습니다.

7. 체류자격 변경(법제24조)

외국인이 원래의 체류자격과 다른 체류자격에 해당하는 활동을 하고자 할 때에는 미리 체류자격 변경허가를 받아야 합니다. 〈예: 단기사증으로 입국한 자가 가족과의 동거를 위해 장기체류를 하고자 할 경우, 어학연수생(D-4)이 정규대학과정에 입학하여 유학활동(D-2)을 하고자 할 경우, 유학생(D-2)이 학위취득 후 국내에서 해당분야에 취업예정인 경우 등〉

※ 위반 시 법제94조 제8호에 따라 범칙금이 부과되며, 강제 퇴거될 수 있습니다.

8. 체류지 변경신고(법제36조)

등록외국인은 자신의 체류지가 변경된 때에는 이사한 날부터 14일 이내에 변경된 체류지의 시·군·구청 또는 관할 출입국관리사무소에 방문하여 체류지 변경신고를 하여야 합니다. 〈예: 외국인이 서울시 서초구 방배동으로 이사한 경우, 서초구청 또는 서울출입국관리사무소에 체류지 변경 신고, 국민의 배우자(F-2-1)는 배우자의 전입신고일로부터 14일 이내 신고〉

※ 위반 시 법제98조 제3호에 따라 10만원~100만원의 범칙금이 부과됩니다.

9. 외국인등록사항 변경신고(법제35조)

등록외국인은 다음의 사항에 변경이 있는 경우, 변경사유 발생일로부터 14일 이내에 관할 출입국관리사무소에 외국인등록사항 변경신고를 하여야 합니다.

1) 성명, 성별, 생년월일 및 국적

2) 여권의 번호, 발급일자 및 유효기간

3) D-1, D-2, D-4 : 연수기관 및 학교의 변경(명칭변경 포함)

4) D-5, D-6, D-7, D-8, D-9 : 소속기관 또는 단체의 변경(명칭변경 포함)

5) D-10 : 연수개시 사실 또는 연수기관의 변경(명칭변경 포함)

6) H-2 : 취업개시 사실(고용계약일로부터 14일 이내) 및 근무처 변경(명칭변경 포함) 사항

※ 위반 시 법제100조 제2항에 따라 10만원~100만원의 과태료가 부과됩니다.

10. 고용주 신고사항(법제19조)

외국인을 고용한 자는 고용 중이던 외국인이 해고·퇴직·사망한 때, 외국인의 소재를 알 수 없게 된 때, 근무처의 명칭 또는 소재지, 대표자

가 변경된 때에는 사유발생일로부터 15일 이내에 출입국관리사무소에
신고해야 합니다.

　※ 위반 시 법 제100조 제1항에 따라 10만원~200만원의 과태료가
　　부과됩니다.

Ⅳ 결혼을 통한 귀화요건

1. 귀화의 종류

대한민국의 국적을 취득하는 요건에는 ① '일반귀화'(합법적 5년 거
주), ② '간이귀화'(부모가한국인이었던 자, 3년 거주), ③ '특별귀화'(양
자, 친 양자, 특별공로)가 있는 바, 이주민 관련하여 결혼을 통한 '간이귀
화'에 대하여 아래 자세히 보기로 한다.

2. 간이귀화(혼인 동거자: 결혼) 요건

1) 일반적 요건
　(1) 대한민국의 민법에 의하여 성년일 것
　(2) 품행이 단정할 것
　(3) 자신의 자산이나 기능에 의하거나 생계를 같이 하는 가족에 의
　　존하여 생계를 유지할 능력이 있을 것
　(4) 국어능력 및 대한민국의 풍습에 대한 이해 등 대한민국 국민으
　　로서의 기본 소양을 갖추고 있을 것

2) 추가요건(국적법 제6조2항1호,2호)

- 일반적 요건에 해당하는 외국인으로 다음의 요건을 갖춘 자

⑴ 배우자가 대한민국의 국민인 외국인으로서 아래에 해당하는 자

⑵ 그 배우자와 혼인한 상태로 대한민국에 2년 이상 계속하여 주소가 있는 자

- 외국에서 혼인증서를 작성 후 국내에 입국한 날로부터 2년 이상 계속 거주

⑶ 그 배우자와 혼인한 후 3년이 경과하고 혼인한 상태로 대한민국에 1년 이상 계속하여 주소가 있는 자

- 거주기간의 기산점은 외국에서 적법한 사증을 발급받아 한국에 입국하여 외국인등록을 마친 날입니다.

3) 국내 거주 요건

국적법시행규칙 제5조에 의한 귀화신청자의 국내거주 요건은 아래와 같습니다.

귀화신청자의 국내거주기간은 외국인이 적법하게 입국하여 외국인등록을 마치고 국내에서 계속 체류한 기간으로 하되, 아래에 해당하는 경우에는 국내에서 계속 체류한 것으로 보아 전후의 체류기간을 통산합니다. 단, 출국하여 국외에서 체재한 기간은 제외

- 국내에서 체류중 체류기간 만료전에 재입국허가를 받고 출국한 후 그 허가기간내에 재입국한 경우

- 국내에서 체류중 체류기간연장이 불가능한 사유 등으로 일시 출국하였다가 1월이내에 입국사증을 받아 재입국한 경우

4) 신청 장소 : 출입국관리사무소 국적계

5) 신청 시 유의사항

국민과 혼인을 사유로 귀화허가를 신청하는 경우에는 한국인 배우자
와 함께 출석하여 그 혼인이 정상적으로 유지되고 있음을 소명하여야 함

다만, 한국인 배우자가 함께 출석할 수 없는 불가피한 사유가 있거나
출석하지 않는 경우에는 귀화허가 신청 접수 이후 실태조사를 통하여 혼
인관계 유지여부를 확인함

6) 귀화 신청시 제출서류

- 접수 및 심사 과정에서 필요하다고 판단되는 경우 제출서류의
  가감을 요구할 수 있음

⑴ 귀화허가신청서 아래한글 다운로드 pdf 다운로드 MS워드 다운
  로드 : 컬러사진 1매(3.5cm×4.5cm) 부착

⑵ 여권 사본 1부

⑶ 본국 범죄경력증명서 (국적법 질의 응답 설명 자료 참고)

⑷ 한국인 배우자의 가족관계증명서, 기본증명서, 혼인관계증명
  서, 주민등록등본, 법률혼 성립 후 출생 자녀 있는 경우 자녀 명
  의 가족관계증명서

⑸ 재정관련 서류(본인 또는 가족이 독립하여 생계유지할 능력이
  있음을 입증하는 서류)

- 본인 또는 생계를 같이하는 가족명의의 3,000만 원 이상의 은행
  잔고증명(통장사본 또는 6개월 이상 거래내역 제출)

- 3,000만 원 이상에 해당하는 전세계약서 또는 부동산등기부등본

- 재직증명서(사업주의 사업자등록증 사본 첨부)
- 취업예정사실증명서(재정보증은 불가함)

(6) 귀화신청자의 부모, 배우자, 자녀, 혼인 또는 미혼, 입양 등의 신분사항에 관한 소명자료 각 1부(중국의 경우 호구부 및 중국 외교부 인증을 받은 친속관계공증서)

(7) 귀화신청자가 한국계 중국인인 경우 성명을 원지음이 아닌 한국식 발음으로 기재할 때 한국계 중국인임을 소명하는 중화인민공화국 발행의 공문서

(8) 귀화신청자가 출생월일을 새로이 특정할 경우 이를 소명하는 원국적 대사관 또는 영사관에서 발급한 증명서

(9) 가족관계통보서(대법원에 통보할 자필 통보서)

(10) 수수료(30만원)

※ 외국어로 작성된 문서는 한국어로 번역이 필요하며 번역자의 성명과 연락처를 기재하여야 합니다.

3. 간이귀화(혼인 관계단절) 요건

1) 일반적 요건

(1) 대한민국의 민법에 의하여 성년일 것

(2) 품행이 단정할 것

(3) 자신의 자산이나 기능에 의하거나 생계를 같이 하는 가족에 의존하여 생계를 유지할 능력이 있을 것

(4) 국어능력 및 대한민국의 풍습에 대한 이해 등 대한민국 국민으로서의 기본 소양을 갖추고 있을 것

2) 추가요건(국적법 제6조2항3호, 4호)

- 일반적 요건에 해당하는 외국인으로 다음의 요건을 갖춘 자

⑴ 배우자가 대한민국의 국민인 외국인으로서 아래에 해당하는 자

⑵ 한국인과 혼인한 상태에서 한국인 배우자의 사망, 실종 그 밖에 자신의 귀책사유 없이 정상적인 혼인생활을 할 수 없었던 자로 대한민국에서 2년 이상 주소가 있는 자

⑶ 그 배우자와의 혼인에 의하여 출생한 미성년의 자를 양육하고 있거나 양육하여야 할 자 ※ 혼인관계단절자의 간이귀화는 2004년 1월 20일 신설된 조항으로, 혼인관계의 단절을 가져 온 한국인 배우자의 자의적인 의사만에 의해 외국인 배우자의 국적 취득자격이 좌우되는 지나치게 불합리한 결과를 가져올 수 있으므로 인도적 고려에 따라 간이귀화허가 신청을 할 수 있도록 하였습니다.

3) 국내 거주 요건

국적법시행규칙 제5조에 의한 귀화신청자의 국내거주 요건은 아래와 같습니다.

귀화신청자의 국내거주기간은 외국인이 적법하게 입국하여 외국인등록을 마치고 국내에서 계속 체류한 기간으로 하되, 아래에 해당하는 경우에는 국내에서 계속 체류한 것으로 보아 전후의 체류기간을 통산합니다. 단, 출국하여 국외에서 체재한 기간은 제외

- 국내에서 체류중 체류기간 만료전에 재입국허가를 받고 출국한 후 그 허가기간내에 재입국한 경우

- 국내에서 체류중 체류기간연장이 불가능한 사유 등으로 일시 출

국하였다가 1월이내에 입국사증을 받아 재입국한 경우

4) 신청 장소 : 출입국관리사무소 국적계

5) 귀화 신청 시 제출서류

- 접수 및 심사 과정에서 필요하다고 판단되는 경우 제출서류의 가감을 요구할 수 있음.

가) 공통제출서류

(1) 귀화허가신청서 : 컬러사진 1매(3.5cm×4.5cm) 부착

(2) 여권 사본 1부

(3) 본국 범죄경력증명서(국적법 질의 응답 설명 자료 참고)

(4) 한국인배우자의 가족관계증명서, 혼인관계증명서(혼인, 이혼사실이 기재된 것), 법률혼 성립 후 출생자녀 있는 경우 자녀 명의 가족관계증명서

(5) 혼인관계가 중단된 사유에 대한 본인 사유서 1부

- 불법체류자인 경우는 불법체류자로 된 이유를 설명

(6) 재정관련 서류(본인 또는 가족이 독립하여 생계유지할 능력이 있음을 입증하는 서류)

- 본인 또는 생계를 같이하는 가족명의의 3,000만원 이상의 은행 잔고증명(통장 사본 또는 6개월 이상 거래내역 제출)

- 3,000만 원 이상에 해당하는 전세계약서 또는 부동산등기부등본

- 재직증명서(사업주의 사업자등록증 사본 첨부)

- 취업예정사실증명서(재정보증은 불가함)

(7) 귀화신청자의 부모, 배우자, 자녀, 혼인 또는 미혼, 입양 등의

신분사항에 관한 소명자료 각 1부(중국의 경우 호구부 및 중국
외교부 인증을 받은 친속관계공증서)

⑧ 귀화신청자가 한국계 중국인인 경우 성명을 원지음이 아닌 한
국식 발음으로 기재할 때 한국계 중국인임을 소명하는 중화인민
공화국 발행의 공문서

⑨ 귀화신청자가 출생월일을 새로이 특정할 경우 이를 소명하는
원국적 대사관 또는 영사관에서 발급한 증명서

⑩ 가족관계통보서(대법원에 통보할 자필 통보서) 아래한글 다운로드

⑪ 수수료(30만원)

나) 추가제출서류

- 배우자가 사망한 경우
  : 사망사실이 등재된 배우자의 제적등본(기본증명서), 사망진단서
- 배우자가 실종된 경우
  : 실종선고 사실이 기재된 배우자의 제적등본
- 한국인 배우자의 귀책사유로 혼인관계가 중단(이혼 또는 별거)된
  경우(다음 중 1개 이상)
① 판결문 (배우자의 귀책사유가 나타나 있는 이혼판결문, 형사판결문)
② 판결이전의 이혼조정결정문 (한국인 배우자의 귀책사유 입증
  이 가능한 경우에만 접수)
③ 한국인 배우자의 폭행 등을 고소하여 받은 검찰의 불기소 결정
  문(기소유예 또는 공소권 없음)
④ 진단서 (배우자의 폭행사실 기재, 증거사진
⑤ 파산결정문 등 (한국인 배우자의 파산 사실이 나타나 있는 것)

⑥ 한국인 배우자의 가출신고서 등

- 실종선고를 받지 못하였으나 한국인 배우자의 소재가 불명인 경우

① 한국인배우자의 4촌 이내 친척이 작성한 혼인관계 중단원인을 설명하는 확인서

※ 한국인 배우자 본인이 작성한 것은 인정되지 아니함, 단순히 확인서로는 되지 아니하고 혼인관계 중단원인을 구체적으로 설명하여야 함

② 혼인관계가 중단된 때 거주했던 거주지 통(반)장이 작성한 혼인관계 중단 원인이 한국인 배우자에게 있음을 설명하는 확인서

※ 단순한 확인서가 아니고 구체적인 혼인관계 중단원인 및 경과를 설명하는 것이어야 함

- 이혼 또는 별거 사유와 관계없이 한국인배우자와의 혼인 중 직접 출생한 자녀를 양육하는 경우

① 자녀의 가족관계증명서

② 자녀를 양육하고 있거나 양육하여야 한다는 사실을 증명하는 서류

- 판결문, 이혼신고서 및 확인서 등본

- 한국인 배우자의 4촌 이내 친족이 작성한 확인서(한국인배우자 포함, 주거지 통(반)장 작성의 확인서

4. 간이귀화(혼인 관계단절―공인된 여성단체)

법무부는 국민과 혼인한 후 그 혼인관계가 단절된 외국인이 「공인된 여성 관련 단체」가 작성한 확인서를 제출하는 경우에도 국적신청 접수가 가능하도록 한 바 있는데, 전국적으로 197개의 「공인된 여성 관련 단체」를 선정하였습니다.[3]

註 3) 법무부 홈페이지 참조.